수능시작

중학 비문학
영어 독해
완성

수능시작

중학 비문학
영어 독해 완성

수능에 잘 나오는 비문학 분야의 지문만 엄선해서 주제별로 제시

비문학 분야에 자주 나오는 주제별 필수 어휘 집중 학습

신지문＋중학 수준에 맞는 기출 변형 지문 제공

학습자의 마음을 읽는 동아영어콘텐츠연구팀

동아영어콘텐츠연구팀은 동아출판의 영어 개발 연구원, 현장 선생님, 그리고 전문 원고 집필자들이
공동연구를 통해 최적의 콘텐츠를 개발하는 연구조직입니다.

원고 개발에 참여하신 분들

강남숙   김지현   김진경   안태윤   이윤희   차호윤   홍미정

수능시작

중학 비문학 영어 독해
완성

왜 비문학 영어 독해인가?

📖 비문학 영어 독해가 무엇일까요?

우리가 글을 읽는 이유는 여러가지이지만 지식이나 정보를 얻기 위해서 혹은 글쓴이의 생각이나 주장을 파악하기 위해 읽는 경우가 많습니다. 소설이나 이야기글이 아닌 지식 정보를 전달하는 글들이 비문학 분야에 속하는 글들입니다. 주로 과학, 기술, 사회, 심리, 역사 등의 분야를 다루는 글들이 여기에 해당합니다.

📖 비문학 영어 독해, 왜 해야 할까요?

학년이 올라갈수록 문학 분야보다는 설명문이나 논설문과 같은 비문학 분야의 글의 비중이 높아집니다. 이런 글들은 사실적 정보나 필자의 의견을 전달하는 특성이 있기 때문에 전체 글의 핵심 주제나 글쓴이의 관점을 이해하며 읽는 훈련을 해야 합니다. 게다가 비문학에 해당하는 설명문이나 논설문은 수능 독해 지문에서도 70~80%에 해당하는 큰 비중을 가지고 있습니다. 고등학교에 입학해서 보게 될 모의고사와 수능 형식의 지문에 당황하지 않기 위해서는 중등 단계부터 차근차근 비문학 독해 훈련이 필요합니다.

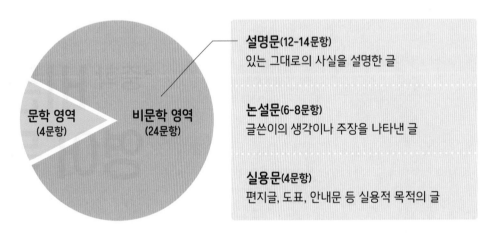

수능 영어 독해 지문 구성(총 28문항)

문학 영역 (4문항)

비문학 영역 (24문항)

설명문(12-14문항)
있는 그대로의 사실을 설명한 글

논설문(6-8문항)
글쓴이의 생각이나 주장을 나타낸 글

실용문(4문항)
편지글, 도표, 안내문 등 실용적 목적의 글

비문학 주요 문제 유형

대의 파악 | 글의 주제, 제목, 주장, 요지, 목적 등

문맥 파악 | 글의 순서, 관계 없는 문장, 문장 삽입, 요약, 빈칸 등

비문학 주요 소재

인문, 사회, 경제, 과학, 기술, 심리, 의학, 예술, 역사, 환경 등

📖 비문학 영어 독해, 어떻게 공부해야 할까요?

1 비문학 영어 지문의 소재와 글의 구조에 대한 적응력을 높여라!

수능과 모의고사에서 다루는 소재들에 익숙해질 필요가 있습니다. 수능에는 사회에서 일어나는 여러 현상이나 과학 개념, 경제 현상, 기후 환경 문제 등 우리가 살아가고 있는 이 사회에 대한 여러 이슈들이 소재로 나옵니다. 이 모든 내용을 미리 알고 대비할 수는 없지만 최소한 이런 비문학 분야의 글을 많이 접하다 보면 다양한 지식과 정보를 쌓게 되고 비문학 글의 구조에도 익숙해집니다.

2 비문학 영어 지문에 자주 나오는 분야별 어휘 학습에 충실하라!

concentrate는 흔히 '집중하다'라는 의미로 쓰이지만 과학적 지문에는 '농축시키다'라는 의미로 쓰일 때가 많습니다. key는 '열쇠'를 의미하지만 piano key로 쓰이면 '피아노 건반'을 의미합니다. 이렇듯 비문학 지문에는 어휘의 첫 번째 뜻이 아닌 두 번째, 세 번째 의미로 쓰이는 경우가 많습니다. 이는 어휘책만 암기해서는 파악하기 힘든 부분입니다. 즉, 비문학 지문을 통해 학습해야 자연스럽게 글에 맞는 의미를 추론할 수 있게 됩니다.

3 지문을 읽고 전달하고자 하는 핵심 내용을 먼저 파악하라!

비문학 지문은 정보 전달이 목적이기 때문에 어떤 내용을 설명하는지, 글쓴이가 이 글을 쓴 의도는 무엇인지를 간단명료하게 파악할 필요가 있습니다. 문제를 풀기 전에 지문에서 중심 소재 찾기부터 주제문 찾기, 요지 파악하기 등을 먼저 연습하는 것이 좋습니다.

4 기출 지문에서 실제로 어떻게 출제되는지 미리 체험해 보라!

중학 단계에서는 일부 쉬운 모의고사 기출 지문이나 쉽게 변형된 기출 지문을 접해보는 것이 도움이 됩니다. 실제로 어떤 지문들이 출제되는지 먼저 확인할 수 있고, 미리 이런 비문학 지문들에 익숙해질 수 있기 때문에 좀 더 자신있게 모의고사나 수능에 대비할 수 있습니다.

구성과 특징 STRUCTURES

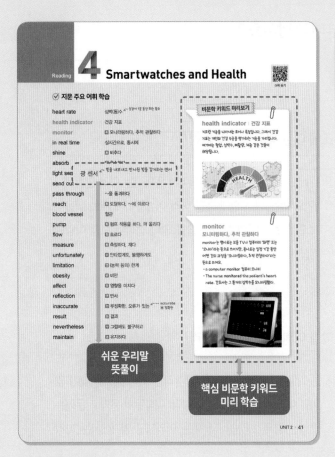

UNIT 2 · 41

수능 시작

START

▶ POINT 1
주요 어휘 & 비문학 키워드 학습

❶ 지문에 나온 주요 어휘를 미리 학습합니다.

어려운 용어의 우리말 풀이, 유의어 및 반의어, 관련 표현 등 친절한 해설을 통해 어휘를 보다 확실하게 학습할 수 있습니다.

❷ 핵심 비문학 키워드를 더 자세히 알아봅니다.

수능 비문학에서 자주 쓰이는 단어의 정확한 의미나 쓰임, 또는 알아 두면 좋을 단어 관련 지식을 미리 익힐 수 있습니다.

▶ POINT 2
비문학 지문 읽기

❸ 수능에서 출제되는 다양한 분야의 비문학 지문을 읽어봅니다.

수능에서 출제되는 다양한 분야의 비문학 지문을 읽어보고, 중학 수준에 맞춘 기출 변형 지문을 통해 수능에 익숙해지는 연습을 할 수 있습니다.

❹ 읽기 전 비문학 퀴즈와 읽은 후 핵심 정리를 통해 지문을 더 쉽게 읽어봅니다.

지문을 읽기 전 간단한 상식 퀴즈를 통해 읽게 될 내용을 파악하고, 지문을 읽은 후에는 중심 소재나 주제문을 찾으며 핵심 내용을 파악할 수 있습니다.

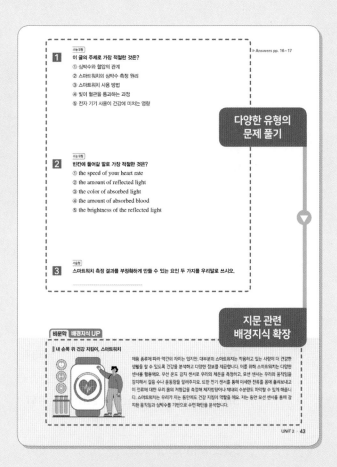

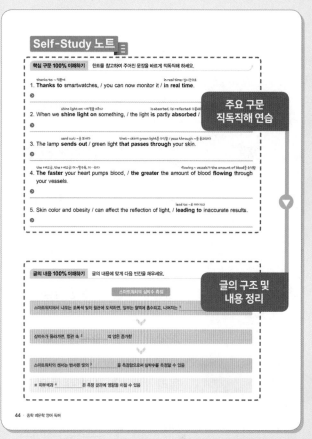

FINISH

▶ POINT 3
문제 풀기 & 비문학 배경지식 UP

❺ 다양한 유형으로 구성된 문제를 풀어 봅니다.
수능 유형, 내신 유형, 서술형으로 구성된 문제들을
풀어보며 문제 해결력을 키울 수 있습니다.

❻ 지문과 관련된 배경지식을 알아봅니다.
흥미롭고 유용한 배경지식을 읽어보며 지문의 내용을
더 깊이 이해하고 관련 배경지식을 확장할 수 있습니다.

▶ POINT 4
스스로 정리하는 Self-Study

❼ 지문에 나온 주요 구문을 해석해 봅니다.
주어진 힌트를 활용하여 주요 구문을 직독직해하며
필수 표현과 구문을 완벽하게 학습할 수 있습니다.

❽ 지문의 내용을 정리하며 완벽하게 마무리 합니다.
읽었던 내용을 다시 한 번 정리하고 요약해 보며
글의 구조와 내용을 확실하게 이해할 수 있습니다.

목차 CONTENTS

UNIT **1**

Economy **경제**

경제
비문학
글 읽기

1 The Subscription Economy

✅ 지문 주요 어휘 학습

deliver	동 배송(배달)하다 ↗ delivery 명 배송(배달)
sign up for	~에 가입(신청)하다
fixed	형 고정된, 변치 않는
annual	형 매년의, 1년의
fee	명 요금
countless	형 수많은, 셀 수 없이 많은 ↗ count(세다)+less(없는)
business model	비즈니스(사업) 모델 ↗ 어떤 사업이 이익을 내는 방식
subscription	명 구독
increasingly	부 점점 더
technology	명 기술
provide	동 제공하다
regular	형 정기적인, 규칙적인 ↗ '자주 다니는'이라는 의미로도 쓰여요.
benefit	명 혜택
both A and B	A와 B 둘 다
consumer	명 소비자
access	동 접근하다, 이용하다 ↗ 명 접근, 접속
purchase	명 구매 ↗ 동 구매하다
order	동 주문하다 ↗ 명 주문
convenient	형 편리한
income	명 수입, 소득
stable	형 안정적인
predictable	형 예측 가능한
in addition	게다가
build relationship with	~와 관계를 쌓다
customer	명 고객, 손님
personalized	형 (개인) 맞춤형의
experience	명 경험

비문학 키워드 미리보기

fee | 요금

가입비 같은 요금이나 어떤 서비스에 대해 지불하는 비용을 말합니다.

- a monthly **fee** 월 이용료
- an annual **fee** 연간 요금
- a regular **fee** 정기 요금

subscription | 구독

원래는 '책, 잡지, 신문과 같은 읽을거리를 정기적으로 구입해서 읽는 것'을 의미하는 말이었지만, 현재는 읽을거리뿐만 아니라 일반적인 상품을 돈을 내고 정기적으로 받거나 이용하는 서비스로 의미가 확대되었습니다. 식품, 꽃, 미디어 콘텐츠 등 다양한 분야에서 구독형 서비스를 제공하고 있으며, 이런 사업 모델을 '구독 경제(subscription economy)'라고 합니다.

#사업 모델

Many people enjoy reading books. But some of them don't want to go to a bookstore or wait for new books to be delivered. So they sign up for e-book services. By paying a fixed monthly or annual fee, they can read countless books online. This kind of business model 5 is part of the "subscription economy."

The subscription economy has become increasingly popular due to digital technologies. Streaming services such as Netflix, music apps such as Spotify, and food delivery services such as 10 HelloFresh all provide products or services for a regular fee.

The subscription economy offers benefits to both consumers and businesses. It allows consumers to access products and services at a lower cost than a one-time purchase. Also, they don't have to order the products or services again and again, so it is more convenient. As for businesses, 15 their income is more stable and predictable when they use the subscription model. In addition, these companies can build stronger relationships with customers by offering personalized experiences.

읽은 후 핵심 정리

이 글의 중심 소재로 알맞은 것을 찾아 쓰세요.

● the _____ _____

1 내신유형

이 글을 통해 답할 수 없는 질문은?

① What is the subscription economy?

② How big is the subscription economy?

③ What are examples of the subscription economy?

④ Why has the subscription model become popular?

⑤ What are the benefits of the subscription economy?

2 내신유형

구독 경제에 관한 설명 중 이 글의 내용과 일치하지 않는 것은?

소비자	기업
① 일회성 구매보다 저렴하게 이용 가능하다.	③ 연간 수입을 예측하기 어렵다.
② 매번 주문할 필요가 없다.	④ 고객과의 관계를 강화할 수 있다.
	⑤ 개인별 맞춤 서비스를 제공한다.

3 서술형

빈칸에 알맞은 말을 이 글에서 찾아 요약문을 완성하시오.

> The subscription economy, which offers products or services at a fixed (1) _____, offers benefits to both consumers and businesses. This business model has become popular thanks to (2) _____ _____.

비문학 배경지식 UP

┃가격은 싸게, 물건은 같이! 공유 경제

공유 경제(Sharing Economy)란 2008년 하버드대학교의 로런스 레시그(Lawrence Lessig) 교수가 처음 사용한 용어로, 제품을 한 사람이 소유하고 혼자 이용하는 것이 아니라 여럿이 함께 나눠 쓰거나 서로 빌려주는 경제 활동을 말합니다. 예를 들면, 자동차를 나눠 쓰는 카 쉐어링(Car Sharing)이나 카풀(Carpool), 집의 빈방이나 별장을 여행자들에게 대여하는 에어비엔비(Airbnb), 필요하지 않은 물건을 서로 물물교환하는 중고 거래, 사무실 공간을 함께 이용하는 공유 오피스 등이 공유 경제에 해당되죠.

공유 경제는 소유자들은 자주 사용하지 않는 물건을 남들과 공유하여 수익을 낼 수 있고, 대여하는 사람은 물건을 구매하는 것보다 더 저렴한 비용으로 이용할 수 있다는 장점이 있습니다.

Self-Study 노트

힌트를 참고하여 주어진 문장을 바르게 직독직해 하세요.

wait for A to-v: A가 ~하기를 기다리다 / 수동태(be동사+p.p.)

1. But some of them don't want to go to a bookstore / or **wait for new books to be delivered**.

   ⊘ _____

by v-ing: ~함으로써   annual fee: 연간 요금

2. **By paying** a fixed monthly or **annual fee**, / they can read countless books online.

   ⊘ _____

현재완료(계속): have + p.p.   due to: ~(으)로 인해

3. The subscription economy **has become** increasingly popular / **due to** digital technologies.

   ⊘ _____

offer A to B: B에게 A를 제공하다 / both A and B: A와 B 둘 다

4. The subscription economy **offers** benefits / **to both** consumers **and** businesses.

   ⊘ _____

allow A to-v: A가 ~하게 해주다   비교급 + than: …보다 더 ~한

5. It **allows** consumers **to access** / products and services / at a **lower** cost **than** a one-time purchase.

   ⊘ _____

글의 내용에 맞게 다음 빈칸을 채우세요.

구독 경제

정의	월간 또는 연간의 1 _____ 요금을 정기적으로 지불하고 제품이나 서비스를 제공받는 사업 모델
예시	전자책, 스트리밍 서비스, 음악 앱, 음식 배달 서비스
혜택	**소비자** ◆ 일회성 구매보다 2 _____ 가격으로 제품이나 서비스 이용 가능 ◆ 계속 주문을 해야 할 필요가 없어서 편리함 **기업** ◆ 안정적이고 3 _____ 이 가능한 수입 ◆ 개인 맞춤형 경험 제공으로 고객과 더 강력한 4 _____ 를 쌓을 수 있음

2 The Long Tail Principle

✓ 지문 주요 어휘 학습

try to-v	~하려고 (노력)하다
focus on	~에 집중하다, 초점을 맞추다
A rather than B	B라기보다는 (오히려) A
add up to	합계가[총] ~이 되다
tail	몡 꼬리
principle	몡 법칙[원칙], 원리
strategy	몡 전략 ← 목표를 이루기 위한 방법이나 계획
based on	~에 근거한
concept	몡 개념
limited	휑 한정된, 제한된
shelf	몡 진열(대)
space	몡 공간
development	몡 발달, 발전 ← develop 몽 발달시키다, 발전시키다
e-commerce	몡 전자 상거래
physical	휑 물리적인
limit	몡 제약, 제한
profit	몡 이익, 수익 ← sales profit 매출 이익
a large number of	다수의
sales	몡 매출
represent	몽 보여주다
demand	몡 수요 ← ↔ supply 몡 공급
make up	(모아서) ~을 이루다, 형성하다
significant	휑 상당한
portion	몡 부분, 일부
overall	휑 전체의, 총

읽기 전 | **비문학 사고력 UP**

만약 여러분이 판매자라면, 어떤 제품의 판매에 집중할까요?

☐ 소수의 베스트셀러 제품　　　　☐ 다수의 덜 인기 있는 제품

#전자 상거래

When companies try to sell products, most focus on the popular ones rather than the less popular ones. But when small things come together, they can add up to something big. The *long tail principle is a business strategy based on this concept.

In the past, sellers had to focus on a few popular items ⓐ because / because of the limited shelf space in shops. However, with the development of the Internet and e-commerce, huge online stores like Amazon can now offer a wide variety of items without any physical limits. So consumers can easily buy less popular items. For businesses, the profits from a large number of less popular items can become as important as the profits from a few popular ones.

The principle got its name from the graph of sales profits, which ⓑ looks / looks like it has a long tail. The long tail represents the lower demand for many less popular items. It shows that the profit each of them ⓒ create / creates is not huge, but together they make up a significant portion of overall sales.

*long tail principle 롱테일 법칙
(상품의 특징과 매출과의 관계를 설명한
마케팅 법칙의 하나)

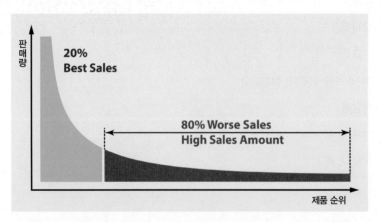

판매량
20%
Best Sales
80% Worse Sales
High Sales Amount
제품 순위

읽은 후 | **핵심 정리**

이 글에서 '롱테일'이라는 이름의 유래를 설명한 문장을 찾아 밑줄 치세요.

1 수능 유형

이 글의 제목으로 가장 적절한 것은?

① Why Are Online Stores Popular?

② The Origin of the Long Tail Principle   *origin 기원

③ The Advantages of Selling Popular Items Only

④ What Makes Consumers Buy Less Popular Items?

⑤ The Long Tail Principle: The Importance of Less Popular Items

2 내신 유형

이 글의 내용과 일치하면 T, 일치하지 않으면 F를 쓰시오.

(1) 과거 판매자들은 공간의 제약으로 인기 있는 제품에 집중할 수밖에 없었다.   _____

(2) 인터넷과 전자 상거래의 발달로 비인기 제품도 쉽게 구입할 수 있게 되었다.   _____

(3) 매출 그래프의 긴 꼬리 부분은 잘 팔리는 제품들에 대한 수요를 나타낸다.   _____

3 수능 유형

이 글의 ⓐ~ⓒ에 들어갈 말로 어법상 알맞게 짝지어진 것은?

	ⓐ	ⓑ	ⓒ
①	because	looks like	create
②	because of	looks	create
③	because	looks	creates
④	because of	looks like	creates
⑤	because of	looks	creates

비문학 배경지식 UP

▌틈새를 공략하는 니치 마켓

니치 마켓(Niche Market)은 '틈새시장'이라는 뜻입니다. 원래 니치(Niche)는 벽에 작은 조각품 등을 전시하기 위해 조그맣게 판 공간인 '벽감'을 말하지만, 경제 분야에서는 '시장의 틈새'라는 의미로 쓰입니다. 이는 시장의 빈틈을 공략하는 새로운 상품들을 출시하여 특별한 베스트셀러 아이템 없이도 시장 점유율을 유지하는 판매 전략을 가리킵니다.

현재는 전자 상거래의 발달로 다양한 제품을 사고팔 수 있게 되었고 그만큼 소비자의 취향도 세분화되었습니다. 이로 인해, 적지만 확실한 수요가 있는 시장의 틈새들이 많이 생겨나게 되었고, 특정 소비계층을 겨냥하는 다양한 상품들이 등장하게 된 거죠. 예를 들면 식용유의 경우 예전엔 대부분 콩기름을 사용했지만, 현재는 용도에 맞게 포도씨유, 카놀라유, 올리브유 등 다양한 식용유가 판매되고 있어요. 또한 향수도 니치 향수라 불리는 비싸고 소량 생산되는 프리미엄 향수가 유행하고 있습니다. 핸드메이드 제품이나 자신의 취향대로 직접 주문 제작하는 커스텀 제품들이 인기를 끄는 것도 니치 마켓의 일종이라고 볼 수 있습니다.

Self-Study 노트

힌트를 참고하여 주어진 문장을 바르게 직독직해 하세요.

1. When companies **try to sell** products, / most **focus on** the popular ones / **rather than** the less popular **ones**.

   try to-v: ~하려고 (노력)하다   focus on: ~에 집중하다   rather than: ~보다는   ones: 앞에 나온 products

   ❥ _____

2. However, / with the development of the Internet and e-commerce, / huge online stores **like** Amazon can now offer / **a wide variety of** items / **without** any physical limits.

   like: ~와 같은   a wide variety of: 매우 다양한   without: ~ 없이

   ❥ _____

3. For businesses, / the profits from a large number of less popular items / can become **as important as** the profits / from a few popular **ones**.

   as + 형용사의 원급 + as … : …만큼 ~한   ones: 앞에 나온 items

   ❥ _____

4. The principle got its name / from the graph of sales profits, / **which looks like** it has a long tail.

   which ~ tail이 the graph of sales profits를 부연 설명함   look like: ~처럼 보이다

   ❥ _____

글의 내용에 맞게 다음 빈칸을 채우세요.

롱테일 법칙의 발전

인터넷과 1 _____의 발달

⌄

대형 온라인 상점은 공간의 2 _____인 제약 없이 다양한 제품을 제공할 수 있게 됨

⌄

3 _____들은 덜 인기 있는 제품을 쉽게 구매할 수 있게 됨

⌄

덜 인기 있는 제품의 총이익이 4 _____ 매출에서 상당한 부분을 차지

⌄

덜 인기 있는 제품은 인기 제품만큼 5 _____해짐

3 Veblen Goods

✅ 지문 주요 어휘 학습

according to	~에 따르면
go up	올라가다
tend to-v	~하는 경향이 있다
go down	내려가다
goods	몡 상품, 재화(財貨)
follow	통 따르다
be named after	~의 이름을 따다
economist	몡 경제학자
theory	몡 이론
signal	통 나타내다 몡 신호
status	몡 (사회적) 지위
be willing to-v	기꺼이 ~하다
quality	몡 품질, 질
wealth	몡 부(副)
noticeably	분 눈에 띄게, 현저히 noticeable 혱 눈에 띄는
similar	혱 비슷한
cheap	혱 저렴한
stop v-ing	~하는 것을 중단하다(멈추다)
behavior	몡 행동
expensive	혱 비싼
luxury	혱 고급의, 사치의
fall	통 감소하다 '떨어지다'라는 의미도 있어요.

비문학 키워드 미리보기

goods | 상품, 재화

사람들이 소비하거나 사용하기 위해 생산 및 거래되는 경제적 의미의 상품 또는 재화를 말합니다.

- **goods** on shelves 진열대의 상품
- **goods** and service 재화와 서비스

luxury | 고급의, 사치의

luxury는 '고급의', '사치의'라는 뜻도 있지만 그 자체로 '고급품'이나 '사치품'을 나타내기도 합니다.

- a **luxury** car 고급차
- This ring is a **luxury**. 이 반지는 사치품이다.

#경제 용어

고2 11월 기출 변형

According to the *law of demand, when the price of an item goes up, people tend to buy less of it. And if the price goes down, people tend to buy more of it. However, some goods don't follow this law. They are called Veblen goods.

Veblen goods are named after Thorstein Veblen, an economist who 5 developed the theory of "**conspicuous consumption." The theory says that the demand for certain goods increases as their prices rise. According to Veblen, these goods signal high status. People are willing to pay higher prices not because they want better quality but because they want to show their wealth. Therefore, true Veblen goods are not noticeably better than 10 similar products that are cheaper. If the prices of these items go down, rich people might stop buying them because _____.
This kind of behavior is seen when people purchase
luxury cars, champagne, watches, and
expensive clothes. If their prices go down,
more people might buy them at first, but
then sales will begin to fall.

*law of demand 수요의 법칙 **conspicuous consumption 과시적 소비

읽은 후 **핵심 정리**

이 글의 중심 소재로 알맞은 것은 무엇일까요?

☐ The law of demand   ☐ Veblen goods   ☐ Thorstein Veblen

» Answers pp. 6~7

1 이 글의 주제로 가장 적절한 것은 ?

① an example of the law of demand

② the characteristics of Veblen goods　*characteristic 특징

③ how rich people spend their money

④ the influence of Veblen goods on prices　*influence 영향

⑤ products that are similar to Veblen goods

2 이 글의 빈칸에 들어갈 말로 가장 적절한 것은?

① they are too expensive

② the prices will go down soon

③ their quality has gotten worse

④ they won't seem special anymore

⑤ similar products have better quality

3 이 글에서 설명하는 수요의 법칙이 무엇인지 우리말로 쓰시오.

비문학 배경지식 UP

▌베블런이 말하는 유한계급

베블런재(Veblen goods)라는 말을 만든 소스타인 베블런은 미국의 경제학자이자 사회학자입니다. 그는 '유한계급론', 즉 귀족이나 자본가가 속한 유한계급이 사회를 지배한다고 주장했어요. 유한계급은 생산적인 노동을 멀리하고 예술이나 오락 같은 비생산적인 일에 시간을 소비하는 계급을 말해요. 그들은 우리가 흔히 말하는 '플렉스'처럼 과시적인 소비를 하며 자신의 사회적 지위를 과시합니다. 그러면 아래 계급의 사람들은 그들을 부러워하고 모방하며 유행을 만들고, 이를 통해 계급 차이에서 오는 열등감을 해소한다는 것이죠. 베블런은 유한계급이 많을수록 사회에 부정적 영향을 준다고 비판했습니다.

▌비쌀수록 잘 팔리는 스놉 효과

타인과의 차별성을 추구하는 경향이 있는 사람들은 보통 자신이 쓰던 제품이 대중화되면 남들이 잘 모르는 다른 제품을 구입하려 합니다. 이렇게 제품이 흔해지면 수요가 감소하는 효과를 '스놉 효과(snob effect)'라고 해요. snob은 '잘난 체하는', '속물인'이라는 의미를 가지고 있죠. 스놉 효과는 남들이 구입하기 어렵거나 값비싼 상품을 보면 오히려 사고 싶어 하는 속물 근성에서 유래했습니다. 소비자가 제품을 구매할 때 자신은 남과 다르다는 생각을 갖는 것이 마치 까마귀 무리 속 백로 같다고 하여 '백로 효과'라고도 불려요.

Self-Study 노트

힌트를 참고하여 주어진 문장을 바르게 직독직해 하세요.

according to: ~에 따르면   *tend to-v: ~하는 경향이 있다*

1. **According to** the law of demand, / when the price of an item goes up, / people **tend to buy** less of it.

   ◎ _____

   be named after: ~의 이름을 따다   *Thorstein Veblen과 동격*

2. Veblen goods **are named after** Thorstein Veblen, / **an economist** / who developed the theory of "conspicuous consumption."

   ◎ _____

   be willing to-v: 기꺼이 ~하다   *not because A but because B: A 때문이 아니라 B 때문에*

3. People **are willing to pay** higher prices / **not because** they want better quality / **but because** they want to show their wealth.

   ◎ _____

                                             that ~ cheaper가 similar products를 수식함

4. Therefore, / true Veblen goods are not noticeably better / than similar products **that** are cheaper.

   ◎ _____

                                  stop v-ing: ~하는 것을 중단하다

5. If the prices of these items go down, / rich people might **stop buying** them / because they won't seem special anymore.

   ◎ _____

글의 내용에 맞게 다음 보기에서 알맞은 단어를 골라 빈칸에 쓰세요.

┌─ 보기 ───┐
│   demand   wealth   pay   stop   │
└──┘

Veblen goods

According to Veblen, the ¹_____ for goods such as luxury cars and watches increases as their prices rise. People are willing to ²_____ higher prices because they want to show their ³_____. So if the prices of Veblen goods go down, people might ⁴_____ buying them.

4 Sin Taxes

✓ 지문 주요 어휘 학습

tax	몡 세금 통 세금을 부과하다 ⌐ 세금 등을 부담하게 하다
avoid	통 (회)피하다
government	몡 정부
public service	(교통·보건 등의) 공공 서비스
debate	통 논쟁하다, 토론하다
fair	혱 공정한 ⌐ fairness 몡 공정함
wonder	통 궁금해하다
impact	몡 영향 ⌐ 통 영향을 미치다
the rich	부유한 사람들(부자) ⌐ ↔ the poor 가난한 사람들
reflect	통 ~을 반영하다
judgment	몡 판단
activity	몡 활동
encourage	통 권장(장려)하다 ⌐ discourage 막다 (못하게 말리다)
explicit	혱 명백한, 분명한
tobacco	몡 담배
alcohol	몡 술
casino	몡 카지노, 도박장
aim	통 목표하다
harmful	혱 해로운
organization	몡 기관, 조직
sugary	혱 설탕이 든 ⌐ sugary soda 설탕이 든 탄산음료
obesity	몡 비만
carbon emission	탄소 배출
slow down	(속도·진행을) 늦추다
climate change	기후 변화
raise	통 늘리다
intend to-v	~하려고 의도하다

비문학 키워드 미리보기

tax | 세금; 세금을 부과하다

세금의 종류는 다양합니다. 소득에 대한 소득세(income tax), 판매되는 상품이나 서비스에 대한 판매세(sales tax), 해로운 상품이나 활동에 대한 죄악세(sin tax) 등이 있어요. tax는 '세금'이라는 명사 외에도 '세금을 부과하다'라는 동사의 의미로도 쓸 수 있습니다.

· The government decided to **tax** sugar.
  정부는 설탕에 세금을 부과하기로 결정했다.

public service
(교통·보건 등의) 공공 서비스

대중교통, 전기, 가스, 통신 등 시민들이 일상생활을 하는 데 필수적인 서비스들을 가리킵니다. 이런 사회의 중요한 서비스들이 기업에 의해 운영될 경우, 이득을 우선시해서 국민 생활에 큰 불편을 줄 수도 있어요. 따라서 대부분의 국가에서는 공공 서비스를 정부가 직접 운영하거나, 정부가 기업에게 맡긴 뒤 관리하는 방식으로 운영해요.

#세금

고2 3월 기출 변형

Paying taxes is something that cannot be avoided. For example, when we buy something, we often have to pay a tax. The government uses this money to pay for things that are important for everyone, such as schools, roads, and public services.

We often debate whether taxes 5 are fair. We wonder if they will have a bigger impact on the rich or the poor. However, taxes have a deeper meaning beyond fairness. They also reflect society's judgments on which activities should be 10 encouraged or discouraged. Sometimes these judgments are explicit. Taxes on tobacco, alcohol, and casinos are called "*sin taxes." Such taxes aim to _____ harmful activities by making them more expensive. Some organizations want to tax sugary sodas to stop obesity or carbon emissions to slow down climate change. However, (not, taxes, this type, have, goal, 15 of, all). Income taxes or sales taxes are simply ways of raising **revenue. They are not intended to discourage people from doing or buying certain things.

* sin tax 죄악세(부정적인 영향을 줄 수 있는 것들에 부과되는 세금)   ** revenue (정부·기관의) 수입(세입)

읽은 후 핵심 정리

이 글에서 정부가 세금을 사용하는 용도를 설명하는 문장을 찾아 밑줄 치세요.

1 수능 유형

세금에 관한 설명 중 이 글의 내용과 일치하지 <u>않는</u> 것은?

① 세금을 내는 것은 의무이다.

② 물건을 살 때에도 세금을 낸다.

③ 세금은 공익을 위해 사용된다.

④ 해로운 제품이나 서비스에 부과되는 세금도 있다.

⑤ 판매세는 특정 물건의 구입을 막기 위한 것이다.

2 수능 유형

빈칸에 들어갈 말로 가장 적절한 것은?

① suggest   ② develop   ③ support

④ encourage   ⑤ discourage

3 서술형

밑줄 친 우리말과 일치하도록 이 글의 괄호 안의 단어를 바르게 배열하시오.

> 그러나 <u>모든 세금이 이런 종류의 목적을 가지고 있는 것은 아니다.</u>

However, _____.

비문학 배경지식 UP

▌설탕과 이산화탄소에도 세금을 낸다?

세금은 단순히 경제적인 목적뿐만 아니라 사회적인 목적을 위해서도 도입됩니다. 이것의 대표적인 예로 비만세와 탄소세가 있습니다.

- **비만세(fat tax):** 비만율과 질병률을 낮추기 위해 비만을 유발하는 식품에 부과하는 세금입니다. 이를 처음 도입한 덴마크는 1922년부터 초콜릿과 사탕에, 1940년대에는 품목을 확대하여 아이스크림과 탄산음료까지 세금을 부과하기 시작했어요. 2011년에는 버터, 우유, 피자 등의 고지방 식품에도 비만세를 부과했지만, 인플레이션 등의 역효과로 인해 1년 만에 폐지했습니다. 비슷한 제도로는 미국 캘리포니아 주와 영국의 탄산음료세(soda tax), 헝가리의 포장식품세(설탕, 소금, 지방이 많이 든 가공식품에 대한 세금) 등이 있습니다.

- **탄소세(carbon tax):** 기후 위기를 막기 위해 이산화탄소를 배출하는 석유·석탄 등의 화석연료 사용에 대해 부과하는 세금입니다. 정부는 이 세금을 통해 오염 물질 배출을 규제하고, 걷은 세금은 친환경 사업과 환경보호 투자, 기후 위기 대비 등에 사용해요. 탄소세는 화석연료 가격을 올림으로써 화석연료의 사용을 줄이고 대체에너지 개발을 촉진하는 효과가 있습니다. 현재는 스웨덴·핀란드·노르웨이·덴마크·네덜란드·영국·프랑스·싱가포르 등이 탄소세를 실시하고 있어요.

Self-Study 노트

핵심 구문 100% 이해하기 힌트를 참고하여 주어진 문장을 바르게 직독직해 하세요.

부사적 용법의 to부정사구(목적: ~하기 위해) / that ~ everyone이 things를 수식함

1. The government uses this money / **to pay** for things / **that** are important for everyone, / **such as** schools, roads, and public services.
   such as: ~와 같은

　➤ _____

if: ~인지 (아닌지)　have an impact on: ~에 영향을 미치다　the + 형용사: ~한 사람들

2. We wonder / **if** they will **have a** bigger **impact** / **on the rich** or **the poor**.

　➤ _____

aim to-v: ~을 목표로 하다　make + 목적어 + 목적격보어: ~을 …하게 만들다

3. Such taxes **aim to discourage** / harmful activities / by **making them more expensive**.

　➤ _____

접속사 or로 연결된 to부정사구의 병렬 구조 / or 뒤에 to tax가 생략됨

4. Some organizations want / **to tax** sugary sodas to stop obesity / **or** carbon emissions to **slow down** climate change.
   slow down: (속도·진행을) 늦추다

　➤ _____

intend to-v: ~하려고 의도하다 / discourage A from v-ing: A가 ~하는 것을 막다

5. They are not **intended to discourage** people / **from doing** or **buying** certain things.

　➤ _____

글의 내용 100% 이해하기 글의 내용에 맞게 다음 빈칸을 채우세요.

세금의 용도	◆ 1 _____ 가 학교, 도로, 공공 서비스 등에 비용 지불하는 데 쓰임
2 _____	◆ 사회의 3 _____ 이 반영된 세금 ◆ 담배, 술, 카지노 등에 부과되는 세금 　→ 해로운 활동을 막는 것을 목표로 함 ※ 모든 세금이 이러한 목적을 가지고 있는 것은 아니며, 4 _____ 나 판매세는 단순히 　5 _____ 을 늘리기 위한 세금임

UNIT 2

Science 과학

과학
비문학
글 읽기

1 Land on the Move

어휘 듣기

✅ 지문 주요 어휘 학습

take a moment	(잠시) 시간을 내다
still	형 가만히 있는, 정지한 ⟋ 부 아직, 여전히
probably	부 아마(도)
be composed of	~로 이루어져 있다(구성되다) ⟋ compose 통 구성하다
layer	명 층, 겹
crust	명 지각
divide A into B	A를 B로 나누다
float	통 뜨다, 떠가다
thick	형 두꺼운
liquid-like	형 액체 같은
rock	명 암석
continent	명 대륙
be located on	~에 위치하다
major	형 주요한
form	통 형성하다 ⟋ 명 형태
connect	통 연결하다
bump into	~와 부딪히다
slide past	(~을) 미끄러지며 지나가다
lead to	~로 이어지다
natural disaster	자연재해 ⟋ disaster 명 재해, 재난
volcanic eruption	화산 폭발 ⟋ volcanic(화산의) + eruption(폭발)
earthquake	명 지진
notice	통 알아채다
surface	명 표면, 지면

비문학 키워드 미리보기

crust | 지각

빵이나 파이의 딱딱한 껍질을 나타내는 이 단어는 물체의 딱딱한 겉표면을 나타낼 때도 쓰여요. 주로 암석으로 구성된 지구의 가장 바깥쪽 표면인 '지각'도 crust라고 한답니다.

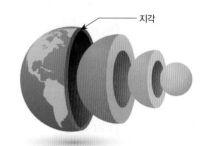

지각

natural disaster | 자연재해

피할 수 없는 자연 현상 때문에 생명에 위협을 느끼거나 재산 또는 생활에 피해를 입는 것을 의미합니다. 많은 비와 강한 바람을 몰고 오는 태풍, 뜨거운 마그마와 화산재를 내뿜는 화산 폭발(volcanic eruption), 땅이 흔들리고 갈라지는 지진(earthquake), 바닷물이 육지로 넘쳐 들어오는 해일 등이 있어요.

1

지문 듣기

#지구과학

Take a moment to stop what you are doing and stay still. Can you feel the ground moving? Probably not. However, the ground is always moving under our feet! We can't feel it because it moves very slowly.

The Earth is composed of several layers. The top layer of the Earth is the crust. It is divided into big pieces of land called *tectonic plates. They ⁵ float on a thick layer of hot, liquid-like rock and slowly move around. The continents of the Earth are located on the major plates. This is because they were actually formed by the movement of these plates over millions of years.

Tectonic plates are not connected, but they are close together. When they ¹⁰ bump into or slide past each other, it sometimes leads to strong movements. This can cause natural disasters like volcanic eruptions and earthquakes across the world.

We don't notice the movement of tectonic plates in our daily lives. However, it can have a big impact on the Earth's surface and us. ¹⁵

*tectonic plates 지각판(지구의 겉부분을 둘러싸는 크고 작은 암석 판)

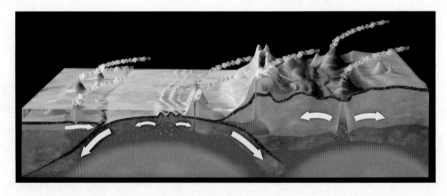

읽은 후 | 핵심 정리

이 글의 중심 소재로 알맞은 것은 무엇일까요?

□ layers of the Earth   □ tectonic plates

1 수능유형

이 글의 주제로 가장 적절한 것은?

① different types of natural disasters
② how the surface of the Earth is divided
③ reasons why the Earth is moving slowly
④ why tectonic plates bump into each other
⑤ the movement of tectonic plates and its effects

2 수능유형

이 글의 내용과 일치하지 않는 것은?

① 지각은 여러 개의 판으로 나뉜다.
② 지각판은 액체 성질을 띤 암석층 위를 떠다닌다.
③ 대륙은 지각판이 서로 연결된 것이다.
④ 지각판은 서로 부딪히거나 미끄러지며 지나간다.
⑤ 일상에서는 지각판의 움직임을 느낄 수 없다.

3 서술형

지각판이 강한 움직임을 일으키면 발생하는 현상 두 가지를 이 글에서 찾아 쓰시오.

_____

비문학 배경지식 UP

▌태평양을 따라 형성된 불의 고리

전 세계에는 일본, 남미, 뉴질랜드 등 유난히 지진과 화산 폭발이 자주 발생하는 곳들이 있습니다. 그곳들을 이어서 연결해 보면 태평양을 따라 둥글게 띠 모양이 되는데, 우리는 이것을 '불의 고리'라고 불러요. 지각판 중 가장 큰 태평양판이 유라시아판, 인도-호주판 등과 서로 경계를 맞대고 있는 곳이라 지진과 화산 폭발이 자주 일어나는 것입니다. 세계 활화산과 휴화산의 75%가 불의 고리 지역에 몰려 있으며, 매년 전 세계에서 일어나는 지진과 화산 활동의 80% 이상이 이곳에서 발생합니다.

Self-Study 노트

핵심 구문 100% 이해하기 힌트를 참고하여 주어진 문장을 바르게 직독직해 하세요.

take a moment: 잠시 시간을 내다   what: ~하는 것   still: 가만히 있는, 정지한

1. **Take a moment** / to stop **what** you are doing / and stay **still**.

❯ _____

divide A into B: A를 B로 나누다 / be divided: 수동태(be동사+p.p.)

2. It **is divided into** big pieces of land / **called** tectonic plates.
called: ~라고 불리는

❯ _____

this is because: 이것은 ~ 때문이다   be formed: 수동태(be동사+p.p.)

3. **This is because** / they **were** actually **formed** / by the movement of these plates / over millions of years.

❯ _____

bump into: ~와 부딪히다   lead to: ~로 이어지다

4. When they **bump into** / or **slide past** each other, / it sometimes **leads** / **to** strong movements.
slide past: (~을) 미끄러져 지나가다

❯ _____

cause: 일으키다   like: ~와 같은

5. This can **cause** natural disasters / **like** volcanic eruptions and earthquakes / across the world.

❯ _____

have an impact on: ~에 영향을 미치다

6. However, / it can **have** a big **impact** / **on** the Earth's surface and us.

❯ _____

글의 내용 100% 이해하기 글의 내용에 맞게 다음 빈칸을 채우세요.

지각판의 움직임과 영향

정의	◆ 1 _____ : 지구의 맨 위층으로, 지각판이라고 불리는 큰 땅 조각들로 나누어져 있음
원인	◆ 지각판이 뜨거운 2 _____ 같은 두꺼운 암석층 위에 떠다님
영향	◆ 지구의 3 _____ 들은 수백만 년 동안 지각판의 움직임에 의해 형성됨
	◆ 지각판이 부딪히거나 서로 미끄러져 지나갈 때, 4 _____ 이나 5 _____ 과 같은 자연재해가 일어날 수 있음

2 Space Telescope

✓ 지문 주요 어휘 학습

telescope	명 망원경
discovery	명 발견
related to	~과 관련된
powerful	형 강력한
launch	동 발사하다
story	명 (건물의) 층 ← story(이야기)와 철자가 같아요.
separate	형 별개의
a large amount of	많은 양의
capture	동 포착하다
infrared light	적외선
object	명 물체, 물건
discover	동 발견하다
hidden	형 숨겨진, 숨은
mystery	명 신비, 미스터리
dust	명 먼지
coat	동 씌우다, 덮다
reflect	동 반사하다 ← '반영하다'라는 뜻도 있어요.
efficient	형 효율적인
observe	동 관측하다 ← 상태나 변화를 관찰하여 측정하다
distant	형 (거리가) 먼
origin	명 기원, 근원
formation	명 형성 (과정)
galaxy	명 은하(계)
existence	명 존재, 실재
planet	명 행성
solar system	태양계

📎 비문학 키워드 미리보기

infrared light | 적외선

눈에 보이는 가시광선보다 파장이 긴 빛으로 우리 눈에는
보이지 않습니다. 적외선의 '적외(infrared)'는 '빨간색의
바깥'이라는 의미로 infra(아래에, 뒤에)와 red의
합성어입니다. 이는 가시광선이 프리즘을 통과해 퍼지는
무지개색의 빨간색보다 바깥쪽에 있기 때문이에요.
적외선은 열을 전달하는 특징을 가지고 있어서, 이를 이용해
사물의 적외선을 감지하고 온도를 측정할 수 있습니다.

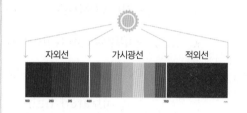

자외선	가시광선	적외선

galaxy | 은하(계)

은하는 별과 행성 등 수많은 천체들이 모인 집단이에요.
지구를 포함해 태양을 중심으로 도는 천체의 집합인
태양계(solar system)도 하나의 은하 속에 포함됩니다.
우리가 살고 있는 태양계가 속한 은하는 our galaxy 또는
the Milky Way로 표현합니다.

읽기 전 │ **비문학 사고력 UP**

다음 중 우주와 은하계를 관찰하기 위해 우주로 발사하는 망원경은 무엇일까요?

☐ 천체 망원경 ☐ 우주 망원경

#천문

One of the most famous space telescopes is the Hubble Space Telescope. It has made amazing discoveries ⓐ(relate) to black holes and the age of space. But a newer and more powerful telescope, called the James Webb Space Telescope, was launched in 2021.

The Webb telescope is huge. It is as tall as a three-story building and 5 as long as a tennis court. Its 18 separate mirrors collect a large amount of light in space, ⓑ(make) it more powerful than the Hubble. Additionally, it captures the infrared light of objects. So it can discover hidden mysteries behind clouds of dust and gas. The mirrors are coated with gold to reflect the infrared light better. Lastly, it is about 1.5 million kilometers away 10 from Earth. This makes it more efficient at observing distant parts of the universe than Hubble, which is only 535 kilometers away from Earth.

Scientists can gain a deeper understanding of space than ever before with the James Webb Telescope. They can learn about the origins of space,

the formation of galaxies and stars, and the 15 existence of planets outside of our solar system.

읽은 후 │ **핵심 정리**

이 글의 중심 소재로 알맞은 것을 찾아 쓰세요.

➤ the _____ _____ _____ _____

1 수능 유형

이 글의 제목으로 가장 적절한 것은?

① Discover the Origins of the Universe!

② A Newer and More Powerful Eye in Space

③ The New Name of the Hubble Space Telescope

④ What the Hubble Space Telescope Has Discovered

⑤ How Far Can the James Webb Space Telescope See?

2 서술형

밑줄 친 ⓐ, ⓑ를 어법상 알맞은 형태로 바꿔 쓰시오.

ⓐ _____   ⓑ _____

3 내신 유형

이 글을 통해 제임스 웹 우주 망원경에 관해 알 수 <u>없는</u> 것은?

① 망원경의 크기

② 망원경의 성능

③ 망원경의 발사 시기

④ 망원경의 관측 기록

⑤ 망원경과 지구와의 거리

비문학 배경지식 UP

▌우주의 많은 비밀을 밝혀낸 허블 우주 망원경

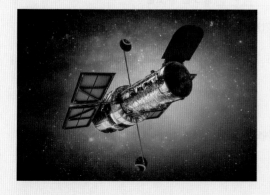

천문학자 에드윈 허블의 이름을 딴 허블 우주 망원경은 1990년에 발사된 이래로 천문학에서 많은 업적을 세웠습니다. 에드윈 허블은 관측한 은하의 거리가 점점 멀어지고 있다는 사실을 통해 우주가 팽창하고 있다는 '우주팽창론'을 제시했습니다. 천문학자들은 그의 이론에 따라 허블 망원경의 관측 결과를 분석하여 우주의 나이가 약 138억 년이라는 사실을 밝혀냈죠. 또한 허블 망원경이 보내온 사진들은 모든 은하의 중심에 아마도 블랙홀이 존재할 것이라는 가설을 입증하기에 충분했어요. 거기에 허블이 1994년에 찍은 목성 사진은 혜성과의 충돌로 생긴 자국을 뚜렷하게 포착하기도 했습니다. 이외에도 허블 망원경은 태양과 같은 별들 주변에 있는 외계 행성 연구와 명왕성처럼 태양계 외곽에 있는 천체 연구 등에 큰 공헌을 하였습니다.

Self-Study 노트

힌트를 참고하여 주어진 문장을 바르게 직독직해 하세요.

one of the + 최상급 + 복수명사: 가장 ~한 … 중 하나
1. **One of the most famous space telescopes** / is the Hubble Space Telescope.

➲ _____

make a discovery: 발견을 하다　　　　　related to: ~와 관련된
2. It has **made** amazing **discoveries** / **related to** black holes and the age of space.

➲ _____

called: ~라고 불리는
3. But a newer and more powerful telescope, / **called** the James Webb Space Telescope, / **was launched** in 2021.
be launched: 수동태(be동사 + p.p.)

➲ _____

as + 형용사의 원급 + as …: …만큼 ~한
4. It is **as tall as** / a three-story building / and **as long as** / a tennis court.

➲ _____

a large amount of: 많은 양의　　　　　　make + 목적어 + 목적격보어: ~을 …하게 만들다
5. Its 18 separate mirrors collect / **a large amount of** light in space, / **making it more powerful** / **than** the Hubble.
비교급 + than …: …보다 더 ~한

➲ _____

글의 내용에 맞게 다음 빈칸을 채우세요.

제임스 웹 우주 망원경

발사 시기	1 _____ 년
크기	3층 건물 높이, 테니스장 길이
특징	금으로 씌워진 18개의 2 _____ → 많은 양의 3 _____ 을 모을 수 있음
	물체의 4 _____ 을 포착 → 먼지와 가스 구름 뒤 관찰 가능
	지구로부터 약 150만 킬로미터 떨어짐 → 더 먼 우주 관찰 가능

▼

전망	우주에 대해 더 깊은 이해 가능(우주의 5 _____, 은하계와 별의 형성, 태양계 밖의 행성의 존재)

3 Frozen Gas

✅ 지문 주요 어휘 학습

package	통 포장하다 〈 명 포장(물)
unique	형 독특한, 특이한
substance	명 물질
frozen	형 언, 냉동된 〈 freeze 통 얼리다, 얼다
carbon dioxide(CO_2)	이산화탄소
regular	형 일반적인, 보통의 〈 '정기적인', '규칙적인'의 의미도 있어요.
melt into	~로 녹다
go through	통 (과정 등을) 거치다
process	명 과정
turn into	~로 변하다
directly	부 바로, 즉시; 직접
temperature	명 온도
damage	통 손상(손해)을 입히다
enclosed	형 밀폐된, 닫힌
lack	통 부족하다, ~이 없다 〈 명 부족
concentrate	통 모이다; 농축시키다 〈 concentration 명 농도
normal	형 보통의, 일반적인
contain	통 포함하다, 들어있다 〈 container 명 용기, 그릇
toxic	형 유독한
deal with	~을 다루다, 처리하다
make sure	~을 확인하다, ~을 확실하게 하다
available	형 이용할 수 있는
store	통 보관하다 〈 명 가게
sealed	형 밀봉된 〈 봉투나 그릇 등의 입구를 꼭 막은 것
build up	(압력·긴장 등을) 높이다, 올리다
pressure	명 압력
explode	통 폭발하다

비문학 키워드 미리보기

concentrate | 모이다; 농축시키다

주로 '집중하다, 집중시키다'라는 의미로 자주 사용되는 concentrate는 어떤 한 곳에 '모인다'라는 의미로도 쓰이며, 특히, 과학 분야에서 '농축시키다'라는 의미로 많이 쓰입니다. 농축이란 용액의 묽고 진한 정도인 농도(concentration)를 진하게 만드는 것을 의미해요.

pressure | 압력

압력은 누르는 힘이에요. 두 물체가 맞닿은 면에서 수직으로 누르는 힘이나 그 힘의 크기를 의미합니다.

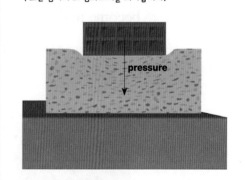

읽기 전 **비문학 사고력 UP**

냉동식품을 보관할 때 사용하는 흰색의 고체를 무엇이라고 하나요?

181 words

지문 듣기

#화학

When meat, fish, and ice cream are delivered, they are usually packaged with dry ice. Even though it has the word "ice" in its name, dry ice is a unique substance that is different from ice.

Dry ice is frozen carbon dioxide (CO_2). Unlike regular ice, it doesn't melt into a liquid. Instead, dry ice goes through a process called *sublimation, 5 turning directly into CO_2 gas. It has a temperature of -78°C. If you touch it directly, it can damage your skin or cause **frostbite.

Dry ice can be very dangerous in small, enclosed spaces that lack fresh air, such as a car or a room. CO_2 gas is heavier than air, so it can concentrate in low areas. (①) Normal air contains only about 0.04% CO_2. 10 (②) If the concentration of CO_2 in the air rises to about 5%, the CO_2 can become toxic. (③) Also, never store it in a sealed container. (④) If you do, the gas can build up pressure and cause the container to explode! (⑤)

*sublimation 승화(고체가 곧바로 기체로 변하는 현상) **frostbite 동상

읽은 후 **핵심 정리**

이 글에서 드라이아이스의 성분을 설명하는 문장을 찾아 밑줄 치세요.

1 수능 유형

글의 흐름으로 보아, 주어진 문장이 들어가기에 가장 적절한 곳은?

So when dealing with dry ice, make sure there is plenty of fresh air available.

①   ②   ③   ④   ⑤

2 수능 유형

드라이아이스에 관한 설명 중 이 글의 내용과 일치하지 않는 것은?

① 이산화탄소가 얼려진 상태이다.

② 특정 온도에서 녹이면 액체가 된다.

③ 드라이아이스의 온도는 -78℃이다.

④ 직접 만지면 동상을 입을 수 있다.

⑤ 작고 밀폐된 공간에서 사용하면 위험하다.

3 서술형

공기 중 이산화탄소의 농도가 5% 정도가 되면 어떤 문제가 발생하는지 우리말로 쓰시오.

_____

비문학 배경지식 UP

▎드라이아이스, 이렇게도 사용된다!

드라이아이스는 우리가 일반적으로 알고 있는 냉동 및 냉장 식품을 보관하고 운송할 때 쓰는 것뿐만 아니라, 우리의 일상 속에서 다양한 용도로 사용되고 있습니다.

- **안개 효과**: 콘서트나 공연을 보러 갔을 때 무대 바닥 쪽에 짙은 안개 구름이 깔리는 걸 본 적 있나요? 이 안개 효과는 드라이아이스를 뜨거운 물에 넣어 빠르게 승화시켜서 안개를 만들어 낸 것입니다.
- **탄산수 제조**: 드라이아이스를 용액에 넣으면 이산화탄소 기체가 발생하고 용액 속에 녹습니다. 우리가 마시는 소다수나 탄산수들은 이런 방법으로 만들어져요.
- **장비 세척**: 드라이아이스는 산업에서 장비를 세척할 때도 자주 사용합니다. 낮은 온도의 작은 알갱이의 드라이아이스를 장비 표면에 쏘면 장비 표면에 붙어 있는 기름, 잉크, 페인트들이 잘 떨어져요.

Self-Study 노트

힌트를 참고하여 주어진 문장을 바르게 직독직해 하세요.

even though: 비록 ~일지라도

that ~ ice가 a unique substance를 수식함

1. **Even though** it has the word "ice" in its name, / dry ice is a unique substance / **that** is **different from** ice.

different from: ~와 다른

_____

called: ~라고 불리는   turn into: ~으로 변하다

2. Instead, / dry ice goes through a process / **called** sublimation, / **turning** directly **into** CO₂ gas.

>
_____

that ~ air가 small, enclosed spaces를 수식함

3. Dry ice can be very dangerous in small, enclosed spaces / **that** lack fresh air, / **such as** a car or a room.

such as: ~와 같은

>
_____

deal with: ~을 다루다   make sure: ~을 확인하다

4. So when **dealing with** dry ice, / **make sure** / there is plenty of fresh air / available.

>
_____

build up: (압력 등)을 높이다   cause A to-v: A가 ~하게 하다

5. If you do, / the gas can **build up** pressure / and **cause** the container **to explode**!

>
_____

글의 내용에 맞게 다음 보기에서 알맞은 단어를 골라 빈칸에 쓰세요.

보기

| melting | store | frozen | enclosed | touch |

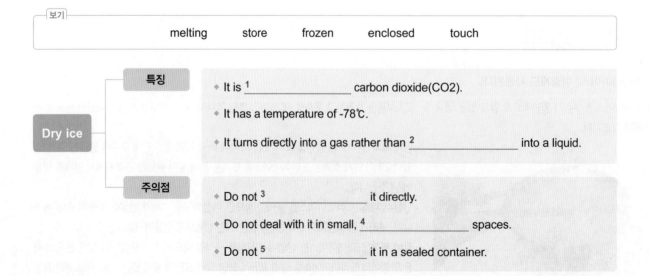

Dry ice

특징
- It is ¹_____ carbon dioxide(CO2).
- It has a temperature of -78℃.
- It turns directly into a gas rather than ²_____ into a liquid.

주의점
- Do not ³_____ it directly.
- Do not deal with it in small, ⁴_____ spaces.
- Do not ⁵_____ it in a sealed container.

4 Smartwatches and Health

✅ 지문 주요 어휘 학습

heart rate	심박(동)수 ← 심장이 1분 동안 뛰는 횟수
health indicator	건강 지표
monitor	통 모니터링하다, 추적 관찰하다
in real time	실시간으로, 동시에
shine	통 비추다
absorb	통 흡수하다
light sensor	광 센서 ← 빛을 내보내고 반사된 빛을 감지하는 센서
send out	보내다
pass through	~을 통과하다
reach	통 도달하다, ~에 이르다
blood vessel	혈관
pump	통 펌프 작용을 하다, 퍼 올리다
flow	통 흐르다
measure	통 측정하다, 재다
unfortunately	부 안타깝게도, 불행하게도
limitation	명 (능력 등의) 한계
obesity	명 비만
affect	통 영향을 미치다
reflection	명 반사
inaccurate	형 부정확한, 오류가 있는 ← accurate 형 정확한
result	명 결과
nevertheless	부 그럼에도 불구하고
maintain	통 유지하다

비문학 키워드 미리보기

health indicator | 건강 지표

지표란 기준을 나타내는 표시나 특징입니다. 그래서 건강 지표는 개인의 건강 수준을 평가하는 기준을 가리킵니다. 여기에는 혈압, 심박수, 폐활량, 체중 같은 것들이 해당됩니다.

monitor
모니터링하다, 추적 관찰하다

monitor는 명사로는 보통 TV나 컴퓨터의 '화면' 또는 '모니터'라는 뜻으로 쓰이지만, 동사로는 일정 기간 동안 어떤 것의 과정을 '모니터링하다, 추적 관찰하다'라는 뜻으로 쓰여요.

• a computer **monitor** 컴퓨터 모니터
• The nurse **monitored** the patient's heart rate. 간호사는 그 환자의 심박수를 모니터링했다.

Reading

읽기 전 | 비문학 사고력 UP

다음 중 건강 지표(health indicator)에 해당하는 것을 모두 고르세요.

☐ 심박수　　　☐ 체중　　　☐ 발 크기　　　☐ 머리숱

167 words

지문 듣기

#물리

Your heart rate is an important health indicator. Thanks to smartwatches, you can now monitor it in real time.

How can smartwatches do this? When we shine light on something, the light is partly absorbed and partly reflected. Smartwatches make use of this principle. 5

They have a lamp and a light sensor on the back. The lamp sends out green light that passes through your skin. When the green light reaches your blood vessels, the blood absorbs some of the light and reflects the rest back to the sensor. The faster your heart pumps blood, the greater the amount of 10 blood flowing through your vessels. More blood absorbs more light, so the amount of reflected light changes with your heart rate. The sensor measures _____ and provides information on your heart rate.

Unfortunately, smartwatches still have some limitations. Skin color and obesity can affect the 15 reflection of light, leading to inaccurate results. Nevertheless, the information provided can be useful for maintaining your health.

읽은 후 | 핵심 정리

이 글의 중심 소재로 알맞은 것은 무엇일까요?

☐ smartwatches　　　☐ heart rate　　　☐ light sensors

1 수능 유형

이 글의 주제로 가장 적절한 것은?

① 심박수와 혈압의 관계

② 스마트워치의 심박수 측정 원리

③ 스마트워치 사용 방법

④ 빛이 혈관을 통과하는 과정

⑤ 전자 기기 사용이 건강에 미치는 영향

2 수능 유형

빈칸에 들어갈 말로 가장 적절한 것은?

① the speed of your heart rate

② the amount of reflected light

③ the color of absorbed light

④ the amount of absorbed blood

⑤ the brightness of the reflected light

3 서술형

스마트워치 측정 결과를 부정확하게 만들 수 있는 요인 두 가지를 우리말로 쓰시오.

_____

비문학 배경지식 UP

▌내 손목 위 건강 지킴이, 스마트워치

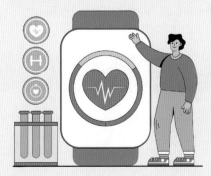

제품 종류에 따라 약간의 차이는 있지만, 대부분의 스마트워치는 착용하고 있는 사람이 더 건강한 생활을 할 수 있도록 건강을 분석하고 다양한 정보를 제공합니다. 이를 위해 스마트워치는 다양한 센서를 활용해요. 우선 온도 감지 센서로 우리의 체온을 측정하고, 모션 센서는 우리의 움직임을 감지해서 걸음 수나 운동량을 알려주지요. 또한 전기 센서를 통해 미세한 전류를 몸에 흘려보내고 이 전류에 대한 우리 몸의 저항값을 측정해 체지방량이나 체내의 수분량도 파악할 수 있게 해줍니다. 스마트워치는 우리가 자는 동안에도 건강 지킴이 역할을 해요. 자는 동안 모션 센서를 통해 감지된 움직임과 심박수를 기반으로 수면 패턴을 분석합니다.

Self-Study 노트

핵심 구문 100% 이해하기 힌트를 참고하여 주어진 문장을 바르게 직독직해 하세요.

thanks to: ~ 덕분에   in real time: 실시간으로
1. **Thanks to** smartwatches, / you can now monitor it / **in real time**.

❯ _____

shine light on: ~에 빛을 비추다   is absorbed, (is) reflected: 수동태(be동사 + p.p.)
2. When we **shine light on** something, / the light **is** partly **absorbed** / and partly **reflected**.

❯ _____

send out: ~을 보내다   that ~ skin이 green light를 수식함 / pass through: ~을 통과하다
3. The lamp **sends out** / green light **that passes through** your skin.

❯ _____

the + 비교급, the + 비교급: 더 ~할수록, 더 …하다   flowing ~ vessels가 the amount of blood를 수식함
4. **The faster** your heart pumps blood, / **the greater** the amount of blood **flowing** through your vessels.

❯ _____

lead to: ~로 이어지다
5. Skin color and obesity / can affect the reflection of light, / **leading to** inaccurate results.

❯ _____

글의 내용 100% 이해하기 글의 내용에 맞게 다음 빈칸을 채우세요.

스마트워치의 심박수 측정

스마트워치에서 나오는 초록색 빛이 혈관에 도착하면, 일부는 혈액에 흡수되고, 나머지는 ¹_____ 됨

∨

심박수가 올라가면, 혈관 속 ²_____의 양은 증가함

∨

스마트워치의 센서는 반사된 빛의 ³_____을 측정함으로써 심박수를 측정할 수 있음

※ 피부색과 ⁴_____은 측정 결과에 영향을 미칠 수 있음

Media 미디어

미디어
비문학 글 읽기

1 Streaming Services

✔ 지문 주요 어휘 학습

method	명 방법
transmit	동 전송하다
continuous	형 연속적인, 계속 이어지는
consume	동 소비하다 ↙ 콘텐츠를 소비한다는 의미로도 써요.
transfer	동 전송하다
entire	형 전체의
beforehand	부 미리, 사전에
streaming service	스트리밍 서비스
advantage	명 장점, 이점
convenience	명 편리함 ↙ convenient 형 편리한
connection	명 연결 ↙ connect 동 연결하다
specific	형 특정한
a variety of	다양한
explore	동 탐색하다 ↙ '탐험하다'라는 의미로도 쓰여요.
interest	동 흥미를 일으키게 하다
waste time v-ing	~하는 데 시간을 낭비하다
recommendation	명 추천
significant	형 중요한 ↙ '상당한'이라는 의미도 있어요.
source	명 원천, 근원
entertainment	명 (영화·음악 등의) 오락(물)
continue to-v	계속해서 ~하다
shape	동 (모양을) 형성하다 ↙ 명 모양
transform	동 변화시키다

비문학 키워드 미리보기

transmit | 전송하다

trans(가로질러) + mit(보내다) = 전송하다

trans-는 '이쪽에서 저쪽으로 가로질러'라는 의미를 갖고 있습니다. 그래서 -mit(보내다)와 합쳐지면 '전송하다'라는 의미가 되죠. 이외에 trans-와 결합되면 이동이나 변화를 나타내는 경우가 많습니다.

- transfer: trans(가로질러) + fer(나오다)
  = 전송하다, 이동하다
- transform: trans(가로질러) + form(형태)
  = 변화시키다

streaming service
스트리밍 서비스

stream은 명사로 '흐름, 연속', 동사로는 '계속 흐르다'를 뜻합니다. 컴퓨터 분야에서 streaming(스트리밍)은 인터넷을 통해 미디어가 끊기지 않고 실시간으로 재생되는 기술을 가리킵니다. 그리고 streaming service(스트리밍 서비스)는 음악이나 동영상과 같은 방송영상 콘텐츠(media contents)를 실시간으로 재생해서 즐길 수 있는 서비스를 가리킵니다.

1

176 words

다음 중 여러분이 자주 사용하는 서비스는 무엇인가요?

☐ 유튜브   ☐ 넷플릭스   ☐ 애플 뮤직   ☐ 기타

지문 듣기

#대중 매체

Streaming is a method of transmitting video or audio files in a continuous stream of data through the Internet. Unlike downloading, streaming allows us ⓐ to consume content in real time without transferring the entire file to our devices beforehand.

Popular streaming services such as Apple Music, YouTube, and Netflix 5 ⓑ have some great advantages. One of the biggest benefits ⓒ are their convenience. If we have an Internet connection, we can enjoy content whenever and wherever we want. There is no need to wait in front of the TV to watch our favorite shows at a specific time. Additionally, streaming services provide us with a huge variety of media content to choose from. 10 All we have to do is explore the service and find ⓓ what interests us. And if we don't want to waste time choosing what to watch, many streaming services offer personalized recommendations.

Streaming services have clearly become a significant source of entertainment. As the number 15 of people using streaming services ⓔ continues to rise worldwide, they will continue to shape and transform the way we consume content.

이 글에서 스트리밍의 정의를 설명하는 문장을 찾아 밑줄 치세요.

수능유형

1 이 글의 주제로 가장 적절한 것은?

① 스트리밍 서비스 이용 목적

② 개인별 맞춤 스트리밍 서비스

③ 스트리밍 서비스의 장점과 전망

④ 스트리밍 서비스에 적합한 콘텐츠

⑤ 스트리밍 서비스의 부작용과 한계

내신유형

2 이 글에서 스트리밍 서비스의 특징으로 언급되지 않은 것은?

① 파일을 기기에 미리 전송하지 않고 바로 볼 수 있다.

② 원하는 때에 원하는 장소에서 이용할 수 있다.

③ 다른 사람과 콘텐츠를 공유할 수 있다.

④ 매우 다양한 콘텐츠를 접할 수 있다.

⑤ 개인 맞춤형 콘텐츠를 추천해 준다.

수능유형

3 밑줄 친 ⓐ~ⓔ 중 어법상 틀린 것은?

① ⓐ   ② ⓑ   ③ ⓒ   ④ ⓓ   ⑤ ⓔ

비문학 배경지식 UP

▌몰아보기의 숨겨진 위험성

새벽까지 혹은 주말 내내 좋아하는 TV 프로그램을 몰아서 본 적 있나요? 이렇게 TV 프로그램을 단기간에 몰아서 시청하는 것을 영어로 binge-watching이라고 하는데, 이는 binge(어떤 것을 무절제하게 마구 하는 것)와 watching(보기)의 합성어입니다. 이는 우리가 평소에 쓰는 '몰아보기' 또는 '정주행'과 같은 표현이죠. 이런 미디어 소비 방식은 인터넷으로 영상 콘텐츠를 제공하는 스트리밍 서비스의 일종인 OTT(Over-the-Top) 산업이 발전하면서 트렌드가 되었습니다. 넷플릭스나 디즈니 플러스가 대표적인 OTT 플랫폼입니다. 특히 요즘에는 정해진 요일에 한 회씩 방영되는 TV 드라마와 달리 OTT 플랫폼에서 드라마의 한 시즌 전체를 한 번에 공개하며 몰아보기가 더 활발해졌습니다. 하지만 이런 습관은 여러분을 카우치 포테이토(couch potato)로 만들 수 있습니다. 이 표현은 집에서 소파에 누워 TV를 보며 감자칩을 먹는 게으른 사람들을 가리키죠. 몰아보기 습관은 수면 부족, 신체 활동 감소, 불규칙한 식사, 시력 감퇴 등 다양한 건강 문제로 이어질 수 있으니 주의해야 합니다.

Self-Study 노트

힌트를 참고하여 주어진 문장을 바르게 직독직해 하세요.

1. Unlike downloading, / streaming allows us to consume content in real time / without **transferring** the entire file / **to** our devices beforehand.
transfer A to B: A를 B로 전송하다

⊙ _____

if 조건절: ~하면   복합관계부사: whenever(~할 때면 언제나), wherever(~한 곳은 어디서나)
2. **If** we have an Internet connection, / we can enjoy content / **whenever** and **wherever** we want.

⊙ _____

provide A with B: A에게 B를 제공하다
3. Additionally, / streaming services **provide** us / **with** a huge variety of media content / **to choose from**.
to choose from이 a huge ~ content를 수식함

⊙ _____

waste+시간+v-ing: ~하는 데 시간을 낭비하다
4. And if we don't want to **waste time** / **choosing** what to watch, / many streaming services offer / **personalized** recommendations.
personalized: (개인) 맞춤형의

⊙ _____

글의 내용 100% 이해하기 글의 내용에 맞게 다음 보기에서 알맞은 단어를 골라 빈칸에 쓰세요.

보기

| variety | Internet | personalized | real time |

Advantages of Streaming Services

1. Consume content in _____ without downloading files

2. Enjoy content anytime, anywhere with an _____ connection

3. Provide a huge _____ of media content

4. Provide _____ recommendations

2 News Embargoes

✅ 지문 주요 어휘 학습

journalism	명 저널리즘 ↜ 신문·방송 등을 위해 기삿거리를 모으고 기사를 쓰는 일
news embargo	뉴스 엠바고
source	명 (뉴스의) 정보원; (자료의) 출처
news organization	언론사, 뉴스 조직
agree to-v	~하는 것에 동의하다 ↜ agreement 명 합의, 동의
release	통 (대중들에게) 공개하다, 발표하다
apply	통 적용하다
impose	통 시행하다
security	명 안보, 안전 ↜ 안전 보장을 의미해요.
national	형 국가의
crisis	명 위기
military	형 군사의, 무력의
strategic	형 전략적인
expose	통 노출시키다, 드러내다 ↜ exposure 명 노출
enemy	명 적
prevent A from v-ing	A가 ~하는 것을 막다(방지하다)
sensitive	형 민감한
individual	명 개인
victim	명 피해자, 희생자
ongoing	형 진행 중인
investigation	명 수사, 조사
request	통 요청하다 ↜ 명 요청
spoiler	명 스포일러
potential	형 잠재적인, ~할 가능성이 있는
impact	통 영향을 주다 ↜ 명 영향, 충격
receive	통 받다

비문학 키워드 미리보기

news embargo | 뉴스 엠바고

news(뉴스) + embargo(엠바고)

embargo(엠바고)는 무역에서 통상 금지, 선박의 출항 금지를 가리킵니다. 그리고 news embargo(뉴스 엠바고)는 뉴스와 '제한'의 의미를 가진 엠바고가 결합된 언론 용어입니다. 이것은 정보원(source)이 언론사(news organization)에 정보를 제보할 때 일정 기간 동안 보도를 못하도록 제한을 두는 것을 말합니다.

spoiler | 스포일러

무엇을 '망치다'라는 의미의 동사 spoil에서 나온 표현인 spoiler는 영화나 소설 등의 예비 관객이나 독자들에게 내용을 미리 밝히는 사람 혹은 그런 행위를 가리킵니다. 예비 관객들이 콘텐츠를 보며 느낄 즐거움을 망쳐버리는 것이죠.

Reading

2

읽기 전 **비문학 사고력 UP**

다음 중 뉴스 기사를 작성할 때 반드시 고려해야 하는 점이 아닌 것은 무엇일까요?

☐ 신속함   ☐ 정확성   ☐ 기사의 길이

178 words

지문 듣기

#언론

In journalism, a news embargo is an agreement between a source and a news organization. Under a news embargo, the news organizations agree not to release the source's information until a certain time.

News embargoes can be applied for several different reasons. Sometimes they are imposed for the security of a country. During times of war or national crisis, military information or strategic plans should not be ⓐexposed to the enemy. Therefore, news embargoes can protect the country by preventing the exposure of such ⓑsensitive information. News embargoes are also imposed to protect individuals. Crime victims can be protected by keeping information about ongoing investigations ⓒsecret. Additionally, companies sometimes request news embargoes before releasing new products or movies. In the case of movies, it is done to ⓓprevent spoilers from reaching potential viewers.

What happens if news organizations break news embargoes to get a

*scoop? In some cases, it can impact the safety of individuals or lead to serious national problems. Also, their sources will ⓔgain trust in them, making it difficult for them to receive further information.

* scoop 특종 기사

5

10

15

읽은 후 **핵심 정리**

빈칸에 알맞은 말을 이 글에서 찾아 쓰세요.

News embargo: an agreement between a _____ and a news _____

내신 유형

1 이 글의 내용과 일치하면 T, 일치하지 않으면 F를 쓰시오.

(1) 뉴스 엠바고에 동의한 언론사는 특정 시간까지 정보를 공개할 수 없다. _____

(2) 뉴스 엠바고는 개인이 아닌 국가를 보호하기 위함이다. _____

(3) 뉴스 엠바고를 위반한 언론사는 더 이상 정보를 받기 어려워질 수 있다. _____

수능 유형

2 밑줄 친 ⓐ~ⓔ 중 문맥상 낱말의 쓰임이 적절하지 <u>않은</u> 것은?

① ⓐ   ② ⓑ   ③ ⓒ   ④ ⓓ   ⑤ ⓔ

서술형

3 다음은 뉴스 엠바고가 요청되는 상황을 정리한 것이다. 빈칸에 들어갈 알맞은 말을 이 글에서 찾아 쓰시오.

> News embargoes may be requested for the (1) _____ of a country or the
> protection of (2) _____ such as crime victims. They may also be used when
> new products or (3) _____ are released.

비문학 **배경지식 UP**

▌ 역사를 뒤바꿀 뻔한 뉴스 엠바고

뉴스 엠바고는 제2차 세계대전 당시, 1944년 6월 노르망디 상륙 작전을 기점으로 언론계의 관행으로 자리잡았습니다. 노르망디 상륙 작전은 연합군(미국, 영국을 포함한 8개국)이 독일군으로부터 유럽을 되찾아 오기 위해 수행한 대규모 작전이에요. 연합군은 독일이 점령하고 있던 프랑스의 노르망디 지역에 상륙해 전세를 역전시켰습니다. 작전 개시 전, 연합군은 연합군 나라의 언론사들에게 작전에 대해 미리 브리핑하면서 보도 유예를 요청했어요. 다행히 어느 언론사도 보도 유예 기간 동안 기사를 보도하지 않았고, 작전은 성공했습니다. 단 한 명의 기자라도 특종을 노리고 기사를 냈다면 세계의 역사는 달라졌을지도 몰라요.

▌ 마케팅을 위한 엠바고

기업에서 신제품을 출시할 때 뉴스 엠바고를 요청하는 경우가 많습니다. 이는 홍보 효과를 극대화하는 데 도움을 주기 때문인데요. 엠바고로 인해 공개되지 않은 신제품 정보에 대해 소비자들은 높은 기대감과 궁금증을 가지게 됩니다. 또한, 기업 입장에서 언론 보도를 통한 홍보 효과도 최대화할 수 있습니다. 언론사들이 신제품에 대한 기사를 내기 전에 그들에게 제품에 대한 정확한 정보로 제대로 된 좋은 기사를 준비할 수 있는 시간을 주는 것이죠. 이를 통해 기업은 신제품에 대한 무분별하고 부정확한 정보를 제어할 수 있습니다.

Self-Study 노트

핵심 구문 100% 이해하기 힌트를 참고하여 주어진 문장을 바르게 직독직해 하세요.

under: ~ 하에서   agree to-v: ~하는 것에 동의하다   source: 뉴스 정보원

1. **Under** a news embargo, / the news organizations **agree** not **to release** the **source**'s information / until a certain time.

❯ _____

during: ~ 동안에

2. **During** times of war or national crisis, / military information or strategic plans / should not **be exposed** to the enemy.
be exposed: 수동태(be동사 + p.p.)

❯ _____

by v-ing: ~함으로써 / keep + 목적어 + 목적격보어: …을 ~한 상태로 유지하다

3. Crime victims can be protected / **by keeping** information about ongoing investigations secret.

❯ _____

in the case of: ~의 경우에   prevent A from v-ing: A가 ~하는 것을 막다

4. **In the case of** movies, / it is done to **prevent** / spoilers **from reaching** potential viewers.

❯ _____

lose trust in: ~에 대한 신뢰를 잃다   가목적어(it)   의미상의 주어   진목적어(to ~ information)

5. Also, / their sources will **lose trust in** them, / making **it** difficult **for them** / **to receive** further information.

❯ _____

글의 내용 100% 이해하기 글의 내용에 맞게 다음 빈칸을 채우세요.

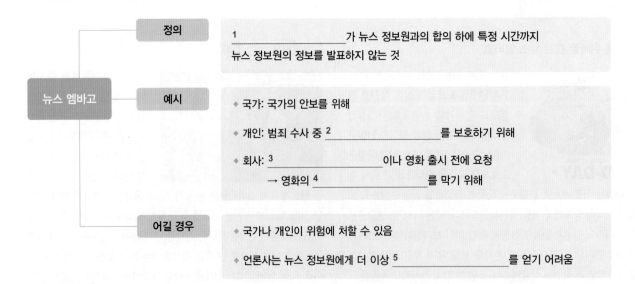

뉴스 엠바고	정의	1 _____가 뉴스 정보원과의 합의 하에 특정 시간까지 뉴스 정보원의 정보를 발표하지 않는 것
	예시	◆ 국가: 국가의 안보를 위해 ◆ 개인: 범죄 수사 중 2 _____를 보호하기 위해 ◆ 회사: 3 _____이나 영화 출시 전에 요청 → 영화의 4 _____를 막기 위해
	어길 경우	◆ 국가나 개인이 위험에 처할 수 있음 ◆ 언론사는 뉴스 정보원에게 더 이상 5 _____를 얻기 어려움

3 The Right to Be Forgotten

어휘 듣기

✓ 지문 주요 어휘 학습

including	전 ~을 포함하여
comment	명 의견 ← 인터넷에서는 주로 글 밑에 자신의 의견을 다는 댓글을 가리켜요.
personal information	개인 정보
post	동 게시하다 명 게시물
spread	동 퍼지다
delete	동 삭제하다
remain	동 (없어지지 않고) 남다
concept	명 개념
removal	명 삭제
search engine	검색 엔진
privacy	명 사생활, 프라이버시
dignity	명 존엄성 ← 인간이라는 이유만으로 사람은 존재 가치가 있고 존중받아야 한다는 의미예요.
no longer	더 이상 ~가 아닌
wish to-v	~하기를 바라다
outdated	형 구식의
in response to	~에 대응하여
concern	명 우려, 걱정
put into practice	실행하다
cover	동 포함시키다
guarantee	동 보장하다 ← (어떤 일을 할 것을) 약속하다
interest	명 이익 ← '관심'이나 '흥미' 뿐만 아니라 '이익'이라는 의미로도 많이 써요.
tricky	형 까다로운, 다루기 힘든

search engine | 검색 엔진

인터넷에서 필요하거나 궁금한 자료를 찾기 위해 우리는 '검색'을 합니다. 그리고 이 검색을 가능하게 해주는 소프트웨어나 웹사이트가 바로 검색 엔진입니다. 검색 엔진이 갖춘 대표적인 기능은 자료를 걸러내는 기술로, 수많은 웹페이지에 흩어져 있는 많은 양의 자료들을 사용자가 원하는 기준에 따라 걸러내고 선별해서 보여줍니다. 대표적인 검색 엔진으로 '구글'과 '네이버' 등이 있습니다.

outdated | 구식의

out(바깥의, ~과 떨어져) + dated(날짜가 표시된) = 날짜를 넘어선(구식의)

out-(바깥의, ~과 떨어져)과 dated(날짜가 표시된)이 합쳐져 만들어진 단어로, 어떤 것이 '구식이거나' '시대에 뒤처진' 것을 의미합니다.

- This computer is outdated.
  이 컴퓨터는 구식이다.

3

#정보 문제

고2 11월 기출 소재

We share many things on the Internet every day, including comments, photographs, and personal information. Once we post them online, they spread very quickly. So even if we delete our original posts, they might remain somewhere else.

This is why "the right to be forgotten" has become an important issue. It ⁵ is a concept that allows individuals to request the removal of their personal data from search engines and social media platforms. The goal is to protect the privacy and dignity of individuals, especially when they no longer wish to share certain information or when the information becomes outdated. In response to these concerns, the European Union has put into practice data ¹⁰ protection rules covering the right to be forgotten.

But the right to be forgotten is not always guaranteed. In some cases, the public interest or *freedom of expression might be more important than an individual's request to ＿＿＿＿＿＿＿＿＿＿. ¹⁵ Even though this is a very tricky issue, its importance will continue to be significant in digital age.

*freedom of expression 표현의 자유(자신의 생각이나 의견을 표현할 수 있는 자유)

읽은 후 | **핵심 정리**

이 글의 중심 소재로 알맞은 것은 무엇일까요?

☐ 표현의 자유　　　　☐ 온라인 게시물　　　　☐ 잊힐 권리

≫ Answers pp. 22~23

1 수능 유형

이 글의 제목으로 가장 적절한 것은?

① Various Types of Personal Data
② Why Do We Need to Protect Our Data?
③ The Advantages of Sharing Information
④ How Quickly Information Spreads Online!
⑤ The Right to Be Forgotten in the Digital Age

2 수능 유형

빈칸에 들어갈 말로 가장 적절한 것은?

① update information
② remove information
③ improve data security
④ share more information
⑤ fix incorrect information

3 서술형

질문에 대한 답이 되도록 빈칸에 들어갈 말을 이 글에서 찾아 쓰시오.

Q What can individuals ask for under the right to be forgotten?

A Individuals can ask for the (1) _____ of their (2) _____ data from (3) _____ _____ and social media platforms.

비문학 배경지식 UP

▌정보가 알아서 삭제될 수 있다면?

잊힐 권리는 옥스퍼드 대학교의 빅토르 마이어 쇤베르거 교수의 주장으로 처음 주목을 받기 시작했습니다. 쇤베르거는 자신의 저서 <잊힐 권리>에서 '정보 만료일'이 필요하다고 주장했습니다. 식품에 유통기한이 있듯이 인터넷상에 올리는 정보들에도 만료일을 부여해야 한다는 것입니다. 정보를 인터넷에 업로드할 때 정보를 유지할 기간을 정해서 입력하고, 그 기간이 지나면 정보가 자동으로 사라지게 하자는 것이죠. 잊힐 권리에 대한 관심이 높아지면서, 정보 만료일과 같은 맥락으로 일정 시간이 지난 후 정보가 삭제되는 기능들이 소셜 미디어에서 자리 잡고 있습니다. 스냅챗에는 업로드한 사진과 동영상이 24시간 안에 사라지고, 메시지는 상대방이 확인한 후 10초 내에 삭제되는 기능이 있습니다. 또한 인스타그램에는 게시물이 24시간 동안만 공유되게 설정된 '스토리' 기능이 있습니다.

once: 일단 ~하면
1. **Once** we post them online, / they spread very quickly.

> _____

even if: ~라 하더라도   might: ~일지도 모른다
2. So **even if** we delete our original posts, / they **might** remain somewhere else.

> _____

that ~ platforms가 a concept을 수식함 / allow A to-v: A가 ~하게 하다
3. It is a concept / **that allows** individuals **to request** / the removal of their personal data / from search engines and social media platforms.

> _____

명사적 용법의 to부정사구: ~하는 것
4. The goal is **to protect** the privacy and dignity of individuals, / especially when they **no longer** wish to share / certain information / or when the information becomes outdated.
no longer: 더 이상 ~이 아닌

> _____

비교급 + than …: …보다 더 ~한
5. In some cases, / the public interest or freedom of expression / might be **more** important / **than an** individual's **request to remove** information.
a request to부정사: ~하기 위한 요청

> _____

┌─ 보기 ───┐
   remove   protect   public   share   outdated
└──┘

The right to be forgotten

개념	• individuals' request to ¹_____ their personal data from the Internet
사용되는 경우	• when individuals no longer want to ²_____ certain information • when the information becomes ³_____
목적	• to ⁴_____ the privacy and dignity of individuals
보장되지 않는 경우	• when ⁵_____ interest and freedom of expression are more important

4 Misinformation

✓ 지문 주요 어휘 학습

spend time v-ing	~하면서 시간을 보내다
interact	통 상호작용하다, 교류하다
necessarily	부 반드시
critical	형 중요한, 중대한 ← '비판적인'이라는 의미도 있어요.
analyze	통 분석하다
be fooled by	~에 속다 ← fool 통 속이다
misinformation	명 잘못된 정보
weakness	명 약점
literacy	명 문해력
determine	통 결정하다
reliability	명 신뢰도, 신뢰성
solution	명 해결책
play a role in	~에서 역할을 하다
block	통 차단하다, 막다
take responsibility for	~을 책임지다
threat	명 위협
critically	부 비판적으로
evaluate	통 평가하다
distinguish A from B	A와 B를 구별하다
reliable	형 신뢰할 수 있는 ← unreliable 형 신뢰할 수 없는
furthermore	부 뿐만 아니라, 더욱이
accept	통 받아들이다

비문학 키워드 미리보기

misinformation | 잘못된 정보

mis(잘못된) + information(정보)
= 잘못된 정보

mis-(잘못된)와 information(정보)이 합쳐져 만들어진 단어로, '잘못된 정보'를 의미합니다. 이외에 mis-와 결합된 단어들도 대부분 부정적인 의미를 가지고 있어요.

• misuse: mis-(잘못된) + use(사용하다)
= 잘못 사용하다, 오용하다
• misunderstand:
mis-(잘못된) + understand(이해하다)
= 잘못 이해하다, 오해하다

literacy | 문해력

글을 읽고 이해할 수 있는 능력, 즉 문해력을 의미합니다. 요즘은 literacy의 개념이 조금 더 확대되어서 미디어와 전자 텍스트의 내용을 이해할 수 있는 능력 또는 특정 분야의 지식을 아는 능력까지 포함합니다. 예를 들어, computer literacy는 컴퓨터를 이해하고 활용할 수 있는 능력, food literacy는 식품과 요리에 대한 정보를 이해하는 능력과 지식을 가리킵니다.

읽기 전 **비문학 사고력 UP**

여러분이 인터넷에서 찾은 정보가 틀렸던 경험이 있나요?

178 words

지문 듣기

#미디어 현상

고1 6월 기출 변형

These days, people spend a lot of time interacting with media. However, this does not necessarily mean that they have the critical skills needed to analyze and understand information. A study at Stanford University in 2016 showed that young people are easily fooled by misinformation, especially when they get it from social media. However, it's not just young people 5 who have this weakness.

Research from New York University found that people over the age of 65 shared seven times more misinformation than younger people. This shows that they lack the digital media literacy needed to determine the reliability of online information. All of this makes us ask an important 10 question: What's the solution to the misinformation problem?

Many people say governments and tech platforms should play an important role in blocking and preventing misinformation. However, every individual needs to take responsibility for fighting this threat. It is important for everyone to critically evaluate information and distinguish reliable 15 sources from unreliable ones. Furthermore, individuals must develop the habit of fact-checking information before accepting it or sharing it with others.

읽은 후 **핵심 정리**

이 글의 중심 소재로 알맞은 것을 찾아 쓰세요.

❯ _____ from online media

수능 유형

1 **이 글의 목적으로 가장 적절한 것은?**

① 잘못된 정보 관련 연구 결과를 발표하려고

② 잘못된 정보 문제에 대한 각성을 촉구하려고

③ 잘못된 정보 문제에 대한 연령별 인식을 조사하려고

④ 개인과 관련된 잘못된 정보 사례를 소개하려고

⑤ 정보 제공에 있어 정부와 기술 플랫폼의 역할을 강조하려고

내신 유형

2 **이 글의 내용과 일치하면 T, 일치하지 않으면 F를 쓰시오.**

(1) 젊은 사람들도 소셜 미디어에서 잘못된 정보에 속는 경우가 많다. _____

(2) 65세 이상의 사람들은 젊은 사람들보다 잘못된 정보를 덜 공유한다. _____

(3) 정보를 공유한 후에 사실 확인을 하는 습관을 길러야 한다. _____

서술형

3 **온라인 정보의 신뢰성을 결정하는 데 필요한 능력을 가리키는 말을 이 글에서 찾아 쓰시오. (3단어)**

_____

비문학 배경지식 UP

삐빅! 가짜 뉴스입니다!

우리는 인터넷을 통해 수많은 뉴스 기사들을 접할 수 있습니다. 그런데 모든 기사 내용이 사실일까요? 물론 누군가를 의도적으로 속이려는 의도가 없는 그저 잘못된 정보들도 있습니다. 그러나 그럴듯한 뉴스 형태로 사실이 아닌 것을 사실처럼 꾸며 사람들을 의도적으로 속이려는 가짜 뉴스들도 있죠. 새로운 정보들로 넘쳐나는 일상 속에서 우리가 이런 가짜 뉴스들과 진짜 뉴스를 어떻게 구별할 수 있을까요? 먼저, 뉴스 기사의 출처를 확인해야 합니다. 가짜 뉴스는 유명 언론사와 비슷한 인터넷 주소로 글을 올리는 경우가 많아요. 또, 이런 뉴스는 제목만으로 사람들을 현혹시키려고 하기 때문에 제목만 읽고 정보를 판단하면 안 됩니다. 기사에 나온 근거 자료나 작성 날짜를 확인하는 것도 중요한데, 이는 잘못된 근거 자료나 오래전 정보를 최근 정보인 것처럼 속이는 경우도 있기 때문입니다.

핵심 구문 100% 이해하기　힌트를 참고하여 주어진 문장을 바르게 직독직해 하세요.

spend + 시간 + v-ing: ~하는 데 시간을 보내다

1. These days, / people **spend a lot of time** / **interacting** with media.

> _____

not necessarily: 반드시 ~은 아닌　　　*needed ~ information이 the critical skills를 수식함*

2. However, / this does **not necessarily** mean / that they have the critical skills / **needed** to analyze and understand information.

> _____

it is ~ that 강조 구문(사람을 강조할 경우 that 대신 who 사용 가능)

3. However, / **it's** not just young people / **who** have this weakness.

> _____

lack: ~이 부족하다　　　*needed ~ information이 the digital media literacy를 수식함*

4. This shows / that they **lack** the digital media literacy / **needed** to determine the reliability of online information.

> _____

가주어 (it)　　　*진주어(to ~ unreliable ones)*　　　*distinguish A from B: A와 B를 구별하다*

5. **It** is important / for everyone / **to** critically evaluate information / and **distinguish** reliable sources **from** unreliable ones.

> _____

글의 내용 100% 이해하기　글의 내용에 맞게 다음 빈칸을 채우세요.

Misinformation

문제	해결책
◆ 사람들이 온라인 상의 1 _____ 정보에 속거나, 그 정보를 공유함	◆ 모든 개인은 온라인 상의 정보를 4 _____ 으로 평가해야 함
→ 이유: 온라인 정보를 분석하고 정보의 2 _____ 를 결정하는 3 _____ 미디어 문해력이 부족함	◆ 온라인 상에 정보를 받아들이거나 공유하기 전에 정보의 5 _____ 을 확인하는 습관을 길러야 함

UNIT 4

Art 예술

예술
**비문학
글 읽기**

1 The Pompidou Center

☑️ 지문 주요 어휘 학습

located in	~에 위치한
be known for	~로 유명하다
architectural	형 건축학의 ← architecture 명 건축
impressive	형 인상적인, 인상 깊은
feature	명 특징 동 특징을 이루다
exterior	명 외부 형 외부의
inside-out	형 (안팎이) 바뀐, 거꾸로
steel frame	철골 ← streel(강철) + frame(뼈대, 틀)
mechanical system	기계 설비
represent	동 표시(표현)하다, 나타내다 ← '보여주다'라는 의미도 있어요.
bold	형 (색깔이) 선명한
electricity	명 전기
transportation	명 이동 수단, 수송
a series of	일련의
known as	~로 알려진
interior	명 내부
ceiling	명 천장
unlimited	형 제한이 없는
display	동 전시하다
sculpture	명 조각(품)
installation	명 설치 미술
reaction	명 반응
recognize	동 인식하다, 알아보다
iconic	형 상징적인, 아이콘이 되는 ← icon 명 상징, 아이콘
landmark	명 랜드마크 ← 어떤 지역을 대표하는 장소나 건물

비문학 키워드 미리보기

mechanical system | 기계 설비

mechanical(기계로 작동되는) + system(체계)

기계 설비는 여러 가지 기계적인 장치를 갖추어 놓는 것을 의미합니다. 건물의 기계 설비는 실내 환경과 기능을 잘 유지시키기 위함이에요. 실내의 공기를 순환(circulation)시키는 장치, 전기(electricity), 물을 공급하거나 배출하는 수도 시설(plumbing), 엘리베이터와 같이 수송을 위한 이동 수단(transportation) 등이 있습니다.

installation | 설치 미술

installation은 동사 install(설치하다)의 명사형으로 보통 '설치'라는 의미로 많이 쓰입니다. 미술에서 installation은 '설치 미술'이나 작품의 '전시'를 의미합니다. 설치 미술은 작품을 단순히 벽에 걸어 두는 게 아니라 공간에 맞추어 작품을 독특하고 개성 있는 방식으로 설치해요. 실내나 야외 장소에 작품을 설치하고, 작가의 의도대로 그 공간에 변화를 줌으로써 우리는 작품과 그 장소 전체를 오감을 통해 감상할 수 있습니다.

#건축

The Pompidou Center, located in the heart of Paris, is home to *modern and contemporary art. It is also well known for its architectural design.

The center's most impressive feature is the high-tech architectural style of its exterior. The building's "_____" design exposes its steel frame and mechanical systems. Each system is represented by a 5 different bold color: blue for air circulation, yellow for electricity, green for plumbing, and red for transportation. The front of the building features a series of glass-covered escalators known as the "**caterpillar."

The building's interior is as impressive as its exterior. Surprisingly, it has no ***pillars — exterior frames support the ceilings. This design means it 10 has unlimited exhibition spaces. So it is the perfect place to display art such as paintings, sculptures, and multimedia installations.

At first, people had negative reactions to the unique look of the

Pompidou Center. However, over time, they have come to recognize its value and 15 beauty. Today, this iconic building is a landmark in Paris.

*modern and contemporary art 근현대 미술
**caterpillar 애벌레   ***pillar(건물·지붕 등을 받치는) 기둥

읽은 후 | **핵심 정리**

이 글에서 초점을 맞추고 있는 퐁피두 센터의 특징은 무엇일까요?

☐ architectural design   ☐ mechanical systems

수능 유형
1 퐁피두 센터에 관한 설명 중 이 글의 내용과 일치하지 <u>않는</u> 것은?

① 파리 중심부에 위치한다.

② 각 층마다 다른 색으로 내부가 칠해져 있다.

③ 건물 철골과 설비가 외부로 드러나 있다.

④ '애벌레'로 알려진 에스컬레이터가 있다.

⑤ 건물의 독특한 모습에 대한 부정적인 시각이 있었다.

수능 유형
2 빈칸에 들어갈 말로 가장 적절한 것은?

① simple   ② natural   ③ inside-out

④ traditional   ⑤ energy-saving

서술형
3 밑줄 친 <u>This design</u>이 무엇인지 이 글에서 찾아 우리말로 쓰시오.

_____

비문학 배경지식 UP

▌퐁피두 대통령의 열정과 유산

POMPIDOU CENTER

퐁피두 센터의 정식 명칭은 '조르주 퐁피두 국립 예술문화센터'입니다. 조르주 퐁피두는 프랑스 19대 대통령의 이름입니다. 조르주 퐁피두 대통령은 파리가 국제 예술의 중심지가 되기를 바랐어요. 그는 파리에 옛 예술품을 위한 곳으로는 이미 루브르 박물관이 있으니, 현대 예술을 이끌 새로운 박물관이 필요하다고 생각했습니다. 그래서 원래는 도서관 부지로 결정되었던 것에 미술관을 더해 지금의 퐁피두 센터를 설립하게 된 것이죠. 퐁피두 대통령은 센터 설립을 위한 공모전을 열고 직접 공모를 챙기면서 센터에 대한 엄청난 열정을 보였습니다. 하지만 안타깝게도 완공 전에 갑작스레 세상을 떠나면서 그렇게도 보고 싶어했던 센터가 문을 여는 모습을 보지 못했습니다. 그래서 이 센터명을 정할 때, 조르주 퐁피두 대통령의 열정에 대한 경의를 표시하는 의미로 그의 이름을 따서 '조르주 퐁피두 국립 예술문화센터'라고 했답니다.

핵심 구문 100% 이해하기 힌트를 참고하여 주어진 문장을 바르게 직독직해 하세요.

1. The Pompidou Center, / **located in** the heart of Paris, / is **home to** modern and contemporary art.

    located in: ~에 위치한 *home to: ~의 본고장인*

 ➢ _____

2. It **is** also well **known** / **for** its architectural design.

    be known for: ~로 유명하다

 ➢ _____

3. Each system **is represented** / by a different bold color.

    is represented: 수동태(be동사+p.p.)

 ➢ _____

4. The building's interior / is **as impressive as** its exterior.

    as+형용사의 원급+as … : …만큼 ~한

 ➢ _____

5. So it is the perfect place **to display art** / **such as** paintings, sculptures, and multimedia installations.

    to display art 이하가 the perfect place를 수식함 *such as ~ : ~와 같은*

 ➢ _____

글의 내용 100% 이해하기 글의 내용에 맞게 다음 빈칸을 채우세요.

퐁피두 센터의 건축학적 특징

건물 외부	◆ 첨단 건축 양식으로 건물의 1_____ 과 2_____ 이 바뀌어 있음 ① 기계 설비 　– 배관이나 전기 등 각 설비는 각기 다른 3_____ 으로 표시됨 ② 에스컬레이터 '애벌레' 　– 4_____ 로 싸여 있으며, 애벌레 모양으로 건물 전면에 있음
건물 내부	◆ 5_____ 이 없고 외부 뼈대가 천장을 받치고 있음 → 전시 공간에 6_____ 이 없음

Reading 2 Dystopia

✓ 지문 주요 어휘 학습

dystopia	명 디스토피아 ← dystopian 형 디스토피아의
novel	명 소설
condition	명 조건, 상태
miserable	형 비참한
utopia	명 유토피아
exist	동 존재하다 ← existing 형 기존의
imperfect	형 불완전한 ↔ perfect 형 완전한
opposite	명 반대
fiction	명 소설 ← 주로 fiction은 문학의 한 장르를 의미하고, novel은 한 작품으로서의 소설을 가리켜요.
face	동 직면하다; 직시하다 ← 명 얼굴
disastrous	형 비참한 ← disaster 명 재난, 재해
environmental	형 환경의
destruction	명 파괴
citizen	명 시민
society	명 사회 ← social 형 사회의, 사회적인
strict	형 엄격한
restricted	형 제한된, 제약을 받는 ← restrict 동 제한[통제]하다
main character	주인공 ← character 명 등장인물
question	동 의문을 갖다 ← 명 질문, 의문
political	형 정치의, 정치적인
struggle	동 고군분투하다, 투쟁(분투)하다 ← 전력을 다해 애쓰다
currently	부 현재, 지금
serve as	～의 역할을 하다
warning	명 경고

비문학 키워드 미리보기

dystopia | 디스토피아

디스토피아는 그리스어에서 유래된 단어로 '불완전한 세상'이라는 의미입니다. 주로 문학 작품이나 영화에서 현대 사회의 부정적인 측면을 극단화한 암울한 미래상을 그릴 때 사용됩니다.

utopia | 유토피아

디스토피아에 반대되는 개념으로, 현실에 존재하지 않는 완벽하고 평화로운 세상을 가리킵니다.

2

174 words

여러분이 즐겨보는 영화나 소설의 장르는 무엇인가요?

□ 코미디   □ 액션   □ 로맨스   □ 기타(공상 과학, 추리 …)

지문 듣기

#문학

Even if you don't know the word "dystopia," you may have heard of the novel *The Hunger Games* and the movie *Snowpiercer. In both of these, the world is a dystopia, where the conditions of human life are miserable.

To understand dystopias, you should first understand what a utopia is. A utopia is a perfect place where everything is wonderful. Of course, utopias can never exist, because human beings are imperfect in reality. A dystopia is the opposite of a utopia. In dystopian fiction, the world in an imagined future faces some disastrous situation, such as war, environmental destruction, or an **oppressive government. Citizens in a dystopian society live under strict control, and information and freedom are restricted. The main characters usually question the existing social and political systems and struggles to make a change. This kind of situation reflects some of the issues we currently face, so dystopian fiction can serve as a warning. It shows us how things could go wrong if we don't face reality and deal with these issues directly.

*snowpiercer 설국열차   **oppressive 억압적인

읽은 후 **핵심 정리**

디스토피아의 특징을 설명한 다음 문장의 빈칸에 알맞은 말을 이 글에서 찾아 쓰세요.

A dystopia is a place where the _____ of human life are _____.

수능 유형

1 이 글의 주제로 가장 적절한 것은?

① what a dystopia is in real life

② examples of utopian societies

③ who leads dystopian societies

④ utopias and dystopias in fiction

⑤ dystopian fiction and its important role

내신 유형

2 이 글의 내용과 일치하면 T, 일치하지 않으면 F를 쓰시오.

(1) 유토피아는 존재하지만 디스토피아는 존재하지 않는다. ＿＿＿＿＿

(2) 유토피아는 인간이 불완전하기 때문에 존재한다. ＿＿＿＿＿

(3) 디스토피아 소설의 배경은 비참하거나 통제된 환경이다. ＿＿＿＿＿

(4) 디스토피아 소설의 주인공은 기존 체제를 변화시키려 애쓴다. ＿＿＿＿＿

서술형

3 밑줄 친 문장에서 어법상 틀린 곳 한 군데를 찾아 바르게 고쳐 쓰시오.

＿＿＿＿＿＿＿＿ ➡ ＿＿＿＿＿＿＿＿

비문학 배경지식 UP

▌모든 것이 완벽한 곳은 존재할까?

모든 것이 완벽하고 모두가 행복한 이상적인 곳을 우리는 유토피아라고 부릅니다. 유토피아는 영국의 정치가이자 소설가인 토머스 모어가 만든 말로, 그의 소설의 제목이자 소설 속 가상의 섬나라 이름이에요. 이 섬은 모든 시민들이 평등하고 같은 자원을 공유하며 정치적, 사회적, 문화적으로 완벽한 이상적인 사회로 묘사됩니다. 유토피아는 그리스어의 '없는(ou-)', '장소(toppos)', '나라(-ia)'가 합쳐져서 만들어진 말로, '어디에도 없는 장소'라는 의미를 갖고 있죠. 그런데 이 단어는 같은 발음으로 '멋진(eu) 곳(topos)'이라고 해석되기도 합니다. 그래서 유토피아란 실제로 존재하진 않으나 누구나 있었으면 좋겠다고 생각하는 이상적인 세계를 의미한답니다.

Self-Study 노트

힌트를 참고하여 주어진 문장을 바르게 직독직해 하세요.

even if: 비록 ~일지라도   may have p.p. : 아마 ~했을지도 모른다 / hear of: ~에 대해 듣다

1. **Even if** you don't know the word "dystopia," / you **may have heard** / **of** the novel *The Hunger Games* and the movie *Snowpiercer*.

to부정사(조건): ~하려면

2. **To understand** dystopias, / you should first understand / what a utopia is.

where ~ wonderful이 a perfect place를 수식함

3. A utopia is a perfect place / **where** everything is wonderful.

question: 의문을 갖다

4. The main characters / usually **question** the existing social and political systems / and **struggle to make** a change.

struggle: 고군분투하다 / to부정사(목적): ~하기 위해

we ~ face가 the issuses를 수식함

5. This kind of situation reflects / some of the issues **we currently face**, / so dystopian fiction can **serve as** a warning.

serve as ~: ~의 역할[기능]을 하다

things: 상황   go wrong: (일이) 잘못되다   deal with: ~을 처리하다

6. It shows us how **things** could **go wrong** / if we don't face reality / and **deal with** these issues directly.

글의 내용에 맞게 다음 빈칸을 채우세요.

디스토피아	개념	인간의 삶의 조건이 1 _____ 한 곳
	소설의 특징	

세계	전쟁, 환경 파괴, 2 _____ 정부
시민	엄격한 3 _____ 하에서 정보와 자유가 제한된 삶
주인공	기존의 사회, 정치 체제에 의문을 갖고 4 _____ 를 만들기 위해 고군분투
역할	현실 사회에 대한 5 _____

3 Subtitles in Movies

어휘 듣기

✓ 지문 주요 어휘 학습

most of the time	대부분의 경우에, 대개
foreign language	외국어 ⌐ foreign(외국의) + language(언어)
subtitle	명 자막 동 자막을 달다
translate	동 번역하다 ⌐ 어떤 언어로 된 글을 다른 언어의 글로 옮기는 것
dialogue	명 대화
viewer	명 관객, 시청자
occasion	명 경우, 때
as a result	결과적으로
audience	명 관객
director	명 감독
viewpoint	명 관점, 시각
particular	형 특정한, 특별한
disconnected	형 단절된, 동떨어진 ⌐ disconnect 동 연결을 끊다
absence	명 부재 ⌐ 무언가가 '없다'라는 의미예요.
confusion	명 혼란, 혼동
disconnection	명 단절, 분리
plot	명 (소설·극·영화 등의) 구성(플롯)
perspective	명 관점, 시각
empathize	동 공감하다

비문학 키워드 미리보기

subtitle | 자막; 자막을 달다

sub(~ 아래에) + title(제목)

subtitle은 글이나 영상의 아래쪽에 추가적인 정보나 내용을 표시한다는 의미로 사용되어 '자막'이라는 의미를 가지게 되었고, 문학 작품의 '부제목'을 의미하기도 해요.

plot
(소설·극·영화 등의) 구성(플롯)

소설, 극, 영화 등에서 이야기를 구성하는 사건들을 짜임새 있게 엮은 것을 의미합니다. 플롯은 인과관계를 중심으로 쓰여지며 단순히 시간 순서대로 사건을 나열하는 '스토리'와는 차이가 있습니다.

#영화

고1 3월 기출 변형

Most of the time, when a foreign language is spoken in a film, subtitles are used to translate the dialogue for the viewer. However, there are occasions when foreign dialogue is not subtitled. As a result, most of the audience can't understand what the characters are saying.

① This is often done when a director wants a movie to be seen from the viewpoint of a particular character. ② Most directors don't speak the same language as their audiences. ③ When a character doesn't understand the language being spoken by other characters, he or she feels disconnected. ④ The absence of subtitles allows the audience to feel a similar sense of confusion and disconnection. ⑤ For example, in the movie *Not Without My Daughter,* the *Iranian characters speak **Persian, but there are no subtitles for their dialogue. This is because the main character, Betty, doesn't speak Persian, and the movie's plot is shown from her perspective. This makes it easier for the audience to empathize with her feelings.

* Iranian 이란인의   ** Persian 페르시아어

읽은 후 | **핵심 정리**

이 글에서 자막의 용도를 설명하는 부분에 밑줄 치세요.

수능 유형

1 이 글의 주제로 가장 적절한 것은?

① when foreign languages are subtitled

② language and a sense of disconnection

③ how directors put subtitles on the screen

④ the importance of characters' perspective in films

⑤ why some foreign dialogue is not subtitled in movies

수능 유형

2 이 글에서 전체 흐름과 관계 <u>없는</u> 문장은?

①   ②   ③   ④   ⑤

서술형

3 밑줄 친 perspective와 의미가 비슷한 단어를 이 글에서 찾아 쓰시오.

_____

비문학 배경지식 UP

▌1인치의 장벽을 깨고 새로운 세상을 만나다

봉준호 감독은 영화 '기생충'으로 제72회 칸영화제 황금종려상, 제77회 골든글로브 외국어 영화상, 제92회 미국 아카데미시상식 작품상 등을 수상했습니다. 봉준호 감독은 수상 소감에서 우리가 1인치 정도 되는 장벽을 뛰어 넘으면 훨씬 더 많은 영화를 즐길 수 있다고 말했습니다. 여기서 '1인치의 장벽'은 영화의 자막을 가리킵니다. 영어권 국가의 시청자들 중 자막을 읽어야 하는 비영어권 작품을 선호하지 않는 사람들에게 메시지를 남긴 것입니다. 바로 이 낮은 '자막'이라는 장벽을 넘기만 하면 즐길 수 있는 정말 좋은 영화가 많다고 말이죠. 그리고 실제로 오늘날 많은 한국 콘텐츠들이 '1인치의 장벽'을 깨고 전 세계에서 큰 호응을 얻고 있어요. 해외 시청자가 점점 늘어날수록, 한국어 대사의 의미와 그 뉘앙스를 번역에서 잘 녹여내는 것이 중요한 과제가 되었습니다.

Self-Study 노트

most of the time: 대부분의 경우　　　　　　　　　　　　　　　be used to-v: ~하는 데(하기 위해) 사용되다

1. **Most of the time**, / when a foreign language is spoken in a film, / subtitles **are used to translate** the dialogue / for the viewer.

> _____

when ~ subtitled가 occasions를 수식함

2. However, / there are occasions / **when** foreign dialogue is not subtitled.

> _____

as a result: 결과적으로

3. **As a result**, / most of the audience can't understand / what the characters are saying.

> _____

be done: 행해지다, 실행되다　　　　　　　　　　　　　　from the viewpoint of: ~의 관점에서

4. This **is** often **done** / when a director wants / a movie to be seen **from the viewpoint of** a particular character.

> _____

가목적어 (it)　　to부정사의 의미상의 주어　　진목적어(to ~ feelings) / empathize with: ~에 공감하다

5. This makes **it** easier / **for the audience** / **to empathize with** her feelings.

> _____

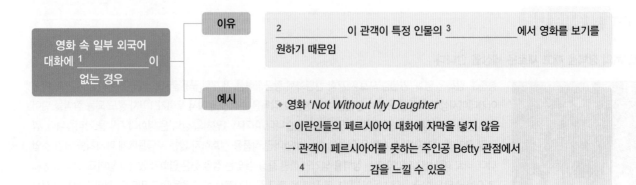

영화 속 일부 외국어
대화에 1 _____ 이
없는 경우

이유

2 _____ 이 관객이 특정 인물의 3 _____ 에서 영화를 보기를 원하기 때문임

예시

◆ 영화 'Not Without My Daughter'
- 이란인들의 페르시아어 대화에 자막을 넣지 않음
→ 관객이 페르시아어를 못하는 주인공 Betty 관점에서
4 _____ 감을 느낄 수 있음

4 Living Public Art

✓ 지문 주요 어휘 학습

fancy	형 화려한, 고급의
high-rise	명 고층 건물
financial	형 금융의
headquarter	명 본부, 본사
tourist attraction	관광 명소
area	명 지역; 면적
landfill	명 쓰레기 매립지 ← 쓰레기를 모아서 파묻는 곳
temporarily	부 일시적으로, 임시로
return	동 되돌려 놓다
public	형 공공의, 대중의
piece	명 (작품 등의) 하나, 한 점 ← '부분, 조각'이라는 뜻도 있어요.
concept	명 콘셉트 ← 어떤 작품이나 제품, 공연 등에서 드러내려고 하는 주된 생각
traditional	형 전통적인
plant	동 (나무 등을) 심다 ← 명 식물
wheat	명 밀
work of art	예술품, 미술품
volunteer	명 자원봉사자 ← 동 자원봉사하다
be filled with	~로 가득 차다
farm	동 농사를 짓다 ← 명 농장
harvest	동 수확하다 ← 다 자란 농산물을 거두어 들이다
food bank	푸드 뱅크
nourish	동 영양분을 주다, 기르다
mind	명 정신, 마음

비문학 키워드 미리보기

food bank | 푸드 뱅크

food(음식) + bank(은행)

가정, 단체 급식소, 기업 등에서 남은 음식이나 품질에는 문제가 없지만 유통 기한이 가까워져 판매하기 힘든 음식을 이웃과 나누기 위해 맡기는 일종의 음식 저축 은행이에요. 이곳에 맡겨진 음식들은 사회 복지 시설이나 음식이 필요한 사회의 소외 계층에게 전달됩니다.

#미술

고2 9월 기출 변형

Before New York's Battery Park City became a place full of fancy high-rises, financial headquarters, and tourist attractions, the area behind the World Trade Center was a giant landfill.

In 1982, artist Agnes Denes decided to temporarily return the landfill to the way it was before. The Public 5 Art Fund asked her to create one of the most amazing pieces of public art Manhattan has ever seen. Her concept was not a traditional sculpture—instead, it was a living installation that changed the way people looked at art. Denes planted a wheat field right next to the Twin Towers. 10

To create this public work of art, named *Wheatfield—A *Confrontation*, Denes and volunteers cleaned up a large area of land that was filled with trash and planted a field of golden wheat. After months of farming, the wheat field was ready. The artist and her volunteers harvested a huge amount of wheat to give to food banks in the city, nourishing 15 _____(A)_____ the minds _____(B)_____ bodies of New Yorkers.

*confrontation 대립(서로 반대되거나 모순된 관계)

읽은 후 │ 핵심 정리

이 글에 언급된 Agnes Denes가 만든 것은 무엇일까요?

☐ a traditional sculpture　　　☐ a wheatfield　　　☐ a food bank

1 수능유형

이 글의 제목으로 가장 적절한 것은?

① A Wheat Field Filled with Trash

② The Miracle of the Twin Towers

③ New Food Banks for New Yorkers

④ Volunteers Who Changed a Landfill

⑤ An Artist's Wheat Field for Manhattan

2 수능유형

*Wheatfield—A Confrontation*에 관한 설명 중 이 글의 내용과 일치하지 <u>않는</u> 것은?

① Agnes Denes의 공공 예술 작품이다.

② 쓰레기 매립지에 만들어진 작품이었다.

③ 공공 예술 기금의 요청으로 만들어졌다.

④ 사람들이 예술을 바라보는 방식을 바꿨다.

⑤ 수확된 밀은 뉴욕 사람들에게 판매되었다.

3 내신유형

빈칸 (A), (B)에 들어갈 말로 알맞게 짝지어진 것은?

	(A)	(B)		(A)	(B)
①	either	····· or	②	both	····· and
③	not	····· but	④	between	····· and
⑤	neither	····· nor			

비문학 배경지식 UP

▌배터리 파크 시티의 탄생

배터리 파크 시티(Battery Park city)는 미국 뉴욕 맨해튼 남서쪽에 위치한 지역으로, 이곳의 이름은 17세기경에 맨해튼 남부 지역에 주둔한 포병 부대의 이름에서 따왔어요. 이곳은 허드슨강의 항구 쪽을 흙과 돌로 메워서 만든 계획 도시입니다. 이 주변에는 세계 무역 센터, 한국 전쟁 참전 용사 기념비, 9.11 테러의 희생자들을 추모하는 Ground Zero 등 많은 명소가 있습니다.

▌환경 예술이 주는 메시지

Wheatfield—A Confrontation (1982)은 세계 금융의 중심지와 대립되는 인류 농경의 기원과 같은 모습을 보여준 환경 예술입니다. 그리고 이를 통해 식량, 에너지, 환경, 빈부격차 등의 문제를 인식시키고자 했어요. 이는 단순히 하나의 예술 작품에서 그치는 것이 아니라 자연을 느끼기 힘든 공간에서 사람들이 곡식을 가꾸고 돌보는 모습을 보면서 어떻게 하면 우리가 더 나은 방향으로 나아갈 수 있는지 생각해보게 했습니다.

Self-Study 노트

힌트를 참고하여 주어진 문장을 바르게 직독직해 하세요.

decide to-v: ~하기로 결심하다   it ~ before가 the way를 수식함 (~하는 방식)

1. In 1982, / artist Agnes Denes **decided** / **to** temporarily **return** the landfill / to the way **it was before**.

➤ _____

ask A to-v: A에게 ~하는 것을 요청하다

2. The Public Art Fund **asked** her **to create** / one of the most amazing pieces of public art / Manhattan has ever seen.

➤ _____

instead: 그 대신

3. Her concept was not a traditional sculpture / —**instead**, / it was a living installation / **that** changed the way **people looked at art**.
that ~ art가 a living installationd을 수식함
people ~ art가 the way를 수식함 (~하는 방식)

➤ _____

a huge amount of: 엄청난 양의

4. The artist and her volunteers harvested **a huge amount of** wheat / to give to food banks in the city, / nourishing **both** the minds **and** bodies of New Yorkers.
both A and B: A와 B 둘다

➤ _____

글의 내용 100% 이해하기 글의 내용에 맞게 다음 보기에서 알맞은 단어를 골라 빈칸에 쓰세요.

보기

| wheat | volunteers | landfill | food banks | public |

Wheatfield — A Confrontation

Q. What is it?	A. ¹ _____ art, an living installation
Q. Who made it?	A. artist Agnes Denes and ² _____
Q. What was it before?	A. a giant ³ _____ behind the World Trade Center
Q. How was it made?	A. by planting a ⁴ _____ field
Q. What was the result?	A. harvested a huge amount of wheat to give to ⁵ _____

Technology 기술

이런 내용이
**수능·모의고사에
나왔어요!**

[기술 용어] **digital natives: 디지털 시대에 태어난 세대와 기술적 문해력**_'22 고2 3월

[기술 활용] **인공지능의 학습 능력이 우리의 삶을 크게 변화시킴**_'22 고1 11월
정보통신기술의 진화는 관광업과 서비스업을 급격히 변화시킴_'22 고1 9월

[기술 비판] **기계화된 사회는 소비자들이 더 많은 일을 하게 함**_'23 고1 6월
인간이 스마트 기술에만 의존할 경우 심각한 사고로 이어질 수 있음_
'22 고2 6월

기술
비문학 글 읽기

1 Financial Technology

어휘 듣기

☑ 지문 주요 어휘 학습

bank account	은행 계좌 ⌒ open a bank account 은행 계좌를 개설하다
transfer	통 옮기다, 나르다 ⌒ transfer money 송금하다
nowadays	부 요즘에는
technological	형 기술적인
save	통 절약하다, 아끼다
digital bank	디지털 은행
branch	명 지점, 분점
mobile banking	모바일 뱅킹
payment	명 결제, 지불
digital wallet	디지털 지갑
membership card	멤버십 카드, 회원증
coupon	명 쿠폰, 할인권
identification card	신분증 ⌒ identification 명 신원 확인
plane ticket	항공권
separately	부 따로따로, 별도로
inconvenience	명 불편함 ⌒ ↔ convenience 명 편리함
manage	통 관리하다 ⌒ management 명 관리
expense	명 지출, 비용
figure out	파악하다, 이해하다
status	명 상태, 상황 ⌒ '지위'라는 뜻도 있어요.
wisely	부 현명하게

비문학 키워드 미리보기

digital bank | 디지털 은행

오프라인 지점은 없고 온라인으로만 이용 가능한 인터넷전문은행을 말해요. 카카오뱅크, 토스뱅크, 케이뱅크 등이 이에 해당됩니다.

mobile banking | 모바일 뱅킹

스마트폰 혹은 태블릿 등의 이동통신 기기에서 계좌 개설, 송금, 잔고 확인 등 은행 업무를 처리할 수 있는 서비스를 말합니다.

digital wallet | 디지털 지갑

스마트폰에서 카드 정보 등을 보관하며 결제, 적립 등의 기능을 가진 앱을 말해요. mobile wallet(모바일 지갑)이라고도 불립니다.

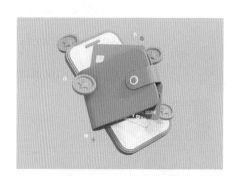

지문 듣기

#기술 용어

Not too long ago, we had to visit a bank to open a bank account or transfer money. Nowadays, thanks to technological development, we can save a lot of time by using banking services at home with our smartphones. There are even some digital banks that don't have any physical branches. ⓐ That / What makes this possible is financial technology, which is 　5 sometimes called "fintech." Mobile banking is only one part of fintech. It has made many more convenient services possible. For example, many people don't take their wallets with them because they pay ⓑ using / used mobile payments apps, such as Apple Pay or Samsung Pay. Some of these digital wallets can also store membership cards, coupons, 　10 identification cards, and even plane tickets.

Another example is money management apps. People had to check their *assets separately in the past, which was a great inconvenience. However, they can now manage all their assets, income and expenses from different

banks and financial services with one app. 　15 This helps them ⓒ figure / figuring out their financial status and manage their money wisely.

*asset 자산

읽은 후 | 핵심 정리

핀테크(fintech)는 무엇의 줄임말인지 이 글에서 찾아 쓰세요.

❯ _____ _____

내신유형

1 이 글을 통해 알 수 <u>없는</u> 것은?

① 기존 은행 이용 방식   ② 디지털 은행의 특징

③ 핀테크의 예시   ④ 핀테크가 활용된 서비스의 장점

⑤ 핀테크의 전망

수능유형

2 이 글의 ⓐ~ⓒ에 들어갈 말로 어법상 알맞게 짝지어진 것은?

	ⓐ	ⓑ	ⓒ
①	That	used	figure
②	That	using	figure
③	That	using	figuring
④	What	using	figure
⑤	What	used	figuring

서술형

3 각 설명에 해당하는 핀테크가 활용된 예시로 알맞은 것을 보기에서 골라 쓰시오.

┌─ 보기 ───┐
money management   mobile payment   mobile banking
└───┘

(1) _____ services: services that allow us to use banking services anywhere with smartphones

(2) _____ apps: apps that allow us to pay with smartphones

(3) _____ apps: apps where we can check and manage all of our assets together

---

비문학 배경지식 UP

┃ 편리해 보이는 핀테크의 어두운 이면

잘 활용하면 우리의 일상에 큰 도움이 되는 핀테크, 하지만 좋은 점만 있는 것은 아닙니다. 핀테크 서비스를 이용하기 위해서는 대부분의 경우 개인 정보, 특히 민감한 금융 관련 정보를 인터넷이나 앱에 필수적으로 제공해야 하는데요. 이 과정에서 사용자의 정보가 무분별하게 수집될 가능성이 있습니다. 게다가 보안이 취약할 경우엔 개인 정보 유출은 물론이고, 유출된 정보가 악용되어 사용자가 큰 피해를 입을 수 있어요. 또한 기술에 익숙하지 않은 노년층, 그리고 전자기기에 대한 접근성이 낮아서 금융 서비스를 제대로 누리지 못하는 사람들, 일명 '금융소외계층'이 발생하는 문제도 생깁니다.

그러면 이런 문제들을 해결하기 위해 어떤 노력이 필요할까요? 사용자들의 경우, 항상 보안에 주의하며 비밀번호를 복잡하게 설정하고 자주 변경해주기만 해도 위험성을 크게 낮출 수 있어요. 또한 정부는 핀테크에 관련된 법과 규제를 확실히 마련하고, 금융소외계층에 대한 정기적인 교육 및 관리를 제공해야 합니다.

Self-Study 노트

1. Not too long ago, / we had to visit a bank / to **open a** bank **account or transfer money**.

    open an account: 계좌를 개설하다   *transfer money: 돈을 송금하다*

> _____

2. Nowadays, / **thanks to** technological development, / we can **save** a lot of **time** / **by using** banking services at home with our smartphones.

    thanks to: ~ 덕분에   *save time: 시간을 절약하다*   *by v-ing: ~함으로써*

> _____

3. **What** makes this possible / is financial technology, / **which** is sometimes called "fintech."

    what: ~하는 것   *which ~ "fintech"가 financial technology를 부연 설명함*

> _____

4. People had to check their assets **separately** / in the past, / **which** was a great inconvenience.

    separately: 따로따로   *which ~ inconvenience가 앞 문장의 내용 전체를 부연 설명함*

> _____

5. However, / they can now manage all their assets, income and expenses / **from different banks and financial services** / with one app.

    from ~ services가 all their ~ expenses를 수식함

> _____

핀테크(Financial Technology)

예시 1	◆ 모바일 뱅킹: 집에서 1 _____으로 은행 서비스를 이용할 수 있음
예시 2	◆ 모바일 결제 앱: 앱을 통해 지불할 수 있고, 일부 2 _____ 지갑은 멤버십 카드, 쿠폰, 신분증, 항공권을 보관할 수 있음
예시 3	◆ 자금 관리 앱: 하나의 앱으로 각기 다른 은행과 금융 서비스의 모든 자산, 3 _____ 및 4 _____ 을 관리할 수 있음

2 Digital Forensics

✅ 지문 주요 어휘 학습

evidence	명 증거
crime	명 범죄 ⌐ criminal 명 범인, 범죄자
scene	명 현장, 장면
gather	동 수집하다, 모으다
forensics	명 과학 수사, 포렌식 ⌐ digital forensics 디지털 과학 수사
clue	명 단서 ⌐ 어떤 일이 일어난 까닭을 풀 수 있는 실마리
crucial	형 중요한
solve	동 해결하다, 풀다 ⌐ solve crimes 범죄를 해결하다
involve	동 포함하다
electronic device	전자 기기
process	명 과정, 절차 동 처리하다
expert	명 전문가
uncover	동 (비밀을) 밝혀내다, 알아내다
examine	동 조사하다
browse	동 (정보를) 검색하다
recover	동 복구하다
case	명 (경찰 등이 관여하는) 사건
investigator	명 수사관
restore	동 복구하다
reveal	동 밝혀내다, 드러내다
communicate	동 (정보 등을) 전달하다
essential	형 아주 중요한, 필수적인
tool	명 도구

비문학 키워드 미리보기

forensics
(범죄의) 과학 수사, 포렌식

과학 기술을 활용하여 지문(fingerprint), 발자국(footprint) 등 사건의 증거(evidence)나 단서(clue)를 모으고 분석하는 수사 기법입니다.

digital forensics
디지털 과학 수사, 디지털 포렌식

디지털 기기에 저장된 증거를 추출하고 분석하는 특수한 과학 수사 기법입니다.

#기술 활용

The police collect evidence such as fingerprints and footprints at crime scenes to catch criminals. Gathering and analyzing this type of evidence scientifically is called forensics. Digital clues also play a crucial role in solving crimes. This is called digital forensics.

Digital forensics involves gathering and analyzing digital evidence found 5
in electronic devices like computers, smartphones, and tablet computers. During this process, experts uncover hidden data, examine browsing histories, and even recover deleted files. Electronic devices temporarily store deleted data until they need to make space for something new. So experts can recover whatever criminals deleted by using special software. 10
In an investigation of a *fraud case in Korea in 2008, digital forensics was used to analyze 15,000 emails, 1.4 million bank accounts, and 130,000 calls. The investigators also restored 65 **GB of deleted files. This revealed a huge amount of fraud and helped the police solve the case.

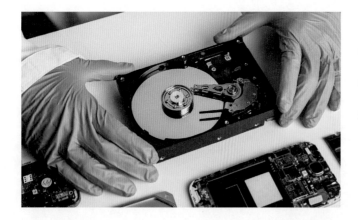

In the digital age, almost everything is 15
stored, communicated, and processed on electronic devices. Thus, digital forensics is an essential tool in solving crimes.

*fraud 사기 **GB 기가바이트(GigaByte)

읽은 후 | 핵심 정리

빈칸에 알맞은 말을 이 글에서 찾아 쓰세요.

▶ Digital forensics involves _____ and _____ digital evidence.

≫ Answers pp. 36~37

1 수능 유형

이 글의 주제로 가장 적절한 것은?

① traditional ways to catch criminals

② how to find evidence at crime scenes

③ the important role of digital forensics

④ fraud cases involving electronic devices

⑤ special software that helps criminal investigations

2 내신 유형

이 글의 내용과 일치하면 T, 일치하지 않으면 F를 쓰시오.

(1) 디지털 과학 수사는 전자 기기에 있는 디지털 증거를 다룬다. _____

(2) 특수 소프트웨어를 사용해서 삭제한 파일을 복구할 수 있다. _____

(3) 한국에서는 2008년에 처음으로 디지털 과학 수사가 사용되었다. _____

3 서술형

다음 단어와 비슷한 뜻을 가진 단어를 이 글에서 찾아 쓰시오.

(1) crucial: _____

(2) recover: _____

(3) reveal: _____

비문학 배경지식 UP

▌나쁜 해킹만 있는 것은 아니다!

디지털 과학 수사(디지털 포렌식)는 언뜻 시스템을 파괴하거나 정보를 빼내는 해킹, 즉 크래킹(cracking)과 비슷해 보일 수 있지만 엄연히 다릅니다. 크래킹은 허가를 받지 않고 불법적인 방식으로 행해지지만 디지털 과학 수사는 법적으로 허가가 된 상태 혹은 소유주의 동의를 받고 진행되기 때문이죠. 이처럼 해킹을 좋은 방향으로 활용하는 경우를 '화이트 해킹(White Hacking)'이라고 합니다.

크래킹과 달리, 화이트 해킹의 목적은 시스템의 방어와 보안 강화입니다. 그래서 화이트 해킹은 주로 컴퓨터 보안 전문가들이 합니다. 컴퓨터 보안 전문가들은 사이버 테러로부터 정보를 보호하기 위해 각종 인증 시스템이나 암호화 기술, 바이러스 차단 프로그램 등을 개발하죠. 또한 손상된 데이터를 복구하기도 합니다.

정보통신기술의 발달로 정보 보호에 대한 수요가 늘어남에 따라 이런 컴퓨터 보안 전문가들이 활발하게 양성되고 있어요. 그 예 중 하나로 국가 안보를 담당하는 사이버 전문 장교를 양성하기 위해 설립된 고려대학교 사이버국방학과가 있으며, 이 학과 학생들의 이름이나 얼굴 같은 인적 사항은 군사적 보안을 위해 외부에 노출되지 않는 것으로 알려져 있습니다.

Self-Study 노트

핵심 구문 100% 이해하기   힌트를 참고하여 주어진 문장을 바르게 직독직해 하세요.

1. The police collect evidence / **such as** fingerprints and footprints / at crime scenes / **to catch** criminals.

   such as: ~와 같은   *to부정사(목적: ~하기 위해)*

   ◉ _____

2. Digital forensics involves / gathering and analyzing digital evidence / **found** in electronic devices **like** computers, smartphones, and tablet computers.

   found ~ tablet computers가 digital evidence를 수식함
   like: ~와 같은

   ◉ _____

3. Electronic devices temporarily store deleted data / until they need to **make space for something new**.

   make space for: ~을 위해 공간을 만들다
   형용사 new가 something을 뒤에서 수식함

   ◉ _____

4. So experts can recover / **whatever** criminals deleted / **by using** special software.

   whatever: ~(하는) 것은 무엇이든지   *by v-ing: ~함으로써*

   ◉ _____

5. In the digital age, / almost everything **is stored**, **communicated**, and **processed** / on electronic devices.

   is stored, (is) communicated, (is) processed: 수동태(be동사+p.p.)

   ◉ _____

글의 내용 100% 이해하기   글의 내용에 맞게 다음 빈칸을 채우세요.

	1 _____ 과학 수사
정의	컴퓨터, 스마트폰, 태블릿 컴퓨터와 같은 2 _____ 에서 발견된 디지털 단서를 수집하고 분석하는 것
방법	숨겨진 데이터를 밝혀내고, 3 _____ 을 조사하며, 삭제된 파일을 4 _____ 함
의의	디지털 시대에는 거의 모든 것이 전자 기기들로 처리되기 때문에, 범죄를 해결하는 데 아주 중요한 도구임

3 Jennifer's Instructions

✓ 지문 주요 어휘 학습

take away	~을 (남에게서) 빼앗다
judgment	명 판단 ↙ judge 통 판단하다
warehouse	명 창고
be busy v-ing	~하느라 바쁘다
get ~ off	(물건 등을) 내리다
pack	통 포장하다; 짐을 싸다
ship	통 배송하다 ↙ 명 (교통수단) 배
earpiece	명 수화기
detailed	형 자세한 ↙ detail 명 세부 사항
instruction	명 지시 ↙ instruct 통 지시하다
break down into	~로 나누다, ~로 분해하다
tiny	형 아주 작은
chunk	명 덩어리, 양
minimize	통 최소화하다 ↙ minimum 명 최소
error	명 오류, 실수
maximize	통 극대화하다, 최대로 활용하다 ↙ maximum 명 최대
productivity	명 생산성 ↙ produce 통 생산하다
pick up	집다, 들다
copy	명 (책·신문 등의) 권, 부 ↙ 통 복사하다
take over	떠맡다
thought process	사고 과정
treat A as B	A를 B로 취급하다
labor	명 노동력, 노동자

earpiece | 수화기

한 쌍으로 이루어진 이어폰(earphones)과 달리 귀 한쪽에만 착용하는 오디오 장치를 말합니다.

labor | 노동력, 노동자

labor는 '노동력'이라는 뜻도 있지만 그 자체로 '노동자'를 의미하기도 해요.
- cheap labor 저임금 노동자(저렴한 노동력)
- Labor Day 노동절(근로자의 날)

읽기 전 │ **비문학 사고력 UP**

일상생활에서 다음 로봇이 사용되는 것을 본 적이 있나요?

☐ 서빙 로봇 ☐ 길 안내 로봇 ☐ 청소 로봇 ☐ 배송 드론

#기술 비판

고1 9월 기출 변형

We often worry about robots taking away our jobs. However, we should also worry about them taking away our _____. Imagine a large warehouse where people called "pickers" work. The pickers are busy getting products off shelves so that they can be packed and shipped. Through the earpieces they wear, they can hear the voice of "Jennifer." ₅ Jennifer is a piece of software that tells them where to go and what to do. These detailed instructions are broken down into tiny chunks. This is done to minimize errors and maximize productivity. For instance, instead of telling the worker to pick up 18 copies of a book, Jennifer will tell them to pick up five, then another five. Then yet another five. Then another three. ₁₀ Working in such conditions can make people feel like machines, as they are not asked to think. Instead, the Jennifer software takes over the thought process and treats them as cheap labor with only the ability to see and use their hands.

읽은 후 │ **핵심 정리**

이 글에서 'Jennifer'가 무엇인지 설명하는 문장을 찾아 밑줄 치세요.

1 수능유형

빈칸에 들어갈 말로 가장 적절한 것은?

① workers

② memories

③ warehouses

④ judgment

⑤ ability to count　　*count (수를) 세다

2 내신유형

이 글의 요지를 가장 잘 이해한 사람은?

① 혜수: 로봇을 이용하면 창고 업무가 편리해지겠네.

② 민우: 소프트웨어가 내리는 지시는 매우 복잡할 것 같아.

③ 승희: 생각 없이 기술에 의존하는 것은 큰 문제가 될 수 있어.

④ 진아: 여러 가지 업무를 한 번에 처리하는 것은 매우 효율적이야.

⑤ 서윤: 로봇은 무거운 것을 한 번에 들 수 있어서 인간의 일자리를 빼앗을 거야.

3 서술형

밑줄 친 부분처럼 하는 목적이 무엇인지 우리말로 쓰시오. (20자 이내)

_____

비문학 배경지식 UP

┃물류 창고에서 사람 대신 로봇을 쓰는 아마존(Amazon)

유통 회사인 아마존(Amazon)이 사람처럼 개별 물건을 선별할 줄 아는 로봇팔 스패로우(Sparrow)를 물류 창고에 도입한다고 합니다. 이미 아마존 창고에는 상자 운반 로봇인 카디널(Cardinal)이 있지만 스패로우는 이보다 훨씬 발전된 형태입니다. 거대한 팔 형태의 스패로우는 인공지능(AI)을 바탕으로 물건의 크기와 질감을 감지한 뒤, 물건을 흡착판으로 빨아들이는 방식으로 집어서 상자에 담을 수 있다고 해요.

하지만 노동계에서는 로봇의 수준이 발전할수록 사람의 일자리가 줄어들 것을 우려합니다. 아마존의 물류 창고에만 약 75만 명이 일하고 있는데, 이 가운데 상당수가 물품 분류를 담당하는 스패로우와 역할이 겹친다고 해요.

Self-Study 노트

핵심 구문 100% 이해하기 힌트를 참고하여 주어진 문장을 바르게 직독직해 하세요.

1. However, / we should also worry about them / **taking away** our judgment.

take away: ~을 (누구에게서) 빼앗다

>⊙ _____

2. The pickers **are busy getting** products off shelves / **so that** they can be packed and shipped.

be busy v-ing: ~하느라 바쁘다   *so that: ~하도록*

>⊙ _____

3. Jennifer is a piece of software / that tells them / **where to go** and **what to do**.

where to go: 어디로 가야 할지 / what to do: 무엇을 해야 할지

>⊙ _____

4. Working in such conditions / can **make people feel like** machines, / as they **are** not **asked to think**.

make + 목적어 + 목적격보어: ~가 …하게 하다 / feel like: ~처럼 느끼다   *be asked to-v: ~하도록 요구받다*

>⊙ _____

5. Instead, / the Jennifer software **takes over** the thought process / and **treats** them **as** cheap labor / with only the ability **to see and use their hands**.

take over: 떠맡다   *treat A as B: A를 B로 취급하다*   *to see ~ hands가 the ability를 수식함*

>⊙ _____

글의 내용 100% 이해하기 글의 내용에 맞게 다음 빈칸을 채우세요.

주제문: 우리는 로봇에게 우리의 1 _____ 을 빼앗기는 것을 걱정해야 한다.

Jennifer		Pickers
◆ 2 _____ 를 최소화하고 생산성을 극대화하기 위해 피커들이 할 일을 지시하는 소프트웨어 ◆ 피커들을 값싼 3 _____ 으로 취급		◆ 큰 창고에서 일하는 노동자들 ◆ Jennifer의 지시대로 일함 ◆ 생각이나 판단을 요구받지 않기 때문에 스스로를 4 _____ 처럼 느낄 수 있음

4 Algorithms

✓ 지문 주요 어휘 학습

algorithm	명 (컴퓨터) 알고리즘
introduce A to B	A를 B에게 소개하다
by oneself	혼자의 힘으로, 혼자서
recommend	동 추천하다
based on	~에 기반한(근거한)
characteristic	명 특징
preference	명 선호(도) ← prefer 동 선호하다
repeat	동 반복하다
end up v-ing	결국 ~하게 되다
rarely	부 거의 ~하지 않는 ← 자체적으로 부정의 의미를 갖고 있어서 부정문에 쓰이지 않아요.
taste	명 취향, 좋아함
rate	동 평가하다
vary	동 다르다
depending on	~에 따라
factor	명 요인 ← 중요한 원인
complex	형 복잡한
work	동 (기계·장치 등이) 작동되다, 기능하다
a variety of	다양한, 여러 가지의

비문학 키워드 미리보기

algorithm | (컴퓨터) 알고리즘

알고리즘은 일반적으로 '컴퓨터에서 문제를 해결하기 위한 절차나 처리 방법'을 말해요. 인터넷 알고리즘은 이러한 데이터 처리 방식을 기반으로 사용자의 데이터를 분석한 뒤 각 사용자에게 최적화된 콘텐츠를 제공합니다.

taste | 취향, 좋아함

taste는 기본적으로 음식의 '맛'을 의미하지만, 음식 외에도 취미나 관심사에서의 '취향'이나 '좋아함'이라는 의미도 가지고 있습니다.

• a matter of **taste** 취향의 문제
• I have a **taste** for classical music.
  나는 클래식 음악을 좋아한다.

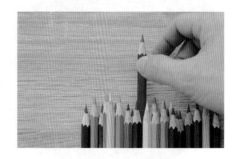

#기술 활용

고3 9월 기출 소재

In today's digital world, algorithms are everywhere. Algorithms introduce you to new things that you might not have found by yourself. For example, they often recommend music you might like based on your playlist. When you listen to music, algorithms analyze its characteristics and make personalized recommendations based on your preferences or 5 listening history.

But what happens if algorithms repeat this process over and over again? You might worry that you will end up listening to the same songs every day. In fact, this rarely happens. After analyzing your musical taste, algorithms find other users who have similar tastes and preferences. Then 10 they make new recommendations to you based on the listening history of these other users. Additionally, if you rate a few songs or artists, algorithms use this data to make other recommendations. Thus, everything you do affects the results shown by algorithms.

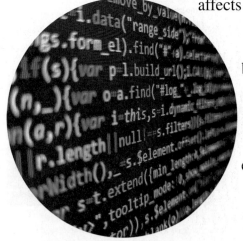

This is why specific recommendations provided 15 by algorithms vary depending on your musical preferences, behavior, and other factors. Thanks to the complex way that algorithms work, you can enjoy a wide variety of music.

읽은 후 **핵심 정리**

이 글의 내용을 바탕으로 알맞은 것을 고르세요.

▶ Algorithms introduce you to (familiar / new) things that you might (like / recommend).

1 수능유형
이 글의 제목으로 가장 적절한 것은?

① Algorithms Can Cause Privacy Issues
② Find Your Musical Preferences Using Algorithms!
③ Are You Curious about the Listening History of Others?
④ The Complex yet Wonderful Way That Algorithms Work
⑤ Why Do Algorithms Keep Showing Us the Same Things?

2 내신유형
이 글에서 알고리즘에 영향을 주는 것으로 언급되지 않은 것은?

① 재생 목록　　　② 청취 기록　　　③ 사이트 방문 기록
④ 곡 평가　　　　⑤ 가수 평가

3 서술형
밑줄 친 this가 가리키는 것을 우리말로 쓰시오.

_____

비문학 배경지식 UP

▌보고 싶은 것만 보게 되는 알고리즘의 위험성

알고리즘은 사용자에게 꼭 맞는 정보를 제공하기 때문에 많은 장점을 가지고 있지만, 부작용도 존재합니다. 바로 사용자의 관심사에만 맞춰 필터링된 정보 안에 사용자가 갇히게 되는 '필터 버블(Filter Bubble)' 현상이에요. 필터 버블의 가장 큰 문제는 사용자가 좋아할 법한 정보만 계속 접하게 되면서 자신이 믿고 싶은 것만 믿는 '확증 편향'에 쉽게 빠지게 된다는 것입니다. 즉 필터링된 정보 속에서 보고 싶은 것만 보고, 듣고 싶은 것만 들으며 자신의 생각과 일치하는 정보만 받아들이는 것이죠. 확증 편향이 심해지면 편협한 사고를 하게 되거나, 능동적으로 생각하고 선택하는 능력이 떨어질 수 있습니다.

그렇다면 이를 해결하기 위해선 어떻게 해야 할까요? 검색 기록과 같은 데이터를 삭제하면 이런 정보들이 알고리즘에 이용되는 것을 막을 수 있습니다. 알고리즘 추천 기능을 꺼 두는 것도 다양한 콘텐츠를 접하고 스스로 선택하는 능력을 키우는 데 도움이 되죠. 또한 알고리즘을 개발하고 이용하는 기업들 역시 알고리즘이 미칠 수 있는 부정적인 영향에 대해 인지하고 이를 해결하려는 노력이 필요해요.

Self-Study 노트

힌트를 참고하여 주어진 문장을 바르게 직독직해 하세요.

introduce A to B: A에게 B를 소개하다
by oneself: 혼자의 힘으로, 혼자서

1. Algorithms **introduce** you **to** new things / that you might not have found **by yourself**.

◉ _____

2. When you listen to music, / algorithms analyze its characteristics / and make personalized recommendations / **based on** your preferences or listening history.

based on: ~에 기반한

◉ _____

end up v-ing: 결국 ~하게 되다

3. You might worry / that you will **end up listening** / to the same songs every day.

◉ _____

after v-ing: ~하고 나서   taste: 취향   who ~ preferences가 other users를 수식함

4. **After analyzing** your musical **taste**, / algorithms find other users / **who** have similar tastes and preferences.

◉ _____

you do가 everything을 수식함   shown ~ algorithms가 the results를 수식함

5. Thus, / everything **you do** affects the results / **shown by algorithms**.

◉ _____

this is why: 이건이 ~한 이유이다   depending on: ~에 따라

6. **This is why** / specific recommendations provided by algorithms vary / **depending on** your musical preferences, behavior, and other factors.

◉ _____

글의 내용에 맞게 다음 보기에서 알맞은 단어를 골라 빈칸에 쓰세요.

보기

similar   history   rate   recommend

알고리즘의 작동 방식

Algorithms ¹_____ music by analyzing your playlist, musical taste, and listening history. They find other users who have ²_____ tastes and make new recommendations based on their listening ³_____. If you ⁴_____ a song or an artist, algorithms use this data to make recommendations.

UNIT **6**

Nature & Environment 자연·환경

자연·환경
비문학
글 읽기

1 Nuclear Energy

☑ 지문 주요 어휘 학습

invest in	~에 투자하다
renewable energy	재생 가능 에너지
rely on	~에 의존하다
fossil fuel	화석연료
nuclear energy	원자력, 핵에너지 ← nuclear 휑 원자력의, 핵의
regard A as B	A를 B로 여기다
option	명 선택(권)
alternative to	~에 대한 대안
nuclear power plant	원자력 발전소
produce	동 만들어 내다, 생산하다
greenhouse gas	온실가스
operation	명 작동, 가동
cut down	줄이다
emission	명 (빛, 열 등의) 배출, 방출
warn	동 경고하다
nuclear waste	핵폐기물
poisonous	형 독성의
chemical	명 화학 물질 ← 형 화학의
material	명 물질 ← '재료'라는 의미로도 많이 쓰여요.
be concerned about	~에 대해 걱정(우려)하다
explosion	명 폭발 ← explode 동 폭발하다
extremely	부 극히, 극도로
be unlikely to-v	~할 가능성이 낮다
consequence	명 결과
risk	명 위험 (요소)

비문학 키워드 미리보기

fossil fuel | 화석연료

fossil(화석) + fuel(연료)
먼 옛날 지구에 살았던 생물들이 땅속에 묻혀 화석처럼 굳어진 물질로 만드는 연료입니다. 석탄과 석유가 화석연료에 속해요.

nuclear energy | 원자력, 핵에너지

원자력은 원자 안의 핵이 분열할 때 발생하는 열에너지입니다. 그래서 핵에너지라고도 해요. 주로 '원전'이라고 줄여서 말하는 원자력 발전소(nuclear power plant)에서 핵분열로 만들어진 열에너지로 전기를 만들어내요.

#에너지

Many countries around the world have invested in renewable energy to avoid relying on fossil fuels. Nuclear energy is also often regarded as another option. However, opinions on nuclear energy are highly divided. Is it a cleaner alternative to fossil fuels or a danger to the planet?

Nuclear energy is considered clean. Nuclear power plants don't produce 5 greenhouse gases during operation. For example, France relies on nuclear power for about 70% of its electricity. This has successfully cut down the country's greenhouse gas emissions.

However, there are different opinions. Some experts warn about the danger of nuclear waste. *Radioactive nuclear waste contains highly 10 poisonous chemicals like **plutonium. These materials can remain radioactive for tens of thousands of years. _____, many people are concerned about accidents such as explosions. Even if they are extremely unlikely to happen, the consequences are disastrous when they do.

Is it possible to enjoy the benefits of nuclear energy while minimizing 15 the risks? Finding a balance between them seems essential to the future of nuclear energy.

*radioactive 방사성(능)의
**plutonium 플루토늄

읽은 후 **핵심 정리**

이 글의 중심 소재로 알맞은 것은 무엇일까요?

□ nuclear energy　　　　□ renewable energy

≫ Answers pp. 42~43

1 이 글의 목적으로 가장 적절한 것은?

① 대체 에너지의 필요성을 주장하려고

② 온실가스를 줄이는 방안을 제시하려고

③ 화석연료와 원자력 발전을 비교하려고

④ 원자력 발전의 장점에 대해 설명하려고

⑤ 원자력 발전에 대한 상반된 견해를 전달하려고

내신 유형

2 빈칸에 들어갈 말로 가장 적절한 것은?

① Therefore   ② Fortunately

③ In addition   ④ Nevertheless

⑤ On the contrary

서술형

3 밑줄 친 부분의 이유를 우리말로 쓰시오. (25자 이내)

_____

비문학 배경지식 UP

█ 인류 역사상 최악의 원자력 발전소 사고

• **우크라이나 체르노빌 원전 사고(1986):** 체르노빌 원전의 원자로가 설계적인 결함과 안전 규정 위반 등의 이유로 폭발했습니다. 이 폭발로 치명적인 방사능이 대기로 유출되어 인근 지역뿐 아니라 유럽 전역까지 오염이 확산되었어요. 이로 인해 수백만 명이 방사능에 노출되어 암, 기형아 출산의 후유증을 겪고 토양과 지하수도 오염되었답니다. 체르노빌 원전 반경 30km는 아직까지도 일반인 출입이 통제되고 있고, 이 사고는 인류 역사상 최악의 방사능 누출 사고로 기록되었습니다.

• **일본 후쿠시마 원전 사고(2011):** 체르노빌 원전 사고 이후, 사상 두 번째로 큰 원전 사고로, 지진과 쓰나미가 후쿠시마의 원전을 덮쳐 발생한 원자로 폭발 사고입니다. 이 사고로 많은 사망자가 발생했을 뿐만 아니라 방사성 물질이 대기와 바다로 대량 누출되었어요.

Self-Study 노트

힌트를 참고하여 주어진 문장을 바르게 직독직해 하세요.

1. Many countries around the world / have **invested in** renewable energy / to **avoid relying on** fossil fuels.

   invest in: ~에 투자하다 *avoid v-ing: ~을 피하다 / rely on: ~에 의존하다*

   ◉ _____

2. Nuclear energy **is** also often **regarded** / **as** another option.

   be regarded as: ~로 여겨지다

   ◉ _____

3. Is it **a** cleaner **alternative to** fossil fuels / or a danger to **the planet**?

   an alternative to: ~에 대한 대안 *the planet: 지구*

   ◉ _____

4. This has successfully **cut down** / the country's **greenhouse gas** emissions.

   cut down: 줄이다 *greenhouse gas: 온실가스*

   ◉ _____

5. **Even if** they **are** extremely **unlikely to happen**, / the consequences are disastrous / when they **do**.

   even if: 비록 ~일지라도 *be unlikely to-v: ~할 가능성이 낮다*
   앞의 동사 happen을 대신함

   ◉ _____

6. Is it possible / to **enjoy** the benefits of nuclear energy / **while** minimizing the risks?

   enjoy: 누리다 *while: ~하면서*

   ◉ _____

글의 내용에 맞게 다음 빈칸을 채우세요.

원자력 (Nuclear energy)

이점	위험성
◆ 1 _____를 배출하지 않는 깨끗한 에너지 – 예시: 프랑스는 전력의 약 70%를 원자력에 의존하여 온실가스 배출을 줄임	◆ 방사성 핵폐기물에는 2 _____이 강한 플루토늄과 같은 3 _____이 포함됨 ◆ 방사성 물질은 오랜 시간 남아있을 수 있음 ◆ 4 _____과 같은 사고의 위험성이 있음

2 Copying Behavior

✅ 지문 주요 어휘 학습

ecologist	명 생태학자 ⟵ ecology 명 생태학
observe	동 관찰하다
copy	동 모방하다
behavioral	형 행동의 ⟵ behavior 명 행동
survival	명 생존 ⟵ survive 동 살아남다
threaten	동 위협하다
be introduced to	(동물·질병 등이) ~에 전해지다(들어오다)
come up with	~을 생각해 내다
make use of	~을 이용하다
instinct	명 본능
imitate	동 모방하다, 흉내 내다
harm	동 해를 끼치다 ⟵ 명 해, 피해
nauseous	형 메스꺼운, 역겨운
stay away	멀리하다, 거리를 두다
release	동 방출하다, 풀어주다
the wild	(야생 상태의) 자연
offspring	명 (사람·동물의) 자손, 자식
hazardous	형 위험한
species	명 (분류상의) 종 ⟵ 단수와 복수 형태가 같아요.
chance	명 가능성 ⟵ '기회'라는 뜻으로도 많이 쓰여요.

비문학 키워드 미리보기

ecologist | 생태학자

생물과 그 생물이 살아가는 환경인 생태계(ecosystem)에 대해 연구하는 학문을 생태학(ecology)이라고 합니다. 그리고 이 학문을 연구하는 사람들이 바로 생태학자예요. 생태학은 환경 보호와 생태계 보전에 매우 중요하답니다.

species | (분류상의) 종

'종'은 생물을 분류하는 가장 작은 기본 단위로, 서로 가장 비슷한 특성을 가진 생물의 무리를 말합니다. 호랑이, 사자, 사람 등이 각각의 종에 해당돼요.

태어난 지 얼마 안 된 병아리가 스스로 먹이를 찾아 쪼는 행동은 다음 중 어떤 것에 속하는지 고르세요.

☐ 본능적인 행동 ☐ 학습을 통한 행동

지문 듣기

#생태계

고1 11월 기출 변형

Ecologists have observed clever copying behavior in many animals. One example was uncovered by behavioral ecologists studying the behavior of a small Australian animal called the *quoll. Its survival was being threatened by the **cane toad, which was introduced to Australia in the 1930s. To a quoll, these toads look tasty. However, the toads are poisonous. When a quoll eats <u>one</u>, <u>it</u> gets very sick and dies quickly. The ecologists came up with a clever solution that makes use of the quolls' instinct to imitate one another. They gave some quolls toad sausages containing special chemicals. These chemicals didn't harm the quolls. They just made them feel nauseous. This helped them learn to stay away from the toads. Groups of these 'toad-smart' quolls were released back into the wild, where they taught their offspring what they had learned. Other quolls later copied this behavior. As each young quoll learned to avoid the hazardous toads, the species' chances of survival increased.

5

10

*quoll 주머니고양이, 쿠올 **cane toad 수수두꺼비

▲ 수수두꺼비

▲ 주머니고양이

읽은 후 | 핵심 정리

이 글에서 행동 생태학자들이 이용한 주머니고양이의 본능을 찾아 밑줄 치세요.

1 수능 유형

이 글의 제목으로 가장 적절한 것은?

① A Clever Use of Animal Instinct

② Cane Toads Eat Special Sausages

③ Copying Behavior of Toxic Animals   * toxic 독이 있는

④ The Quoll's Instinct to Teach Its Offspring

⑤ A New Predator Threatens Australian Quolls

2 서술형

밑줄 친 one과 it이 가리키는 것을 이 글에서 찾아 쓰시오.

(1) one: _____

(2) it: _____

3 서술형

이 글의 'toad-smart' quolls가 수수두꺼비를 피하게 된 이유를 우리말로 쓰시오. (30자 이내)

_____

비문학 **배경지식 UP**

┃ 굴러 들어온 돌이 박힌 돌을 뺀다!

▲ 황소개구리

외래종은 외국으로부터 유입된 생물 종들을 가리킵니다. 한 생태계에 새로운 종이 들어오면 기존 생태계의 균형이 깨지기 때문에 외래종은 그곳에 있던 토착종들과 생태계 전반에 나쁜 영향을 줄 수 있습니다. 일부 외래종은 강한 번식력과 생명력으로 토착종들을 위협하고 멸종 위기에 빠트려요. 그래서 많은 나라들이 생태계를 파괴하는 외래종을 없애기 위해 노력하고 있습니다. 외래종은 사람이 의도적으로 들여오거나 우연히 들어오게 되는데 우리나라의 경우, 과거에 식용 목적의 황소개구리를 수입하기도 했어요. 그리고 외래종을 애완용으로 구입했다가 키우기 어려워지거나 흥미를 잃어서 자연에 풀어버리는 경우도 늘고 있습니다. 우연히 들어오는 경우의 대부분은 사람, 무역 상품, 수송 수단들에 붙어서 들어와요.

Self-Study 노트

핵심 구문 100% 이해하기　힌트를 참고하여 주어진 문장을 바르게 직독직해 하세요.

was uncovered: 수동태(be동사＋p.p.) / uncover: 발견하다

1. One example **was uncovered** by behavioral ecologists / studying the behavior of a small Australian animal / **called** the quoll.
called: ~라고 불리는

➔ _____

be introduced to: ~에 전해지다

2. Its survival was being threatened by the cane toad, / which **was introduced to** Australia in the 1930s.

➔ _____

come up with: ~을 생각해 내다　　　　　　make use of: ~을 이용하다

3. The ecologists **came up with** a clever solution / that **makes use of** the quolls' instinct / to imitate one another.

➔ _____

be released into: ~로 방출되다

4. Groups of these 'toad-smart' quolls / **were released** back **into** the wild, / where they taught their **offspring what** they had learned.
offspring: 자손 / what: ~하는 것

➔ _____

as: ~함에 따라, ~하게 되면서　　　　　　　　　　　　　　　　　　chance: 가능성

5. **As** each young quoll learned / to avoid the hazardous toads, / the species' **chances** of survival increased.

➔ _____

글의 내용 100% 이해하기　글의 내용에 맞게 다음 빈칸을 채우세요.

주머니고양이의 본능 활용하기

문제	1930년대에 호주에 전해진 수수두꺼비가 주머니고양이의 생존을 위협함
해결 과정	① 생태학자들이 주머니고양이의 1 _____ 하는 본능을 이용하기로 함 ↓ ② 특수한 2 _____ 이 포함된 수수두꺼비 소시지를 먹은 주머니고양이들이 3 _____ 을 느끼고 수수두꺼비를 멀리 해야 한다는 것을 배운 상태로 자연에 방출됨 ↓ ③ 자연으로 방출된 주머니고양이들이 4 _____ 들에게 이 교훈을 가르침
결과	주머니고양이의 행동을 모방하는 본능이 수수두꺼비를 멀리하게 해서 5 _____ 가능성이 높아짐

3 Deep-Sea Animals

✓ 지문 주요 어휘 학습

marine species	해양 종 ← 바다나 해안에 사는 생물의 종류
glow	통 빛나다
mate	명 짝(한 쌍)의 한쪽
attract	통 유인하다 ← 주로 '끌다, 끌어들이다'라는 뜻으로 많이 쓰여요.
prey	명 먹이
predator	명 포식자, 포식 동물
suddenly	부 갑자기
flashlight	명 손전등
blind	통 (잠시) 앞이 안 보이게 만들다 ← 형 눈이 먼, 맹인의
escape	통 도망가다, 탈출하다
shade	명 색조, 색의 농도
above	전 ~보다 위쪽에
shadow	명 그림자
silhouette	명 실루엣, (검은) 윤곽
invisible	형 (눈에) 보이지 않는 ← ↔ visible 형 (눈에) 보이는
worm	명 벌레
detach	통 떼다, 분리하다
reptile	명 파충류 ← 뱀이나 도마뱀 같은 동물
flee	통 도망치다, 달아나다 ← flee-fled-fled
distract	통 (주의를) 산만하게 하다

비문학 키워드 미리보기

prey | 먹이

주로 사냥하는 동물의 먹이를 의미합니다. 또한 경우에 따라 '희생자, 피해자'라는 의미로 쓰이기도 해요.

predator | 포식자, 포식 동물

생태계 속 동물들은 서로 먹고 먹히는 관계를 맺고 있는데 이 관계를 먹이 사슬이라고 해요. 그리고 이 관계에서 다른 동물을 잡아먹는 쪽을 포식자, 포식 동물이라고 합니다.

읽기 전 **비문학 사고력 UP**

다음 중 깊은 바닷속에 사는 생물들에게서 발견할 수 있는 특징을 모두 고르세요.

☐ 빛을 냄   ☐ 눈이 크거나 없음   ☐ 단단함

지문 듣기

#동물

고1 11월 기출 소재

Many marine species such as some fish, squid, and starfish have a unique ability called *bioluminescence. It allows them to glow on their own.

Bioluminescence is helpful in the deep parts of the ocean where sunlight can't reach. It helps marine animals find mates or attract prey in the darkness. 5
Some also use bioluminescence to avoid predators. Imagine you were in a dark room and someone suddenly shined a flashlight in your eyes. You wouldn't be able to see anything for a few seconds. Marine animals blind 10 their predators this way and then escape. The color of bioluminescence is usually a blue-green shade. It is similar to the color of the ocean above them. So when these animals glow, they no longer make a shadow or create a silhouette. In this way, they become _____. Some squid and worms can detach a glowing part of their bodies like reptiles. 15 They flee while predators are distracted by the detached part. This is clearly a smart strategy for survival.

*bioluminescence: 생물 발광(생물체가 스스로 빛을 내는 현상)

읽은 후 **핵심 정리**

빈칸에 알맞은 말을 이 글에서 찾아 쓰세요.

❯ Bioluminescence is the ability of marine animals to _____ _____

_____ _____.

1

수능 유형

이 글의 주제로 가장 적절한 것은?

① what causes bioluminescence

② protective colors of marine animals

③ ways predators attract prey in the ocean

④ bioluminescence in the sea and on the land

⑤ how bioluminescence helps some marine animals

2

수능 유형

bioluminescence에 관한 설명 중 이 글의 내용과 일치하지 <u>않는</u> 것은?

① 주로 심해에서 도움이 된다.

② 해양 동물들이 먹이 찾는 것을 도와준다.

③ 포식자를 눈부시게 해서 도망갈 수 있게 한다.

④ 빛을 발하면 그림자가 생긴다.

⑤ 일부 오징어와 벌레는 빛을 발하는 부위를 분리할 수 있다.

3

수능 유형

빈칸에 들어갈 말로 가장 적절한 것은?

① darker than usual

② similar to predators

③ likely to attract prey

④ noticeable in the water

⑤ invisible to predators

비문학 배경지식 UP

▌바다색을 바꾸는 야광충

▲ 적조 현상

▲ 몰디브 해변

몰디브의 밤 해변은 파도가 칠 때마다 아름다운 푸른 빛으로 물들어요. 그 이유는 바로 생물 발광을 하는 발광 플랑크톤의 일종인 야광충 때문입니다. 야광충은 외부 충격을 받으면 반딧불이처럼 빛을 내서 서프보드나 배, 수영을 하는 사람들과 부딪칠 때 예쁜 푸른 빛을 냅니다. 하지만 이 아름다운 빛을 내는 야광충은 바닷물이 붉은색으로 변하는 적조 현상의 원인이 되기도 합니다. 바다에 플랑크톤의 먹이가 되는 영양분이 많아지면 플랑크톤의 일종인 야광충의 수가 급속하게 증가하면서 적조 현상이 일어나요. 이 현상은 바닷속의 산소 농도를 감소시켜서 해양 생물들에게 부정적인 영향을 줍니다.

Self-Study 노트

힌트를 참고하여 주어진 문장을 바르게 직독직해 하세요.

where ~ reach가 the deep parts of the ocean을 수식함
1. Bioluminescence is helpful / in the deep parts of the ocean / **where** sunlight can't reach.

> _____

help + 목적어 + 목적격보어: ~가 …하게 돕다
2. It **helps** / **marine animals find** mates or **attract** prey / in the darkness.

> _____

were / shined: 과거동사를 사용하지만 현재에 대한 가정을 의미함(가정법 과거)
3. Imagine you **were** in a dark room / and someone suddenly **shined** a flashlight in your eyes.

> _____

no longer: 더 이상 ~ 아닌
4. So when these animals glow, / they **no longer** make a shadow or create a silhouette.

> _____

while: ~하는 동안   are distracted: 수동태(be동사 + p.p.)
5. They flee / **while** predators **are distracted** / by the detached part.

> _____

글의 내용에 맞게 다음 빈칸을 채우세요.

생물 발광(Bioluminescence)

정의	스스로 1 _____ 을 낼 수 있는 깊은 바닷속 해양 동물의 독특한 능력
활용	◆ 짝을 찾거나 2 _____ 를 유인 ◆ 잠깐 동안 포식자의 3 _____ 을 보이지 않게 해서 도망칠 수 있음 ◆ 자신들보다 위쪽의 바다 색깔과 비슷한 색으로 빛을 내기 때문에 4 _____ 나 실루엣이 생기지 않아서 포식자에게 보이지 않음 ◆ 빛이 나는 몸의 일부를 떼어내 포식자의 5 _____ 를 돌릴 수 있음

4 Greenwashing

✅ 지문 주요 어휘 학습

environmentally	🔒 환경적으로
friendly	🔒 친화적인 ← 'ly'가 붙어서 부사같지만 형용사예요.
advertise	🔒 광고하다
regulation	🔒 규정, 규제
require	🔒 요구하다, 필요하다
law	🔒 법
label	🔒 라벨을(상표를) 붙이다 ← 🔒 라벨, 상표
exaggerate	🔒 과장하다
claim	🔒 주장 ← 🔒 주장하다
chemical-free	🔒 화학 성분이 없는
vague	🔒 모호한
prove	🔒 증명(입증)하다
laundry detergent	세탁용 세제
household cleaner	가정용 세제 ← household 🔒 가정용의
common	🔒 흔한
organic	🔒 유기농의
plant-based	🔒 식물성의, 식물 위주의 ← based 🔒 ~에 기반한
ingredient	🔒 재료, 성분
synthetic	🔒 인공의
fragrance	🔒 향, 향기
care about	~에 관심을 가지다
in the short term	단기적으로 ← term 🔒 기간
deceive	🔒 속이다, 기만하다

chemical-free | 화학 성분이 없는

chemical(화학 물질) + free(~이 없는)

free는 '자유로운'이라는 의미로 많이 사용되지만 명사와 '-free' 형태로 합쳐지면 '~이 없는'이라는 의미로 쓰입니다. 다른 예시로, sugar-free는 '설탕이 들어 있지 않은'이라는 의미가 된답니다.

organic | 유기농의

농사를 지을 때 화학 비료나 농약 등을 쓰지 않고 퇴비와 같은 자연적인 방법을 이용해서 농작물을 키우는 것을 의미합니다.

#환경

고2 9월 기출 변형

When companies try to make their products look more environmentally friendly than they actually are, it is called *greenwashing. There are different types of greenwashing.

Some companies may advertise that their products are made following environmental regulations. However, this should not be a marketing point 5 when this is required by law. Labeling products "**CFC-free" is an example of this. Companies also exaggerate their claims or even lie. Some products are labeled "chemical-free," even though everything contains chemicals, even plants and animals. Other claims are either too vague or hard to prove. Laundry detergents, household cleaners, and paints are the most common 10 examples. For instance, a laundry detergent may be advertised as "natural" or "organic" because it contains plant-based ingredients. But it could still contain harmful chemicals or synthetic fragrances.

Companies use greenwashing to attract customers who care about the environment. Many consumers don't find out about the false claims until 15 after they have purchased the product. Therefore, greenwashing may increase sales in the short term. However, it can cause a serious problem when customers realize that they are being deceived. 20

*greenwashing 그린워싱, 위장환경주의
**CFC-free 프레온 가스를 쓰지 않은

읽은 후 | 핵심 정리

빈칸에 알맞은 말을 이 글에서 찾아 쓰시오.

❯ Companies use _____ to make their _____ look more _____ friendly than they actually are.

수능 유형

1 이 글의 주제로 가장 적절한 것은?

① laws controlling greenwashing

② why companies use greenwashing

③ how consumers can identify greenwashing

④ the meaning and examples of greenwashing

⑤ effective marketing strategies using greenwashing

내신 유형

2 이 글에 나온 그린워싱의 예시에 해당하지 <u>않는</u> 것은?

① 법적 준수 사항을 친환경으로 포장하기

② 제품의 속성이 친환경적이라고 거짓말하기

③ 친환경 마크와 유사한 이미지를 넣기

④ 증거가 불충분하나 친환경이라고 주장하기

⑤ 친환경 관련 모호한 용어 사용하기

서술형

3 이 글에서 기업들이 어떤 소비자들을 유인하기 위해 그린워싱을 이용하는지를 찾아 우리말로 쓰시오.

_____

비문학 배경지식 UP

▌우리 주변의 그린워싱

• 한 화장품 브랜드에서 특정 제품의 이름과 광고 문구에 종이 용기라는 'paper bottle' 문구를 썼습니다. 하지만 사실 제품의 겉은 종이였지만 안은 플라스틱이었고, 소비자들은 이 제품의 용기가 전부 종이로 만들어진 것이라고 오해했습니다.

• 한 커피 전문점에서는 일회용 컵이 아니라 여러 번 사용이 가능한 다회용 컵에 음료를 담아 제공하는 이벤트를 열었습니다. 하지만 이 다회용 컵도 결국 플라스틱이었기 때문에 오히려 플라스틱 소비를 부추기게 되었어요. 플라스틱 사용을 줄이겠다는 메시지와 모순된 모습에 많은 지적을 받았습니다.

이런 종류의 광고를 접했을 때 무조건 신뢰하기보다는 제품의 마크, 제조 과정, 성분 등을 꼼꼼하게 확인하는 똑똑한 소비자가 되도록 노력해 보아요.

Self-Study 노트

try to-v: ~하려고 노력하다   비교급+than …: …보다 더 ~한

1. When companies **try to make** their products look **more** environmentally friendly / **than** they actually are, / it is called greenwashing.

> _____

may: ~일지도 모른다   follow regulations: 규정들을 따르다

2. Some companies **may** advertise / that their products are made / **following** environmental **regulations**.

> _____

chemical-free: 화학 성분이 없는 / even though: 비록 ~일지라도

3. Some products are labeled "**chemical-free**," / **even though** everything contains chemicals, / even plants and animals.

> _____

find out: 알아채다   false: 허위의, 거짓의   until after: ~ 이후까지

4. Many consumers don't **find out** about the **false** claims / **until after** they have purchased the product.

> _____

are being deceived: 현재진행형 수동태(be동사+being+p.p.) / deceive: 속이다

5. However, / it can cause a serious problem / when customers realize / that they **are being deceived**.

> _____

그린워싱(Greenwashing)

정의	기업이 자사 제품을 실제보다 1_____으로 보이게 하려는 것		
목적	2_____에 관심이 있는 소비자를 유인해서 매출을 증가시키기 위함		

사례1	사례2	사례3
환경 3_____에 따라 제조되었다고 광고	제품에 대해 4_____하거나 거짓말하기	모호하거나 5_____하기 어려운 주장하기
→ 제품에 'CFC-free(프레온 가스를 쓰지 않은)'라고 표시	→ 제품에 'chemical-free(화학 성분이 없는)'라고 표시	→ 세제를 '천연' 또는 '유기농'으로 광고

Humanities & Social Science 인문·사회

인문·사회
비문학
글 읽기

1 The Scramble for Africa

어휘 듣기

✓ 지문 주요 어휘 학습

border	명 국경(선)
scramble	명 쟁탈(전) — 어떤 것을 서로 다투어 빼앗는 싸움이에요.
period	명 시기, 기간
race	동 경쟁하다, 경주하다
take control of	～을 장악(지배)하다
resource	명 자원
imperialism	명 제국주의
policy	명 정책
dominate	동 지배하다
gain	명 이익 — 동 (이익 등을) 얻다
intense	형 극심한, 강렬한
opportunity	명 기회
expand	동 확장(확대)하다
empire	명 제국
fierce	형 치열한, 맹렬한
competition	명 경쟁 — '대회, 시합'이라는 뜻으로도 쓰여요.
representative	명 대표(자)
continent	명 대륙
significantly	부 상당히, 크게 — significant 형 상당한
ethnic	형 민족의, 종족의
suffer	동 (고통을) 겪다
religious	형 종교의, 종교상의
conflict	명 갈등, 충돌

비문학 키워드 미리보기

border | 국경(선)

나라와 나라의 영역을 가르는 경계가 되는 선이에요.

imperialism | 제국주의

19세기에 강력한 군사력과 경제력을 가진 강대국들이 약소국들을 침략하고 식민지로 만든 것을 '제국주의'라고 해요. 당시 유럽의 강대국이었던 영국이 제국주의에 앞장섰고 그 뒤를 이어 프랑스, 독일, 미국, 일본 등 많은 나라들이 제국주의에 합류했어요.

읽기 전 | 비문학 사고력 UP

대부분의 나라의 국경선은 어떤 형태일까요?

☐ 주로 직선으로 된 단순한 형태　　☐ 곡선과 직선이 뒤섞인 복잡한 형태

#역사

Have you ever wondered why many borders in Africa are straight lines? It happened during the "Scramble for Africa." This was the period in history when European countries raced to take control of Africa's land and resources.

Imperialism, the policy of dominating weaker countries for economic ⁵ and political gain, became very intense during the late 1800s and early 1900s. European countries like Britain, France, and Germany saw an opportunity to expand their empires in Africa. Due to the fierce competition, representatives from 14 countries, mostly European, gathered at the *Berlin Conference to discuss how to divide the African continent ¹⁰ while avoiding war. However, no African representatives were ⓐ(invite) to this meeting, even though it would significantly impact the lives of Africans. The European countries divided the continent without considering the ethnic groups, cultures, and languages of the people who lived there. They simply drew straight lines, ⓑ(divide) ¹⁵ the land like they were cutting up a pie.

Many African countries are still suffering ethnic and religious conflicts because of this. These conflicts have slowed down the economic development of Africa as well. ²⁰

*Berlin Conference(1884~1885년 개최된) 베를린 회담

읽은 후 | 핵심 정리

이 글의 중심 소재로 알맞은 것을 고르세요.

☐ 제국주의의 특징　　☐ 아프리카 대륙의 분할

수능 유형

1 이 글의 제목으로 가장 적절한 것은?

① Imperialism and Africa's Straight Borders
② The Straight Borders of European Countries
③ The Beginning of Africa's Economic Growth
④ What Was the Reason for the Scramble for Africa?
⑤ What Did Africa's Borders Look Like Before 1800?

수능 유형

2 이 글의 내용과 일치하지 않는 것은?

① 제국주의는 1800년대 후반과 1900년대 초에 극심해졌다.
② 일부 유럽 국가들은 아프리카 대륙으로 그들의 제국을 확장하려고 했다.
③ 베를린 회담에서 아프리카 대륙 분할 방법이 논의되었다.
④ 일부 아프리카 대표들이 베를린 회담에 참석했다.
⑤ 아프리카 분할 시 민족, 문화, 언어는 고려되지 않았다.

서술형

3 밑줄 친 ⓐ, ⓑ를 어법상 알맞은 형태로 바꿔 쓰시오.

ⓐ _____

ⓑ _____

비문학 배경지식 UP

▌미국 서부와 동부 주 경계선 모양은 왜 다를까?

미국 지도를 보면 서부 주의 경계선들은 주로 직선이고 동부는 조금 더 울퉁불퉁한 경계선 모양을 가지고 있다는 것을 알 수 있습니다. 이것은 미국의 역사적인 배경과 지리적인 조건 때문입니다. 미국의 서부를 개척하던 시절엔 새로운 주를 정할 때 정확한 인구 조사나 토지 조사가 어려웠습니다. 그리고 서부는 동부 지역과 달리 산맥과 강 같은 자연적인 경계가 별로 없어서 임의로 경계선을 정하면서 주로 직선 형태가 되었답니다. 반면, 일찍 도시가 발달하고 많은 사람들이 살고 있던 동부는 주의 크기가 더 작고 복잡한 경계선을 가지고 있어요.

Self-Study 노트

힌트를 참고하여 주어진 문장을 바르게 직독직해 하세요.

have you ever p.p. ~?: ~해 본 적이 있는가?
1. **Have you ever wondered** / why many borders in Africa are straight lines?

○>
_____

when ~ resources가 the period in history를 수식함   take control of: ~을 장악하다
2. This was the period in history / **when** European countries raced to **take control of** Africa's land and resources.

○>
_____

to ~ Africa가 an opportunity를 수식함
3. European countries like Britain, France, and Germany / saw an opportunity / **to expand** their empires in Africa.

○>
_____

even though: ~(임)에도 불구하고
4. However, / no African representatives were invited to this meeting, / **even though** it would significantly impact the lives of Africans.

○>
_____

without v-ing: ~하지 않고   ethnic: 민족의
5. The European countries divided the continent / **without considering** the **ethnic** groups, cultures, and languages / of the people who lived there.

○>
_____

글의 내용 100% 이해하기 글의 내용에 맞게 다음 빈칸을 채우세요.

아프리카 쟁탈전	◆ 1800년대 후반에서 1900년대 초반: 경제적, 정치적 이익을 위해 더 약한 나라들을 지배하려는 정책인 1_____가 극심해짐 ◆ 2_____의 국가들이 아프리카의 땅과 자원을 놓고 치열한 경쟁을 함

∨

3_____ 회담	◆ 14개국의 대표자들이 아프리카 대표자 없이 아프리카 대륙을 분할할 방법을 논의한 회담 ◆ 아프리카인들의 민족 집단, 문화, 언어를 고려하지 않고 대륙을 4_____의 형태로 나눔

∨

오늘날의 아프리카	국경선 형태로 인해 아프리카인들은 아직도 민족 및 종교 갈등을 겪고 있으며, 이로 인해 5_____ 발전도 늦춰짐

2 Filibusters

어휘 듣기

✓ 지문 주요 어휘 학습

democratic	형 민주주의의, 민주적인 ← democracy 명 민주주의
decision	명 (의사)결정
majority	형 다수의 명 다수
vote	명 투표 ← 동 투표하다
when it comes to v-ing	(~하는 것)에 관해서[대해서]
pass a law	법을 통과시키다
party	명 정당
public interest	공익 ← interest 명 이익
minority	명 소수 ← 형 소수의
filibuster	명 필리버스터, 의사 진행 방해 동 의사 진행을 방해하다
delay	동 지연시키다, 미루다
progress	명 진행
bill	명 법안
permit	동 허용하다
demand	동 요구하다
endless	형 끝이 없는
debate	명 토론, 논쟁
remain	동 계속 ~이다
violate	동 위반하다
make a remark	발언하다 ← 말을 꺼내어 의견을 나타내다
insulting	형 모욕적인 ← insulting remark(모욕적인 발언)
occur	동 발생하다, 일어나다
record	동 기록하다
perform	동 행하다, 실시하다
last	동 계속되다, 지속되다

비문학 키워드 미리보기

party | 정당

정치 분야에서 party는 정치적 의견이 비슷한 사람들이 모여 만든 단체인 '정당'을 의미합니다. 민주주의 국가에서 정당은 여러 개인데, 많은 수의 사람으로 구성된 정당은 '다수당(majority party)', 적은 수의 사람으로 구성된 정당은 '소수당(minority party)'이라고 해요.

bill | 법안

bill은 다양한 뜻을 가지고 있습니다. 정치 분야에서 bill은 새로운 법을 만들자는 의견인 '법안'을 의미합니다. 법을 만드는 기관인 국회에서 법안을 심사하고 문제가 없으면 법안이 통과되고, 일정 인원의 찬성까지 거쳐 새 법이 탄생해요. bill의 다른 의미로는 '계산서', '지폐', 가스나 전화 요금에 대한 '고지서' 등이 있어요.

읽기 전 **비문학 사고력 UP**

169 words

민주주의에서 많은 사람이 찬성하는 의견에 따르는 의사 결정 방식을 무엇이라고 하나요?

☐ 국민 투표 원칙　　　　　☐ 다수결의 원칙

지문 듣기

#정치

In democratic societies, decisions are often determined by a majority vote. However, this doesn't mean that majority voting is always _____. When it comes to ⓐ passing laws, the majority party may be acting for its own profit, not for the public interest.

To prevent this, minority parties can "filibuster." Filibustering is a 5 political strategy ⓑ used to delay or block the progress of a bill. In Korea, for example, filibustering is permitted only if more than one-third of the members of the *National Assembly demand it. During a filibuster, endless debates are allowed. The debates can be ended in the following cases: the speaker ends their speech, remains ⓒ silence after the speaking time 10 has started, or violates speech rules, such as by making insulting remarks. ⓓ Unless one of these things occurs, ending a filibuster requires that a majority of the National Assembly agree to do so.

So what is the longest filibuster ever recorded in history? It was performed 15 by a U.S. politician in 1957 and ⓔ lasted more than 24 hours.

*National Assembly 국회

읽은 후 **핵심 정리**

이 글에서 필리버스터의 정의를 설명하는 문장에 밑줄 치세요.

1 수능 유형

빈칸에 들어갈 말로 가장 적절한 것은?

① easy   ② fair   ③ popular

④ allowed   ⑤ planned

2 내신 유형

이 글의 내용과 일치하면 T, 일치하지 않으면 F를 쓰시오.

(1) 필리버스터는 공익을 위해 다수당이 실행하는 정치적인 전략이다.   _____

(2) 한국은 국회의원의 3분의 1 이상이 요구할 때 필리버스터가 허용된다.   _____

(3) 발언 시간 시작 후에도 발언하지 않으면 필리버스터는 종료된다.   _____

(4) 필리버스터 종료는 국회의원 전원의 동의가 있어야 한다.   _____

3 수능 유형

밑줄 친 ⓐ~ⓔ 중 어법상 틀린 것은?

① ⓐ   ② ⓑ   ③ ⓒ   ④ ⓓ   ⑤ ⓔ

비문학 배경지식 UP

▌필리버스터의 어원

필리버스터는 해적을 의미하는 네덜란드어 '브리부이터(vribuiter)'에서 유래했습니다. 이후 네덜란드어에 익숙하지 않은 영어 사용자들을 거쳐 스페인으로 전해지면서 이 단어는 '필리부스테로(Filibustero)'로 바뀌었고, 19세기 중반에 중남미 지역에서 해적을 가리키는 말로 쓰였어요. 1854년 미국에서 주를 신설하는 법안에 반대하는 의원들이 장시간 동안 의사진행 발언을 이어가며 법안 통과를 막았는데, 그 모습을 상대편 의원들이 '해적처럼 일을 방해하는 행동'이라고 빗대어 표현하면서 정치적인 의미로 필리버스터라는 용어가 쓰이기 시작했습니다.

▌고대 로마의 필리버스터

정치적인 의미의 필리버스터라는 용어 자체는 1854년 미국에서 처음 사용되었지만, 이 개념은 일찍이 고대 로마의 역사에서도 찾아볼 수 있습니다. 기원전 59년에 귀족들이 소유한 토지를 군인과 평민에게 나눠주는 법안을 막기 위해 사용된 적이 있답니다. 해 질 녘까지 회의를 끝내야 한다는 규정을 이용하여 그때까지 하루 종일 연설을 해서 이 법안이 통과되는 것을 막은 것이죠.

Self-Study 노트

힌트를 참고하여 주어진 문장을 바르게 직독직해 하세요.

when it comes to: ~에 관해서 / pass a law: 법을 통과시키다   act for: ~을 위해 행동하다

1. **When it comes to passing laws**, / the majority party may be **acting for** its own profit, / not for the public interest.

⊙ _____

used ~ bill이 a political strategy를 수식함

2. Filibustering is a political strategy / **used** to delay or block the progress of a bill.

⊙ _____

only if: ~할 경우에만

3. In Korea, / for example, / filibustering is permitted / **only if** more than one-third of the members of the National Assembly demand it.

⊙ _____

unless: ~하지 않는 한   majority: 다수

4. **Unless** one of these things occurs, / ending a filibuster requires / that a **majority** of the National Assembly **agree to do** so.

agree to-v: ~하는 것에 동의하다

⊙ _____

글의 내용에 맞게 다음 빈칸을 채우세요.

필리버스터(의사 진행 방해)

목적	◆ 1_____이 공익이 아닌 자신의 당의 이익을 위해 행동하는 것을 막기 위함임
정의	법안의 진행을 지연시키거나 막기 위해 소수당이 사용하는 정치적 전략으로, 끝이 없는 2_____ 이 허용됨
허용되는 조건	(한국) 국회의원의 3분의 1 이상이 요구할 경우
종료되는 경우	◆ 발언자가 발언을 종료한 경우 ◆ 발언 시간이 시작된 후에 계속 3_____을 지킬 경우 ◆ 욕설과 같은 4_____인 발언을 하는 경우 ◆ 국회의 5_____가 종료에 동의할 경우

3 Patents

✅ 지문 주요 어휘 학습

invention	명 발명(품)
apply for	~을 신청하다, ~에 지원하다
patent	명 특허(권)
obtain	통 얻다, 획득하다
exclusive	형 독점적인 ← 물건이나 자리 따위를 독차지하는
purpose	명 목적, 의도
defend	통 방어하다, 지키다
promote	통 촉진하다 ← 재촉해 더 잘 진행되도록 하다
innovation	명 (기술) 혁신
firm	명 기업, 회사
prevent A from v-ing	A가 ~하는 것을 막다
competitor	명 경쟁자 ← compete 통 경쟁하다
sue	통 고소하다 ← 피해자가 신고하여 범죄자 처벌을 요구하다
intellectual property	지적 재산
pursue	통 추구하다
eventually	부 결국, 마침내
step in	개입하다
biotechnology	명 생명공학 ← bio(생물학) + technology(기술)
legal	형 법의, 법률과 관련된
battle	명 싸움

비문학 키워드 미리보기

patent | 특허(권)

새로운 물건이나 기술을 발명한 사람에게 나라에서 일정 기간 동안 그 물건이나 기술에 대해 주는 독점적인 권리입니다. 다른 사람이 그 발명품을 사용하려면 특허권을 가진 사람에게 허락을 받거나 비용을 지불해야 합니다. 똑같은 발명을 한 사람이 있을 경우에 먼저 특허를 등록한 사람이 특허권을 얻을 수 있기 때문에 빠르게 등록해야 해요.

intellectual property
지적 재산

intellectual(지적인) + property(재산)

재산은 보통 눈으로 확인할 수 있거나 만질 수 있는 것들을 가리키지만, 지적 재산은 연구, 문학 작품, 음악, 공연처럼 인간의 지적인 창작 활동의 결과로 생기는 무형의 결과물을 가리켜요. 대표적으로 '저작권'이 여기에 해당됩니다.

#법

고2 9월 기출 변형

When you come up with a new idea or make a new invention, you can apply for a patent. Once you obtain a patent, you have ⓐexclusive rights to your invention for a certain amount of time.

The original purpose of patents was to encourage people to make inventions and share them. It was not to guarantee them a *monopoly. However, patents (have been used, innovation, rather than, monopolies, to defend, to promote). Many firms use patents to ⓑprevent competitors from entering the same market. Some of them sue new competitors if they **trespass on their intellectual property, even if they are ⓒpursuing a different goal. For example, in the early 1900s, some airplane makers had a patent war in which they sued one another. This ⓓspeeded up innovation, so the U.S. government eventually had to step in. It is much the same with smartphones and biotechnology today. Companies often have to fight complex legal battles over patents if they want to make new products ⓔusing technology that already exists.

*monopoly 독점(하나의 기업이 어떤 시장을 혼자 차지하는 것) **trespass on ~을 침해하다

읽은 후 **핵심 정리**

이 글에서 특허권의 본래 목적을 설명하는 문장을 찾아 밑줄 치세요.

1 이 글의 주제로 가장 적절한 것은?

① 특허권 신청 절차   ② 특허와 독점의 차이

③ 기업의 특허권 악용   ④ 지적재산권 침해 사례

⑤ 신기술 독점 방지 방안

2 밑줄 친 ⓐ~ⓔ 중에서 문맥상 낱말의 쓰임이 적절하지 <u>않은</u> 것은?

① ⓐ   ② ⓑ   ③ ⓒ   ④ ⓓ   ⑤ ⓔ

3 밑줄 친 우리말과 일치하도록 이 글의 괄호 안의 단어를 바르게 배열하시오.

> 그러나, 특허권은 <u>혁신을 촉진하기보다는 독점을 방어하기 위해 사용돼 왔다.</u>

However, patents _____

_____ .

비문학 배경지식 UP

▌전화기의 진짜 발명가

▲안토니오 메우치   ▲알렉산더 그레이엄 벨

많은 사람들이 알렉산더 그레이엄 벨이 전화기를 발명했다고 알고 있습니다. 하지만 전화기의 진짜 발명가는 바로 안토니오 메우치랍니다. 2002년 미국 의회가 최초의 전화기 발명가는 메우치라고 공식적으로 선언했어요. 발명은 메우치가 했는데 왜 우리는 벨을 최초의 전화기 발명가로 알고 있을까요? 메우치는 가난했기 때문에 벨보다 21년 먼저 전화기를 발명하고도 정식 특허를 신청할 돈이 없었습니다. 대신에 매년 10달러씩 내면 갱신할 수 있는 임시 특허를 신청했어요. 그런데 특허를 재등록하려던 중 메우치는 전화기의 모델과 설계도를 잃어버리고 특허 신청을 하지 못했어요. 그 사이 벨이 메우치의 발명품과 아주 유사한 모양의 전화기로 정식 특허를 얻어냈습니다. 메우치는 특허권을 돌려받기 위해 소송을 걸었지만, 모든 특허권을 벨에게 넘겨주게 되었고 이로 인해 벨이 전화기를 발명한 것으로 알려지게 되었답니다.

핵심 구문 100% 이해하기 힌트를 참고하여 주어진 문장을 바르게 직독직해 하세요.

come up with: ~을 떠올리다

apply for: ~을 신청하다

1. When you **come up with** a new idea or make a new invention, / you can **apply for** a patent.

❷ _____

once: 일단 ~하면

exclusive: 독점적인 / a right to: ~에 대한 권리

2. **Once** you obtain a patent, / you have **exclusive rights to** your invention / for a certain amount of time.

❷ _____

encourage A to-v: A가 ~하도록 장려하다

3. The original purpose of patents / was to **encourage** people / **to make** inventions and **share** them.

❷ _____

be used to-v: ~하기 위해[하는 데] 사용되다

rather than: ~보다는

4. However, / patents have **been used to defend** monopolies / **rather than to promote** innovation.

❷ _____

trespass on: ~을 침해하다

even if: 비록 ~일지라도

5. Some of them sue new competitors / if they **trespass on** their intellectual property, / **even if** they are pursuing a different goal.

❷ _____

글의 내용 100% 이해하기 글의 내용에 맞게 다음 보기에서 알맞은 단어를 골라 빈칸에 쓰세요.

보기

| prevent | purpose | exclusive | encourage | existing |

Patents

If you obtain a patent, you have [1]_____ rights to your invention for a certain period of time. The original [2]_____ of patents was to [3]_____ people to make and share inventions. However, many companies have used patents to [4]_____ competitors from entering the same market. Companies often have to fight complex legal battles if they want to use [5]_____ technology to make new products.

4 Social Proof

✅ 지문 주요 어휘 학습

social	형 사회적인, 사회의
influence	동 영향을 주다 ← 명 영향
accept	동 받아들이다
be known as	~로 알려져 있다
proof	명 증거, 증명 ← prove 동 증명하다
phenomenon	명 현상 ← 복수형 phenomena
frequently	부 자주, 빈번히
trust	동 신뢰하다 명 신뢰, 신임
peer pressure	또래 압력
controversial	형 논란이 많은
receive	동 받다, 받아들이다
consider	동 ~을 …라고 여기다(생각하다)
believable	형 신뢰할 수 있는
recommend	동 추천하다
be likely to-v	~할 가능성이 있다
have trust in	~을 신뢰(신임)하다
go viral	입소문이 나다

비문학 키워드 미리보기

peer pressure | 또래 압력

peer(또래) + pressure(압력, 압박)

또래나 동료 집단으로부터 동일한 행동을 하도록 가해지는 사회적 압력입니다. 특히 또래 압력은 청소년기에 강하게 나타나고, 이로 인해 일부 청소년들은 비슷한 옷차림이나 머리 스타일, 말투, 행동 등을 하게 된답니다.

go viral | 입소문이 나다

주로 페이스북이나 트위터, 인스타그램과 같은 소셜 미디어 플랫폼을 통해 짧은 시간에 많은 사람들에게 어떤 정보나 영상 등이 퍼지는 것을 go viral, 즉 입소문이 난다고 표현합니다. viral(바이러스성의, 바이러스에 의한)은 virus(바이러스)의 형용사 형태로, 말 그대로 정보가 바이러스처럼 빠르게 퍼져 나간다는 의미입니다.

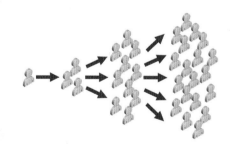

Reading

4

읽기 전) **비문학 사고력 UP**

여러분은 물건을 사거나 결정을 내릴 때 어떤 것을 가장 많이 참고하나요?

☐ 친구들 의견   ☐ 인터넷 검색   ☐ 기타

161 words

지문 듣기

#사회 현상

고2 6월 기출 변형

Humans are social animals, so they are often influenced by the actions of others. Because of this, it is easier for people to accept new ideas when others have already done so. This is known as social proof. Social proof is an interesting phenomenon that can frequently be observed on social media. It is especially powerful if the person accepting the new idea is a friend. 5 This is because people trust the judgments of their close friends and also feel peer pressure.

For example, a video about a certain issue might be controversial. However, if people see that it has received thousands of likes on social media, they will consider it more _____. And if a friend 10 recommends the video, they are even more likely to trust it. The more they trust their friend, the more trust they will have in the video. This is the power of social media and part of the reason why videos and posts "go viral."

읽은 후) **핵심 정리**

이 글의 중심 소재로 알맞은 것은 무엇일까요?

☐ 소셜 미디어의 기능   ☐ 사회적 검증 현상

1 수능 유형

이 글의 주제로 가장 적절한 것은?

① effects of social media marketing
② the reason why people trust others easily
③ the power of social proof on social media
④ how social media influences peer pressure
⑤ the way social media recommends videos and posts

2 수능 유형

빈칸에 들어갈 말로 가장 적절한 것은?

① exciting   ② difficult
③ believable   ④ convenient
⑤ controversial

3 서술형

이 글의 내용으로 보아, social proof에 관한 다음 설명의 빈칸에 알맞은 말을 찾아 쓰시오.

> Social proof is a phenomenon where people (1) _____ _____ _____
> more easily when others have already done so. On social media, people are
> (2) _____ _____ to trust videos or posts when they have received many
> likes.

비문학 배경지식 UP

┃'하늘 올려다보기' 실험

미국의 심리학자인 스탠리 밀그램은 1969년에 연구팀과 함께 사회적 검증 현상에 대한 실험을 했습니다. 처음에 연구소 조교 1명이 번화한 뉴욕 거리를 걷다가 길 한복판에서 걸음을 멈춘 뒤 60초 동안 아무것도 없는 텅 빈 하늘을 바라보게 했어요. 아무도 그 조교에게 관심을 가지지 않았어요. 그러나 다섯 명이 하늘을 바라보게 했더니 걸음을 멈추고 함께 텅 빈 하늘을 바라본 행인의 수가 4배 증가했습니다. 15명이 하늘을 바라보게 했을 때는 지나가던 사람의 46퍼센트가 하늘을 보았고, 그 수를 더 늘렸을 땐, 행인의 무려 80퍼센트가 고개를 올려 텅 빈 하늘을 바라봤다고 합니다. 그러나 실험 참가자들에게 "다른 사람들의 행동을 보고 영향을 받나요?"라고 물었을 때, 다들 "절대 그렇지 않아요."라고 답했다고 하죠. 이 실험 결과에서 다른 사람들의 행동이 우리의 행동이나 결정에 영향을 준다는 것을 알 수 있어요.

Self-Study 노트

핵심 구문 100% 이해하기 | 힌트를 참고하여 주어진 문장을 바르게 직독직해 하세요.

that ~ media가 an interesting phenomenon을 수식함

1. Social proof is an interesting phenomenon / **that** can frequently be observed on social media.

❯ _____

2. However, / if people see that it has received thousands of likes on social media, / they will **consider it more believable**.
consider+목적어+목적격보어: ~을 …라고 여기다

❯ _____

be likely to: ~할 가능성이 있다

3. And if a friend recommends the video, / they **are** even more **likely to** trust it.

❯ _____

the + 비교급, the + 비교급: ~할수록 더 …하다

4. **The more** they trust their friend, / **the more** trust they will have in the video.

❯ _____

the reason why: ~하는 이유   _go viral: 입소문이 나다_

5. This is the power of social media / and part of **the reason why** videos and posts "**go viral**."

❯ _____

글의 내용 100% 이해하기 | 글의 내용에 맞게 다음 빈칸을 채우세요.

| 1 _____ 현상 |

정의	◆ 사람들이 다른 사람들이 이미 받아들인 것을 더 쉽게 받아들이는 현상 → 2 _____ 에서 자주 관찰됨
예시	◆ 논란이 많을 수 있는 영상 → 해당 영상이 수천 개의 좋아요를 받으면 그 영상이 신뢰할 수 있다고 생각함 → 3 _____ 가 그 영상을 추천할 경우 더욱더 그렇게 생각함
이유	사람들은 가까운 친구들의 판단을 신뢰하고, 또래 4 _____ 도 느끼기 때문

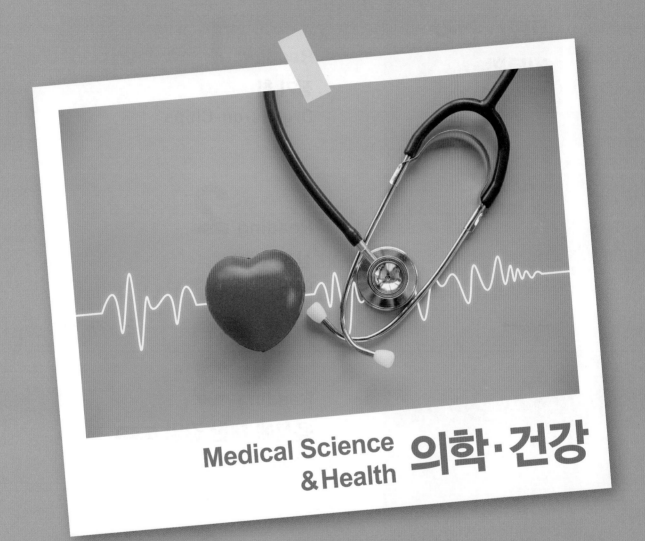

UNIT **8**

Medical Science
& Health 의학·건강

■ 이런 내용이
**수능·모의고사에
나왔어요!**

[의학 기술] 의학 기술 발달로 심정지 환자를 살릴 수 있음_'18 고1 9월

[식습관] 고당도 과일의 과도한 섭취는 건강과 뇌에 부정적인 영향을 줌_'23 고2 3월
미네랄과 비타민이 풍부한 음식을 먹어 충치가 거의 없던 알프스 사람들_
'19 중3 성취도 평가

[의학 역사] 1960년대에 가장 널리 알려진 의학적 성취인 최초의 심장 이식_'20 고2 3월

1 Organs-on-Chips

✓ 지문 주요 어휘 학습

organe	명 (인체 내의) 장기(기관)
microchip	명 마이크로칩 ← 아주 작은 실리콘 칩 위에 초소형의 전자회로가 있는 반도체 부품
cell	명 세포
circuit	명 (전기) 회로 ← 전구, 전선 등의 전기 부품을 연결해서 전기가 흐를 수 있게 만든 것
simulate	통 모의실험하다, 시뮬레이션하다
react	통 반응하다
groundbreaking	형 획기적인
replace	통 대체하다
drug	명 약물, 의약품
unethical	형 비윤리적인 ←→ ethical 형 윤리적인
accurately	부 정확하게
predict	통 예측하다
influence	명 영향
accurate	형 정확한
suggest	통 제시하다, 제안하다
treatment	명 치료법, 치료 약
disease	명 질병
patient	명 환자
succeed in	~에 성공하다
include	통 포함하다
multiple	형 많은, 다수의

비문학 키워드 미리보기

organ | (인체 내의) 장기(기관)

장기는 인체 내에 있는 폐, 심장, 신장 등의 기관을 가리킵니다.
과학자들은 인간의 장기 세포들을 전기 회로가 놓인 칩 위에 올려놓고 배양함으로써 그 장기들의 기능과 특성을 모방할 수 있게 만든 칩을 개발하고 있습니다. 이 칩을 장기 칩(organ-on-a-chip)이라고 불러요.

lung(폐)　　heart(심장)　　kidney(신장)

groundbreaking | 획기적인

ground(땅) + breaking(부수는, 깨는)

groundbreaking은 말 그대로 해석하자면 땅을 부순다는 의미입니다. 어떤 공사의 시작을 기념하는 행사에서 땅에 첫 삽을 떠서 부수는 것에서 groundbreaking의 뜻이 유래했어요. 땅을 부순다는 의미에서 땅을 부술 정도로 획기적인 것이나 새로운 것을 나타내는 의미가 되었습니다.

#의학 기술

New technology called organ-on-a-chip creates tiny models of human organs on microchips. These chips contain living cells and circuits that act like blood vessels. They allow scientists to simulate how our organs work and react in our bodies.

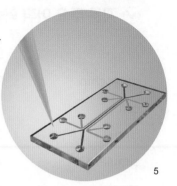

This groundbreaking technology has several advantages. First of all, using it can replace animal testing for drugs. Animal testing can be unethical. Also, it may not accurately predict the influence of a drug on humans. Organ-on-a-chip uses human cells, so we can get more accurate results. Additionally, organ-on-a-chip can suggest better treatments. Doctors can observe or even predict the progress of a disease on a chip. Also, using cells from patients will show how a treatment will actually work on them.

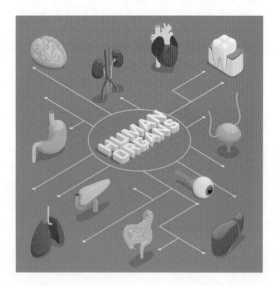

So far, scientists have succeeded in creating many organs on chips. These include lungs, kidneys, hearts, and many others. There are even chips with multiple organs. Scientists expect that it will be possible to create every organ in the human body on a single chip in the near future.

읽은 후 **핵심 정리**

장기 칩의 정의를 나타내는 말을 이 글에서 찾아 밑줄 치세요. (7단어)

» Answers pp. 58~59

1 이 글의 제목으로 가장 적절한 것은?

① The Ethical Issues of Organs-on-Chips

② New Drugs Don't Require Animal Testing

③ The Present and Future of Organs-on-Chips

④ Advances in Materials Used for Organs-on-Chips   *advance 발전

⑤ Advantages and Disadvantages of Organs-on-Chips

2 이 글에서 장기 칩의 장점으로 언급되지 <u>않은</u> 것은?

① 약물 관련 동물 실험을 대체할 수 있다.

② 동물 실험보다 정확한 결과를 얻을 수 있다.

③ 질병의 진행 상황을 관측 또는 예측할 수 있다.

④ 동물 실험보다 더 적은 비용이 든다.

⑤ 환자에 대한 치료 약의 실제 효과를 알 수 있다.

3 과학자들이 가까운 미래에 가능할 것으로 예상하는 바를 우리말로 쓰시오. (20자 이내)

_____

비문학 배경지식 UP

▌동물 실험은 이제 그만!

많은 나라에서 새로운 약이나 화장품의 안전성을 확인하기 위해 실시하는 동물 실험을 대체할 수 있는 기술을 개발하기 위해 노력하고 있습니다. 사람의 장기와 비슷한 인공 미니 장기를 만들어 실험에 사용하는 것도 이러한 노력의 일부입니다. 현재로서는 만들어 낼 수 있는 장기의 크기가 매우 작다는 한계가 있지만, 점점 더 기술이 발전하면 앞으로의 성장 가능성이 크다고 전문가들은 말하고 있어요. 또 다른 대안으로 장기 칩도 개발되고 있는데, 지금까지 15종 이상의 장기 칩이 개발되었습니다. 더불어 컴퓨터 모델링 기술도 주목할만해요. 이것은 컴퓨터 프로그램으로 가상의 인체를 만들고 새로운 약의 효과와 부작용을 검증하는 방법이에요. 이 기술들은 아직 완전하진 않지만 앞으로 더 안전하고 윤리적인 실험 방식이 등장하게 될 것이라는 데에 큰 의의가 있답니다.

Self-Study 노트

힌트를 참고하여 주어진 문장을 바르게 직독직해 하세요.

1. New technology **called** organ-on-a-chip / creates tiny models of human organs / on microchips.

called: ~라고 불리는

❯ _____

2. These chips contain / living cells / and circuits **that act like** blood vessels.

that ~ vessels가 circuits를 수식함 / act like: ~처럼 작용하다

❯ _____

3. They **allow** scientists **to simulate** / how our organs work and react / in our bodies.

allow A to-v: A가 ~하게 하다

❯ _____

4. So far, / scientists have **succeeded** / **in** creating many organs on chips.

succeed in: ~에 성공하다

❯ _____

5. Scientists expect / that **it** will be possible / **to create** every organ in the human body on a single chip / in the near future.

it: 가주어   to create ~ chip: 진주어

❯ _____

글의 내용 100% 이해하기 글의 내용에 맞게 다음 빈칸을 채우세요.

장기 칩(Organ-on-a-chip)

정의	인간 ¹_____의 작은 모형을 마이크로칩 위에 만든 것
장점	◆ 비윤리적이고 정확도가 떨어질 수 있는 ²_____ 실험을 대체할 수 있음 ◆ 인간의 ³_____를 사용하므로 보다 정확한 결과를 얻을 수 있음 ◆ ⁴_____의 진행을 관찰하거나 심지어 예측할 수 있음 ◆ 환자의 세포를 이용하면 치료 약이 실제로 환자에게 어떻게 작용하는지 알 수 있음
전망	한 개의 칩 위에 인체의 ⁵_____ 장기를 만드는 것이 가능할 것으로 기대

2 CPR

✅ 지문 주요 어휘 학습

first-aid	휑 응급 처치의
save	동 (목숨을) 구하다 ← '남겨 두다, 저축하다'라는 뜻도 있어요.
beat	동 (심장이) 뛰다 ← heartbeat 명 심장 박동
chest compression	흉부 압박
mouth-to-mouth	휑 (인공호흡) 구강 대 구강의 ← '구강'은 '입'이라는 의미예요.
breathing	명 호흡
oxygen	명 산소
restore	동 회복시키다 ← '복구하다'라는 뜻도 있어요.
date back to	(시기 등이) ~까지 거슬러 올라가다
revive	동 되살리다, 회복시키다
drown	동 물에 빠지다
attempt	명 시도
initially	부 처음에(는)
massage	동 마사지하다 ← 명 마사지
press on	~에 압박을 가하다, ~을 누르다
effective	휑 효과적인
combine A and B	A와 B를 결합시키다
guideline	명 지침 ← 방향이나 목표, 방법 등을 안내하는 것
recommendation	명 권고 ← 어떤 일을 하도록 권하는 것
medical institution	의료기관 ← institution 명 기관
widespread	휑 널리 퍼진, 광범위한
knowledge	명 지식

비문학 키워드 미리보기

first-aid | 응급 처치의

first(최초의, 맨 먼저) + aid(도움)

응급 처치(first aid)는 first(최초의, 맨 먼저)와 aid(도움)가 결합된 형태에서도 알 수 있듯이 예기치 못한 사고로 다치거나 급성 질환을 겪는 환자에게 사고 현장에서 긴급하게 행하는 간단한 치료를 의미합니다. 심장마비 환자들에게 하는 심폐소생술이나 기도가 이물질로 막혔을 때 하는 하임리히법 등이 응급 처치에 속해요.

chest compression | 흉부 압박

chest(흉부, 가슴) + compression(압박)

chest는 우리의 신체에서 가슴 부분으로, 의학 분야에서는 전문 용어로 이 부위를 '흉부'라고 부른답니다. 그래서 흉부 압박은 가슴 부위에 강하게 내리 누르는 힘을 가하는 것을 말하며, 이는 보통 심폐소생술(CPR)을 할 때 행해집니다.

심장 박동이 갑자기 정지된 사람에게 하는 응급 처치를 무엇이라고 하나요?

#의학 기술

*CPR is a first-aid technique used to save lives when someone's heart stops ⓐbeating. It includes chest compressions with both hands and mouth-to-mouth breathing. CPR provides blood and oxygen to the brain and other organs by restoring the patient's heartbeat.

The history of CPR dates back to the 1700s, when the use of mouth-to-mouth was first recorded. It was used to ⓑreviving a drowning person. In the 19th century, attempts were made to save people ⓒwhose hearts had stopped. Initially, doctors opened the patient's chest and directly massaged the heart. But they discovered that they could save lives by simply pressing on the chest rather than opening it. Later on, experts found that the most effective way to revive a person was to combine chest compressions and mouth-to-mouth, ⓓwhich became modern CPR. Since then, CPR guidelines have been developed. A new recommendation released in 2008 says that in most situations only chest compressions should be given.

Today, people can easily receive CPR training at school, work, or medical institutions. With widespread CPR knowledge, we can increase ⓔthe number of lives that are saved.

*CPR(cardiopulmonary resuscitation) 심폐소생술

읽은 후 핵심 정리

이 글의 중심 소재로 알맞은 것은 무엇일까요?

☐ the history of CPR ☐ ways to do CPR

» Answers pp. 60~61

1 수능 유형
심폐소생술에 관한 설명 중 이 글의 내용과 일치하지 <u>않는</u> 것은?

① 심정지가 왔을 때 사용되는 응급 처치 방법이다.

② 흉부 압박과 인공호흡이 포함된다.

③ 처음에는 환자의 가슴을 열고 심장을 직접 마사지했다.

④ 초기의 지침이 현재까지 변함없이 사용되고 있다.

⑤ 심폐소생술 교육은 학교, 직장, 전문 의료기관 등에서 쉽게 받을 수 있다.

2 수능 유형
밑줄 친 ⓐ~ⓔ 중, 어법상 틀린 것은?

① ⓐ   ② ⓑ   ③ ⓒ   ④ ⓓ   ⑤ ⓔ

3 서술형
다음은 심폐소생술이 우리 몸에 어떤 작용을 하는지 설명한 것이다. 빈칸에 알맞은 말을 이 글에서 찾아 쓰시오.

> CPR restores the patient's (1) _____ and provides (2) _____
> and (3) _____ to the brain and other organs.

비문학 배경지식 UP

▌CPR의 부작용?

심폐소생술 중에 시행하는 흉부 압박은 생각보다 깊게 그리고 강하게 체중을 실어서 눌러야 합니다. 그러다 보니, 심폐소생술을 받는 과정에서 환자의 갈비뼈나 쇄골이 부러지는 경우가 많이 발생해요. 하지만 골절된 뼈는 생명을 구한 뒤에 큰 문제 없이 치유할 수 있기 때문에 심장을 다시 뛰게 만드는 것이 더 우선시되어야 합니다.

▌인공호흡을 해야 할까? 말아야 할까?

심폐소생술은 기본적으로 흉부 압박과 인공호흡을 함께 하지만, 어떤 경우에는 인공호흡 없이 흉부 압박만 하도록 권장됩니다. 전문가들은 인공호흡이 일반인이 하기에 어려운 기술이기 때문에 심폐소생술 교육을 받지 않았거나 자신이 없는 일반인들은 흉부 압박만 하도록 권장해요. 그리고 갑작스런 심정지 후(질식 등으로 산소가 부족한 상황 제외) 2~4분 동안은 몸 안에 산소가 남아 있어서 흉부 압박만 하는 것이 효과적이라고 합니다. 또한, 호흡기를 통한 감염의 가능성이 있는 경우에도 인공호흡은 권장되지 않습니다.

핵심 구문 100% 이해하기 힌트를 참고하여 주어진 문장을 바르게 직독직해 하세요.

stop + v-ing: ~하는 것을 멈추다

1. CPR is a first-aid technique / used to save lives / when someone's heart **stops beating**.

＞ _____

provide A to B: B에게 A를 공급하다   by v-ing: ~함으로써

2. CPR **provides** blood and oxygen **to** the brain and other organs / **by restoring** the patient's heartbeat.

＞ _____

chest: 흉부 / rather than: ~보다는

3. But they discovered / that they could save lives / by simply pressing on the **chest** / **rather than** opening it.

＞ _____

later on: 나중에   to revive a person이 the most effective way를 수식함

4. **Later on**, / experts found / that the most effective way **to revive a person** / was to **combine** chest compressions **and** mouth-to-mouth, / which became modern CPR.
combine A and B: A와 B를 결합시키다

＞ _____

글의 내용 100% 이해하기 글의 내용에 맞게 다음 빈칸을 채우세요.

심폐소생술(CPR)

정의	심장이 멈춘 사람에게 실시하는 ¹_____ 기술
작용 방식	심장 박동을 회복시켜 뇌와 다른 장기에 ²_____ 과 ³_____ 공급
역사	**1700년대** 물에 빠진 사람에게 인공호흡 실시 ↓ **19세기** 환자의 흉부를 열고 ⁴_____을 직접 마사지하다가 단순히 흉부에 압박만 가해도 생명을 구할 수 있음을 발견함 ↓ **19세기 이후** 흉부 압박과 인공호흡을 ⁵_____ 시켜서 실시 ↓ **2008년** 대부분의 경우 ⁶_____만 실시하라는 새로운 권고가 있었음

3 Food Cravings

✓ 지문 주요 어휘 학습

generally	🕛 일반적으로
be attracted to	~에 끌리다
high-calorie	🕒 고칼로리의, 고열량의
high in	~이 많이 들어 있는
fat	🕒 지방
tend to-v	~하는 경향이 있다
overeat	🕒 과식하다
evolution	🕒 진화
available	🕒 구할 수 있는
hunt	🕒 사냥하다
gather	🕒 채집하다 ↙ gather plants 식물을 채집하다
evolve	🕒 진화하다
desire	🕒 원하다, 열망하다 ↙ 🕒 욕구, 갈망
plenty of	풍부한
unfortunately	🕒 불행하게도, 유감스럽게도
craving	🕒 갈망, 욕구
cause A to-v	A가 ~하게 하다[야기하다]
take in	섭취하다
once	🕒 한때, 언젠가
ancestor	🕒 조상
survive	🕒 생존하다 ↙ survival 🕒 생존
obesity	🕒 비만

비문학 키워드 미리보기

evolution | 진화

진화는 생물이 오랫동안 여러 세대를 거치면서 변해가는 현상입니다. 인간도 진화를 거쳐서 지금의 우리 모습이 되었어요. 우리는 우리의 조상(ancestor)들과 비슷한 점도 있지만 진화하면서 달라진 점들도 있습니다.

craving | 갈망, 욕구

'갈망하다'라는 의미의 동사 crave에서 파생된 craving은 어떤 것에 대한 '갈망, 욕구'을 의미합니다. 음식에 대한 갈망이나 욕구를 표현할 때 많이 쓰이는 단어로, 특별히 어떤 음식이 너무 먹고 싶다고 말할 때 'craving for+음식' 형태로 쓰여요. 예를 들어, 햄버거가 너무 먹고 싶을 때 'I have a **craving** for a hamburger!(햄버거가 당겨!)'라고 말할 수 있어요.

3

여러분은 평소에 어떤 종류의 음식에 더 끌리나요?

☐ 기름진 음식   ☐ 담백한 음식   ☐ 단 음식

162 words

지문 듣기

#식습관

고2 9월 기출 소재

Modern people are generally attracted to high-calorie food that is also high in fat or sugar. This is not simply because we think these things are delicious. We tend to overeat this type of food because _____ has taught us to do so over thousands of years.

In the past, people often didn't have enough food. So they ate as much 5 as they could when food was available. They had to hunt animals or gather plants for their food. These activities required a lot of calories. As a result, humans evolved to desire high-calorie foods such as meat and sugar.

Today we have plenty of food, so we don't need to eat as much high-calorie food. Unfortunately, our body has the same cravings as it did 10 in the past. This causes us to overeat and take in more calories than we actually need. What once helped our ancestors survive now harms our health, leading to obesity, *high blood pressure, and heart disease.

*high blood pressure 고혈압(혈압이 정상 수치보다 높은 증상)

읽은 후 | 핵심 정리

이 글의 내용을 바탕으로 알맞은 것을 고르세요.

▶ 과거: (쾌락 / 생존)을 위해 고칼로리 음식이 필요했다.

　현재: 고칼로리 음식에 대한 갈망이 (남아 있다 / 사라졌다).

수능 유형

1 이 글의 주제로 가장 적절한 것은?

① eating habits in the past
② the importance of healthy eating
③ cooking techniques throughout history
④ ways to avoid eating high-calorie food
⑤ why we are attracted to high-calorie food

수능 유형

2 빈칸에 들어갈 말로 가장 적절한 것은?

① taste　　　　　　② hunger　　　　　　③ hunting
④ evolution　　　　⑤ responsibility

수능 유형

3 밑줄 친 What once helped our ancestors survive가 의미하는 바로 가장 적절한 것은?

① hunting animals
② gathering plants
③ large amounts of food
④ the desire for high-calorie food
⑤ the use of calories for survival activities

비문학 배경지식 UP

고칼로리 식품은 모두 나쁘다?

사람들은 건강을 위해 체중 관리를 할 때 고칼로리 식품을 피해요. 그런데 모든 고칼로리 식품이 건강에 좋지 않은 걸까요? 영양학 전문가들에 따르면 체중 조절 중에도 먹으면 좋은 고칼로리 음식이 있다고 합니다. 건강에 좋은 단백질이나 식이섬유 등이 포함된 음식들은 칼로리가 높아도 적당히 먹으면 오히려 체중 조절에 도움이 된다고 해요. 아보카도는 크기는 작지만 1개당 약 250칼로리인 고칼로리 식품입니다. 그러나 20가지 정도의 비타민과 약 10g의 식이섬유가 들어 있습니다. 식이섬유는 소화가 되지는 않지만 장 안에 있는 유익한 성분들과 함께 작용해 소화를 촉진시켜서 장 건강에 도움을 주는 영양소랍니다. 식이섬유가 많은 식품은 오랫동안 포만감을 주기 때문에 아보카도를 먹으면 배고픔을 덜 느낄 수 있어요. 견과류도 많이 먹으면 살이 찔 수 있지만, 단백질과 식이섬유가 풍부해서 하루 한 줌 정도를 섭취하면 포만감을 주어서 오히려 체중 관리에 도움을 줍니다.

Self-Study 노트

힌트를 참고하여 주어진 문장을 바르게 직독직해 하세요.

be attracted to: ~에 끌리다   high in: ~이 많이 들어 있는

1. Modern people **are** generally **attracted to** high-calorie food / that is also **high in** fat or sugar.

◎ _____

tend to-v: ~하는 경향이 있다   do so: overeat this type of food를 대신함

2. We **tend to overeat** this type of food / because evolution has taught us to **do so** / over thousands of years.

◎ _____

as much as: ~만큼 많이   available: 구할 수 있는

3. So they ate **as much as** they could / when food was **available**.

◎ _____

cause A to-v: A가 ~하게 하다   take in: 섭취하다

4. This **causes** us **to overeat** and **take in** more calories / than we actually need.

◎ _____

what: ~한 것 / once: 한때   lead to: ~에 이르게 하다

5. **What once** helped our ancestors survive / now harms our health, / **leading to** obesity, high blood pressure, and heart disease.

◎ _____

글의 내용에 맞게 다음 보기에서 알맞은 단어를 골라 빈칸에 쓰세요.

보기

evolved	overeat	cravings	need	available

현대인들이 고칼로리 음식에 끌리는 이유

과거	현재
• People didn't have enough food. → They ate as much as they could when food was 1_____. • Hunting and gathering required a lot of calories. • Humans 2_____ to desire high-calorie foods.	• People don't 3_____ to eat as much high-calorie food as they once did. • The human body has the same 4_____ as it did in the past. • People 5_____ and take in more calories than they actually need.

4 Brain Evolution

어휘 듣기

☑ 지문 주요 어휘 학습

experience	통 경험하다 ― 명 경험
peak	명 최고점, 정점
shrink	통 줄어들다 ― shrink-shrank/shrunk-shrunk
mass	명 부피
alert	형 경계하는, 방심하지 않는
attack	통 공격하다
handle	통 처리하다, 다루다
task	명 일, 과업
related to	~과 관련된
protect	통 보호하다
construction	명 건설
grow	통 재배하다
dumb	형 멍청한, 바보 같은
necessarily	부 반드시, 꼭
measure	명 척도 ― 통 측정하다
intelligence	명 지능
wire	통 연결하다
efficiently	부 효율적으로
research	명 연구, 조사
topic	명 주제

비문학 키워드 미리보기

peak | 최고점, 정점

peak는 산의 꼭대기나 정상을 의미하기도 하지만 어떤 것의 최고점, 최대치 혹은 정점이라는 의미도 있습니다. 그래서 '닿다, 이르다'라는 뜻의 동사 reach와 함께 reach its peak라고 쓰이면 최고점이나 정점에 닿았다는 것으로 '최대치에 도달하다, 절정에 이르다'라는 의미가 됩니다.

wire | 연결하다

wire는 명사로 쓰였을 때 '전선'이라는 의미로 쓰입니다. 그리고 동사로는 '연결하다'라는 의미를 가집니다. 전선 같은 것을 연결하거나 어떠한 시스템에 연결하는 등의 상황에서 많이 쓰여요.

• Electricity travels through the **wire**.
  전기는 전선을 통해 이동한다.
• She will **wire** the speakers to the computer.
  그녀는 스피커를 컴퓨터에 연결할 것이다.

읽기 전 ┃ 비문학 사고력 UP

171 words

우리 몸에서 신체의 움직임 및 학습 기능을 모두 담당하는 기관은 무엇일까요?

☐ 심장　　　　☐ 뇌　　　　☐ 간

지문 듣기

#의학 역사

고1 9월 기출 소재

As humans have evolved over millions of years, we have experienced many changes. 우리의 몸은 조상들의 그것들보다 더 작다. So are our brains. The human brain reached its peak in size about 15,000 to 30,000 years ago. Since then it has shrunk in mass by about 10 percent.

One possible reason is that many thousands of years ago, humans lived 5 in a world of dangerous predators, so they had to remain alert to avoid being attacked or killed. Today, we live in a very different environment. We rely on society to handle many of the tasks related to survival. The police protect us, construction companies build our homes, and farmers grow our food. 10

Having smaller brains may not mean that we are dumber, as brain size is not necessarily a measure of human intelligence. But it could mean that our brains today are wired differently and perhaps more efficiently 15 than those of our ancestors. However, there is a lot of research still to be done on this topic.

읽은 후 ┃ 핵심 정리

이 글의 중심 소재로 알맞은 것은 무엇일까요?

☐ human intelligence　　　　☐ human brain size

1 수능 유형

이 글의 제목으로 가장 적절한 것은?

① Brain Size and Intelligence

② What Do Human Brains Actually Do?

③ The Survival Challenges of Our Ancestors

④ Why Did Human Brains Start to Decrease in Size?

⑤ Artificial Intelligence Has Replaced the Human Brain

2 내신 유형

밑줄 친 it has shrunk in mass의 이유로 이 글에서 설명하고 있는 것은?

① 인간의 지능이 점점 낮아져서

② 포식자에 대한 경계를 유지해야 해서

③ 한 번에 여러 가지 일을 해야 해서

④ 생존과 관련된 일을 덜 하게 되어서

⑤ 뇌의 연결 구조가 단순해져서

3 서술형

밑줄 친 우리말과 일치하도록 다음 조건에 맞게 영작하시오.

조건

1. small을 이용할 것   2. 4단어로 쓸 것

Our bodies _____ of our ancestors.

비문학 배경지식 UP

▌머리가 크면 더 똑똑할까?

머리가 크면 더 똑똑하다는 말을 들어본 적 있나요? 즉 뇌가 크면 더 똑똑하다는 말인데 이것은 하나의 가설입니다. 우리의 뇌는 지능뿐만 아니라 기억, 감각, 감정, 행동 등 다양한 신체 활동에 관여하기 때문에 뇌가 크다고 무조건 지능이 높다고 말할 순 없습니다. 또한 뇌의 각 부위들이 얼마나 정교하게 서로 연결되어 있는지, 교육 환경이나 유전적인 환경이 어떠한지 등의 다양한 요소들이 지능에 영향을 끼칩니다. 뇌의 크기와 지능이 완전히 상관이 없는 것은 아니지만, 뇌의 크기가 지능을 결정짓는 유일한 요소는 아니에요. 우리가 천재라고 부르는 물리학자 아인슈타인의 뇌의 크기도 보통 사람들의 뇌 크기와 비슷했다고 해요.

Self-Study 노트

핵심 구문 100% 이해하기 힌트를 참고하여 주어진 문장을 바르게 직독직해 하세요.

as: ~함에 따라   현재완료(계속): have p. p.   현재완료(계속): have p.p.
1. **As** humans **have evolved** over millions of years, / we **have experienced** many changes.

◎ _____

rely on: ~에 의존하다   related to: ~와 관련된
2. We **rely on** society / to handle many of the tasks / **related to** survival.

◎ _____

as: ~ 때문에   not necessarily: 반드시 ~은 아닌
3. Having smaller brains may not mean that we are dumber, / **as** brain size is **not necessarily** a measure of human intelligence.

◎ _____

are wired: 수동태(be동사+p.p.) / wire: 연결하다   비교급+than …: …보다 더 ~한
4. But it could mean / that our brains today **are wired** differently / and perhaps **more** efficiently **than those of** our ancestors.
those of: ~의 그것들

◎ _____

글의 내용 100% 이해하기 글의 내용에 맞게 다음 빈칸을 채우세요.

인간의 뇌 크기의 변화

크기 변화	인간의 뇌는 약 15,000년~30,000년 전에 크기가 최대치였으나, 그 이후로 ¹_____가 약 10% 줄어듦
이유	**과거** 위험한 ²_____의 세계에서 살았기 때문에 경계 상태를 유지해야 했음 ↕ **현재** 과거와 매우 다른 환경 속에 살고 있으며, ³_____과 관련된 많은 일을 ⁴_____에 의존함
크기 변화의 의미	◆ 뇌의 크기가 반드시 ⁵_____의 척도는 아님 ◆ 현대인의 뇌가 우리 조상들과 달리 더 효율적으로 연결되어 있음을 의미할 수 있음

Photo Credits

Memo

Memo

Memo

중학생을 위한 수능 영어의 시작

수능의 시작

중학 비문학 영어독해

완성

미니 단어장

READING

동아출판

수능학 비문학 영어독해 완성

미니 단어장

Reading 1 The Subscription Economy

deliver	동 배송[배달]하다	consumer	명 소비자
sign up for	~에 가입[신청]하다	access	명 접근하다, 이용하다
fixed	형 고정된, 변치 않는	purchase	명동 구매
annual	형 매년의, 1년의	order	명동 주문하다
fee	명 요금	convenient	형 편리한
countless	형 수많은, 셀 수 없이 많은	income	명 수입, 소득
business model	비즈니스[사업] 모델	stable	형 안정적인
subscription	명 구독	predictable	형 예측 가능한
increasingly	부 점점 더	in addition	게다가
technology	명 기술	build relationship with	~와 관계를 쌓다
provide	동 제공하다	customer	명 고객, 손님
regular	형 정기적인, 규칙적인	personalized	형 (개인) 맞춤형의
benefit	명 혜택	experience	명 경험
both A and B	A와 B 둘 다		

Memo

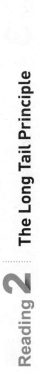

Reading **2** | The Long Tail Principle

try to-v	~하려고 노력하다	e-commerce	명 전자 상거래
focus on	~에 집중하다, 초점을 맞추다	physical	형 물리적인
A rather than B	B라기보다는 (오히려) A	limit	명 제약, 제한
add up to	합계가(총) ~이 되다	profit	명 이익, 수익
tail	명 꼬리	a large number of	다수의
principle	명 법칙(원칙), 원리	sales	명 매출
strategy	명 전략	represent	동 보여주다
based on	~에 근거한	demand	명 수요
concept	명 개념	make up	(모여서) ~을 이루다, 형성하다
limited	형 한정된, 제한된	significant	형 상당한
shelf	명 진열(대)	portion	명 부분, 일부
space	명 공간	overall	형 전체의, 총
development	명 발달, 발전		

Memo

Reading 3 : Veblen Goods

according to	전 ~에 따르면	be willing to-v	기꺼이 ~하다
go up	동 올라가다	quality	명 품질, 질
tend to-v	~하는 경향이 있다	wealth	명 부(富)
go down	동 내려가다	noticeably	부 눈에 띄게, 현저히
goods	명 상품, 재화(財貨)	similar	형 비슷한
follow	동 따르다	cheap	형 저렴한
be named after	~의 이름을 따다	stop v-ing	~하는 것을 중단하다(멈추다)
economist	명 경제학자	behavior	명 행동
theory	명 이론	expensive	형 비싼
signal	동 나타내다	luxury	명 고급의, 사치의
status	명 (사회적) 지위	fall	동 감소하다

Reading 4 : Brain Evolution

experience	동 경험하다	construction	명 건설
peak	명 최고점, 정점	grow	동 재배하다
shrink	동 줄어들다	dumb	형 멍청한, 바보 같은
mass	명 부피	necessarily	부 반드시, 꼭
alert	형 경계하는, 방심하지 않는	measure	동 측정
attack	동 공격하다	intelligence	명 지능
handle	동 다루다, 처리하다	wire	동 연결하다
task	명 일, 과업	efficiently	부 효율적으로
related to	~와 관련된	research	명 연구, 조사
protect	동 보호하다	topic	명 주제

Reading 3 ⋮ Food Cravings

generally	부 일반적으로
	동 진화하다
evolve	
be attracted to	~에 끌리다
	동 열망하다, 열망하다
desire	
high-calorie	형 고칼로리의, 고열량의
	형 풍부한
plenty of	
	부 불행하게도, 유감스럽게도
unfortunately	
high in	~이 많이 들어 있는
	명 갈망, 욕구
craving	
fat	명 지방
	동 A가 ~하게 하다[야기하다]
cause A to-v	
tend to-v	~하는 경향이 있다
	동 과식하다
take in	동 섭취하다
	명 진화
evolution	
once	부 한때, 언젠가
	명 조상
ancestor	
available	형 구할 수 있는
	동 생존하다
hunt	동 사냥하다
	명 비만
gather	동 채집하다
obesity	명 비만

Reading 4 ⋮ Sin Taxes

tax	명 세금
	동 세금을 부과하다
	명 담배
tobacco	
avoid	동 (회)피하다
	명 술
alcohol	
government	명 정부
	명 카지노, 도박장
casino	
public service	(교통·보건 등의) 공공 서비스
	동 목표하다
aim	
debate	동 논쟁하다, 토론하다
	형 해로운
harmful	
fair	형 공정한
	명 기관, 조직
organization	
wonder	동 궁금해하다
	형 설탕이 든
sugary	
impact	명 영향
	명 비만
obesity	
the rich	부유한 사람들(부자)
	탄소 배출
carbon emission	
reflect	동 ~을 반영하다
	(속도·진행을) 늦추다
slow down	
judgment	명 판단
	기후 변화
climate change	
activity	명 활동
	동 늘리다
raise	
encourage	동 권장(장려)하다
	~하려고 의도하다
intend to-v	
explicit	형 명백한, 분명한

Reading 1 : Land on the Move

take a moment	(잠시) 시간을 내다
still	형 가만히 있는, 정지한
probably	부 아마(도)
be composed of	~로 이루어져 있다 (구성되다)
layer	명 층, 겹
crust	명 지각
divide A into B	동 A를 B로 나누다
float	동 뜨다, 떠가다
thick	형 두꺼운
liquid-like	형 액체 같은
rock	명 암석
continent	명 대륙

be located on	형 ~에 위치하다
major	형 주요한
form	동 형성하다
connect	동 연결하다
bump into	~와 부딪히다
slide past	(~을) 미끄러지며 지나가다
lead to	~로 이어지다
natural disaster	자연재해
volcanic eruption	화산 폭발
earthquake	명 지진
notice	동 알아채다
surface	명 표면, 지면

Reading 2 : CPR

first-aid	형 응급 처치의
save	동 (목숨을) 구하다
beat	동 (심장이) 뛰다
chest compression	흉부 압박
mouth-to-mouth	형 (인공호흡) 구강 대 구강의
breathing	명 호흡
oxygen	명 산소
restore	동 회복시키다
date back to	(시기 등이) ~까지 거슬러 올라가다
revive	동 되살리다, 회복시키다
drown	동 물에 빠지다

attempt	명 시도
initially	부 처음에(는)
massage	동 마사지하다
press on	~에 압박을 가하다, ~을 누르다
effective	형 효과적인
combine A and B	A와 B를 결합시키다
guideline	명 지침
recommendation	명 권고
medical institution	의료기관
widespread	형 널리 퍼진, 광범위한
knowledge	명 지식

Reading 1 ···· Organs-on-Chips

organ	명 (인체 내의) 장기(기관)	predict	동 예측하다
microchip	명 마이크로칩	influence	명 영향
cell	명 세포	accurate	형 정확한
circuit	명 (전기) 회로	suggest	동 제시하다, 제안하다
simulate	동 모의실험하다, 시뮬레이션하다	treatment	명 치료법, 치료 약
react	동 반응하다	disease	명 질병
groundbreaking	형 획기적인	patient	명 환자
replace	동 대체하다	succeed in	~에 성공하다
drug	명 약물, 의약품	include	동 포함하다
unethical	형 비윤리적인	multiple	형 많은, 다수의
accurately	부 정확하게		

Reading 2 ···· Space Telescope

telescope	명 망원경	mystery	명 신비, 미스터리
discovery	명 발견	dust	명 먼지
related to	~과 관련된	coat	동 씌우다, 덮다
powerful	형 강력한	reflect	동 반사하다
launch	동 발사하다	efficient	형 효율적인
story	명 (건물의) 층	observe	동 관측하다
separate	형 별개의	distant	형 (거리가) 먼
a large amount of	많은 양의	origin	명 기원, 근원
capture	동 포착하다	formation	명 형성 (과정)
infrared light	적외선	galaxy	명 은하(계)
object	명 물체, 물건	existence	명 존재, 실재
discover	동 발견하다	planet	명 행성
hidden	형 숨겨진, 숨은	solar system	태양계

UNIT 5

Reading 3 · Frozen Gas

package	통 포장하다	lack	통 부족하다, ~이 없다
unique	형 독특한, 특이한	concentrate	통 모이다; 농축시키다
substance	명 물질	normal	형 보통의, 일반적인
frozen	형 얼은, 냉동된	contain	통 포함하다, 들어있다
carbon dioxide(CO_2)	이산화탄소	toxic	형 유독한
regular	형 일반적인, 보통의	deal with	~을 다루다, 처리하다
melt into	~로 녹다	make sure	~을 확인하다, ~을 확실하게 하다
go through	통 (과정 등을) 거치다	available	형 이용할 수 있는
process	명 과정	store	통 보관하다
turn into	~로 변하다	sealed	형 밀봉된
directly	부 바로, 즉시; 직접	build up	(압력·긴장 등을) 높이다, 올리다
temperature	명 온도	pressure	명 압력
damage	통 손상(손해)을 입히다	explode	통 폭발하다
enclosed	형 밀폐된, 닫힌		

Reading 4 · Social Proof

social	형 사회적인, 사회의	controversial	형 논란이 있는
influence	통 영향을 주다	receive	통 받다, 받아들이다
accept	통 받아들이다	consider	통 ~로 여기다(생각하다)
be known as	~로 알려져 있다	believable	형 신뢰할 수 있는
proof	명 증거, 증명	recommend	통 추천하다
phenomenon	명 현상	be likely to-v	~할 가능성이 있다
frequently	부 자주, 빈번히	have trust in	~을 신뢰(신임)하다
trust	통 신뢰하다 명 신뢰, 신임	go viral	입소문이 나다
peer pressure	또래 압력		

Reading 3 Patents

invention	평명 발명(품)
apply for	~을 신청하다, ~에 지원하다
patent	평명 특허(권)
sue	통 고소하다
obtain	통 얻다, 획득하다
intellectual property	지적 재산
exclusive	형명 독점적인
pursue	통 추구하다
eventually	부 결국, 마침내
defend	통 방어하다, 지키다
promote	통 촉진하다
biotechnology	평명 생명공학
step in	개입하다
innovation	평명 (기술) 혁신
legal	형 법의, 법률과 관련된
firm	평명 기업, 회사
battle	평명 싸움
prevent A from v-ing	A가 ~하는 것을 막다
competitor	평명 경쟁자

Reading 4 Smartwatches and Health

heart rate	심박(동)수
health indicator	건강 지표
monitor	통 모니터링하다, 추적 관찰하다
in real time	실시간으로, 동시에
shine	통 비추다
absorb	통 흡수하다
light sensor	광 센서
send out	보내다
pass through	~을 통과하다
reach	통 도달하다, ~에 이르다
blood vessel	혈관
pump	통 펌프 작용을 하다, 퍼 올리다
flow	통 흐르다
measure	통 측정하다, 재다
unfortunately	부 안타깝게도, 불행하게도
limitation	평 (능력 등의) 한계
obesity	평 비만
affect	통 영향을 미치다
reflection	평 반사
inaccurate	형 부정확한, 오류가 있는
result	평 결과
nevertheless	부 그럼에도 불구하고
maintain	통 유지하다

Reading 1 ······· Streaming Services

method	명 방법	a variety of	다양한
transmit	동 전송하다	explore	동 탐색하다
continuous	형 연속적인, 계속 이어지는	interest	동 흥미를 일으키게 하다
consume	동 소비하다	waste time v-ing	~하는 데 시간을 낭비하다
transfer	동 전송하다	recommendation	명 추천
entire	형 전체의	significant	형 중요한
beforehand	부 미리, 사전에	source	명 원천, 근원
streaming service	스트리밍 서비스	entertainment	명 (영화·음악 등의) 오락(물)
advantage	명 장점, 이점	continue to-v	계속해서 ~하다
convenience	명 편리함	shape	동 (모양을) 형성하다
connection	명 연결	transform	동 변화시키다
specific	형 특정한		

Reading 2 ······· Filibusters

democratic	형 민주주의의, 민주적인	permit	동 허용하다
decision	명 의사결정	demand	동 요구하다
majority	형 다수의 명 다수	endless	형 끝이 없는
vote	동 투표	debate	명 토론, 논쟁
when it comes to v-ing	(~하는 것에) 관해서는(대해서)	remain	동 계속 ~이다
pass a law	법을 통과시키다	violate	동 위반하다
party	명 정당	make a remark	발언하다
public interest	공익	insulting	형 모욕적인
minority	명 소수	occur	동 일어나다, 발생하다
filibuster	명 필리버스터, 의사 진행 방해 동 의사 진행을 방해하다	record	동 기록하다
delay	동 지연시키다, 미루다	perform	동 행하다, 실시하다
progress	명 진행	last	동 계속되다, 지속되다
bill	명 법안		

Reading 1 The Scramble for Africa

Word	Meaning	Word	Meaning
border	[명] 국경(선)	expand	[동] 확장(확대)하다
scramble	[명] 쟁탈(전)	empire	[명] 제국
period	[명] 시기, 기간	fierce	[형] 치열한, 맹렬한
race	[동] 경쟁하다, 경주하다	competition	[명] 경쟁
take control of	~을 장악[지배]하다	representative	[명] 대표(자)
resource	[명] 자원	continent	[명] 대륙
imperialism	[명] 제국주의	significantly	[부] 상당히, 크게
policy	[명] 정책	ethnic	[형] 민족의, 종족의
dominate	[동] 지배하다	suffer	[동] (고통을) 겪다
gain	[명] 이익	religious	[형] 종교의, 종교상의
intense	[형] 극심한, 강렬한	conflict	[명] 갈등, 충돌
opportunity	[명] 기회		

Reading 2 News Embargoes

Word	Meaning	Word	Meaning
journalism	[명] 저널리즘	expose	[동] 노출시키다, 드러내다
news embargo	뉴스 엠바고	enemy	[명] 적
source	[명] (뉴스의) 정보원; (자료의) 출처	prevent A from v-ing	A가 ~하는 것을 막다 (방지하다)
news organization	언론사, 뉴스 조직	sensitive	[형] 민감한
agree to-v	~하는 것에 동의하다	individual	[명] 개인
release	[동] (대중들에게) 공개하다, 발표하다	victim	[명] 피해자, 희생자
apply	[동] 적용하다	ongoing	[형] 진행 중인
impose	[동] 시행하다	investigation	[명] 수사, 조사
security	[명] 안보, 안전	request	[동] 요청하다
national	[형] 국가의	spoiler	[명] 스포일러
crisis	[명] 위기	potential	[형] 잠재적인, ~할 가능성이 있는
military	[형] 군사의, 무력의	impact	[동] 영향을 주다
strategic	[형] 전략적인	receive	[동] 받다

Reading 3 — The Right to Be Forgotten

단어	뜻	단어	뜻
including	전 ~을 포함하여	dignity	명 존엄성
comment	명 의견	no longer	더 이상 ~가 아닌
personal information	개인 정보	wish to-v	~하기를 바라다
post	동 게시하다 명 게시물	outdated	형 구식의
spread	동 퍼지다	in response to	~에 대응하여
delete	동 삭제하다	concern	명 우려, 걱정
remain	동 (없어지지 않고) 남다	put into practice	실행하다
concept	명 개념	cover	동 포함시키다
removal	명 삭제	guarantee	동 보장하다
search engine	검색 엔진	interest	명 이익
privacy	명 사생활, 프라이버시	tricky	형 까다로운, 다루기 힘든

Reading 4 — Greenwashing

단어	뜻	단어	뜻
environmentally	부 환경적으로	laundry detergent	세탁용 세제
friendly	형 친화적인	household cleaner	가정용 세제
advertise	동 광고하다	common	형 흔한
regulation	명 규정, 규제	organic	형 유기농의
require	동 요구하다, 필요하다	plant-based	형 식물성의, 식물 위주의
law	명 법	ingredient	명 재료, 성분
label	동 라벨(상표를) 붙이다	synthetic	형 인공의
exaggerate	동 과장하다	fragrance	명 향, 향기
claim	명 주장	care about	~에 관심을 가지다
chemical-free	형 화학 성분이 없는	in the short term	단기적으로
vague	형 모호한	deceive	동 속이다, 기만하다
prove	동 증명(입증)하다		

Reading 3 | Deep-Sea Animals

marine species	해양 종	
shade	명 색조, 색이 농도	
glow	통 빛나다	
above	전 ~보다 위쪽에	
mate	명 짝(한) 쌍의 한쪽	
shadow	명 그림자	
attract	통 유인하다	
silhouette	명 실루엣, (검은) 윤곽	
prey	명 먹이	
invisible	형 (눈에) 보이지 않는	
predator	명 포식자, 포식 동물	
worm	명 벌레	
suddenly	부 갑자기	
detach	통 떼다, 분리하다	
flashlight	명 손전등	
reptile	명 파충류	
blind	통 (잠시) 앞이 안 보이게 만들다	
flee	통 도망치다, 달아나다	
escape	통 도망가다, 탈출하다	
distract	통 (주의를) 산만하게 하다	

Reading 4 | Misinformation

spend time v-ing	~하면서 시간을 보내다	solution	명 해결책
interact	통 상호작용하다, 교류하다	play a role in	~에서 역할을 하다
necessarily	부 반드시	block	통 차단하다, 막다
critical	형 중요한, 중대한	take responsibility for	~을 책임지다
analyze	통 분석하다	threat	명 위협
be fooled by	~에 속다	critically	부 비판적으로
misinformation	명 잘못된 정보	evaluate	통 평가하다
weakness	명 약점	distinguish A from B	A와 B를 구별하다
literacy	명 문해력	reliable	형 신뢰할 수 있는
determine	통 결정하다	furthermore	부 뿐만 아니라, 더욱이
reliability	명 신뢰도, 신뢰성	accept	통 받아들이다

Reading 1 The Pompidou Center

located in	~에 위치한
be known for	~로 유명하다
architectural	웹 건축학의
impressive	웹 인상적인, 인상 깊은
feature	웹 특징 / 통 특징을 이루다
exterior	웹 외부 / 웹 외부의
inside-out	웹 (안쪽이) 바깥, 거꾸로
steel frame	철골
mechanical system	기계 설비
represent	통 표시(표현)하다, 나타내다
bold	웹 (색깔이) 선명한
electricity	웹 전기
transportation	웹 이동 수단, 수송

a series of	일련의
known as	~로 알려진
interior	웹 내부
ceiling	웹 천장
unlimited	웹 제한이 없는
display	통 전시하다
sculpture	웹 조각(품)
installation	웹 설치 미술
reaction	웹 반응
recognize	통 인식하다, 알아보다
iconic	웹 상징적인, 아이콘이 되는
landmark	웹 랜드마크

Reading 2 Copying Behavior

ecologist	웹 생태학자
observe	통 관찰하다
copy	통 모방하다
behavioral	웹 행동의
survival	웹 생존
threaten	통 위협하다
be introduced to	(동물·질병 등이) ~에 전해지다(들어오다)
come up with	~을 생각해 내다
make use of	~을 이용하다
instinct	웹 본능

imitate	통 모방하다, 흉내 내다
harm	통 해를 끼치다
nauseous	웹 메스꺼운, 약겨운
stay away	멀리하다, 거리를 두다
release	통 방출하다, 풀어주다
the wild	(야생 상태의) 자연
offspring	웹 (사람·동물의) 자손, 자식
hazardous	웹 위험한
species	웹 (분류상의) 종
chance	웹 가능성

Reading 1   Nuclear Energy

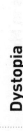

invest in	~에 투자하다
renewable energy	재생 가능 에너지
rely on	~에 의존하다
fossil fuel	화석연료
nuclear energy	원자력, 핵에너지
regard A as B	A를 B로 여기다
option	명 선택(권)
alternative to	~에 대한 대안
nuclear power plant	원자력 발전소
produce	동 만들어 내다, 생산하다
greenhouse gas	온실가스
operation	명 작동, 가동
cut down	줄이다

emission	명 (빛, 열 등의) 배출, 방출
warn	동 경고하다
nuclear waste	핵폐기물
poisonous	형 독성의
chemical	명 화학 물질
material	명 물질
be concerned about	~에 대해 걱정(우려)하다
explosion	명 폭발
extremely	부 극히, 극도로
be unlikely to-v	~할 가능성이 낮다
consequence	명 결과
risk	명 위험 (요소)

Reading 2   Dystopia

dystopia	명 디스토피아
novel	명 소설
condition	명 조건, 상태
miserable	형 비참한
utopia	명 유토피아
exist	동 존재하다
imperfect	형 불완전한
opposite	명 반대
fiction	명 소설
face	동 직면하다; 직시하다
disastrous	형 비참한
environmental	형 환경의

destruction	명 파괴
citizen	명 시민
society	명 사회
strict	형 엄격한
restricted	형 제한된, 제약을 받는
main character	주인공
question	동 의문을 갖다
political	형 정치의, 정치적인
struggle	동 고군분투하다; 투쟁(분투)하다
currently	부 현재, 지금
serve as	~의 역할을 하다
warning	명 경고

Reading 3 | Subtitles in Movies

most of the time	대부분의 경우에, 대개	viewpoint	명 관점, 시각
foreign language	외국어	particular	형 특정한, 특별한
subtitle	명 자막 통 자막을 달다	disconnected	형 단절된, 동떨어진
translate	통 번역하다	absence	명 부재
dialogue	명 대화	confusion	명 혼란, 혼동
viewer	명 관객, 시청자	disconnection	명 단절, 분리
occasion	명 경우, 때	plot	명 (소설·극·영화 등의) 구성(플롯)
as a result	결과적으로	perspective	명 관점, 시각
audience	명 관객	empathize	통 공감하다
director	명 감독		

Reading 4 | Algorithms

algorithm	명 (컴퓨터) 알고리즘	rarely	부 거의 ~하지 않는
introduce A to B	A를 B에게 소개하다	taste	명 취향, 좋아함
by oneself	혼자의 힘으로, 혼자서	rate	통 평가하다
recommend	통 추천하다	vary	통 다르다
based on	~에 기반하여(근거한)	depending on	~에 따라
characteristic	명 특징	factor	명 요인
preference	명 선호(도)	complex	형 복잡한
repeat	통 반복하다	work	통 (기계·장치 등이) 작동되다, 기능하다
end up v-ing	결국 ~하게 되다	a variety of	다양한, 여러 가지의

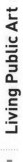

Reading 4 | Living Public Art

fancy	형 화려한, 고급의	traditional	형 전통적인
high-rise	명 고층 건물	plant	통 (나무 등을) 심다
financial	형 금융의	wheat	명 밀
headquarter	명 본부, 본사	work of art	예술품, 미술품
tourist attraction	관광 명소	volunteer	명 자원봉사자
area	명 지역; 면적	be filled with	~로 가득 차다
landfill	명 쓰레기 매립지	farm	통 농사를 짓다
temporarily	부 일시적으로, 임시로	harvest	통 수확하다
return	통 되돌려 놓다	food bank	푸드 뱅크
public	형 공공의, 대중의	nourish	통 영양분을 주다, 기르다
piece	명 (작품 등이) 하나, 한 점	mind	명 정신, 마음
concept	명 콘셉트		

Reading 3 | Jennifer's Instructions

take away	통 ~을 (남에게서) 빼앗다	chunk	명 덩어리, 양
judgment	명 판단	minimize	통 최소화하다
warehouse	명 창고	error	명 오류, 실수
be busy v-ing	~하느라 바쁘다	maximize	통 극대화하다, 최대로 활용하다
get off	(물건 등을) 내리다	productivity	명 생산성
pack	통 포장하다; 짐을 싸다	pick up	(물건 등을) 집다, 들다
ship	통 배송하다	copy	명 (책·신문 등의) 권, 부
earpiece	명 수화기	take over	떠맡다
detailed	형 자세한	thought process	사고 과정
instruction	명 지시	treat A as B	A를 B로 취급하다
break down into	~로 나누다, ~로 분해하다	labor	명 노동력, 노동자
tiny	형 아주 작은		

UNIT 5

Reading 1 · Financial Technology

단어	뜻	단어	뜻
bank account	은행 계좌	coupon	명 쿠폰, 할인권
transfer	동 옮기다, 나르다	identification card	신분증
nowadays	부 요즘에는	plane ticket	항공권
technological	형 기술적인	separately	부 따로따로, 별도로
save	동 절약하다, 아끼다	inconvenience	명 불편함
digital bank	디지털 은행	manage	동 관리하다
branch	명 지점, 분점	expense	명 지출, 비용
mobile banking	모바일 뱅킹	figure out	파악하다, 이해하다
payment	명 결제, 지불	status	명 상태, 상황
digital wallet	디지털 지갑	wisely	부 현명하게
membership card	멤버십 카드, 회원증		

Reading 2 · Digital Forensics

단어	뜻	단어	뜻
evidence	명 증거	uncover	동 (비밀을) 밝혀내다, 알아내다
crime	명 범죄	examine	동 조사하다
scene	명 현장, 장면	browse	동 (정보를) 검색하다
gather	동 수집하다, 모으다	recover	동 복구하다
forensics	명 과학 수사, 포렌식	case	명 (경찰 등의) 관여하는 사건
solve	동 해결하다, 풀다	investigator	명 수사관
clue	명 단서	restore	동 복구하다
crucial	형 중요한	reveal	동 밝혀내다, 드러내다
involve	동 포함하다	communicate	동 (정보 등을) 전달하다
electronic device	전자 기기	essential	형 이주 중요한, 필수적인
process	명 과정, 절차 동 처리하다	tool	명 도구
expert	명 전문가		

시험에 더 강해진다!

보카클리어 시리즈

동아출판

하루 25개 40일, 중학 필수 어휘 끝!

중등 시리즈

중학 기본편 | 예비중~중학 1학년
중학 기본+필수 어휘 1000개

중학 실력편 | 중학 2~3학년
중학 핵심 어휘 1000개

중학 완성편 | 중학 3학년~예비고
중학+예비 고등 어휘 1000개

자세한 우리말 풀이로
혼자서도 쉽게!

고교필수·수능 어휘 완벽 마스터!

고등 시리즈

고교필수편 | 고등 1~2학년
고교 필수 어휘 1600개
하루 40개, 40일 완성

수능편 | 고등 2~3학년
수능 핵심 어휘 2000개
하루 40개, 50일 완성

시험에 꼭 나오는
유의어, 반의어, 숙어가 한 눈에!

동아출판

중학 **비문학**
영어 독해

완성

ANSWERS

동아출판

수능시작

중학 비문학
영어 독해
완성

ANSWERS

정답 확인

■ 읽기 전 **비문학 사고력 UP** 별도 정답 없음
■ 읽은 후 **핵심 정리** subscription, economy

본문 해석

❶많은 사람들이 책 읽기를 즐긴다. ❷하지만 그들 중 일부는 서점에 가거나 신간이 배송되기를 기다리는 것을 원하지 않는다. ❸그래서 그들은 전자책 서비스에 가입한다. ❹고정된 월별 또는 연간 요금을 지불함으로써 그들은 온라인에서 수많은 책을 읽을 수 있다. ❺이런 종류의 사업 모델은 '구독 경제'의 일부이다. ❻구독 경제는 디지털 기술로 인해 점점 더 인기가 많아졌다. ❼넷플릭스와 같은 스트리밍 서비스, 스포티파이와 같은 음악 앱, 헬로프레시와 같은 음식 배달 서비스는 모두 정기적인 요금으로 제품이나 서비스를 제공한다.

❽구독 경제는 소비자와 기업 둘 다에게 혜택을 제공한다. ❾그것은 소비자가 일회성 구매보다 더 저렴한 가격으로 제품과 서비스에 접근할 수 있게 해준다. ❿또한, 그들은 제품이나 서비스를 반복해서 주문할 필요가 없어서, 더욱 편리하다. ⓫기업의 경우, 구독 모델을 사용할 때 수입이 더 안정적이고 예측 가능하다. ⓬게다가, 이 기업들은 개인 맞춤형 경험을 제공함으로써 고객과 더욱 강력한 관계를 쌓을 수 있다.

직독직해

❶Many people enjoy reading books. ❷But some of them don't want
많은 사람들이 책 읽는 것을 즐긴다 　　　　　하지만 그들 중 일부는 서점에 가는 것을
to go to a bookstore / or wait for new books to be delivered. ❸So they
원하지 않는다 　　　　또는 신간이 배송되기를 기다리는 것을 　　　그래서 그들은
sign up for / e-book services. ❹By paying a fixed monthly or annual fee,
가입한다 　전자책 서비스에 　　　고정된 월별 또는 연간 요금을 지불함으로써
/ they can read countless books online. ❺This kind of business model /
　그들은 온라인에서 수많은 책을 읽을 수 있다 　　　이런 종류의 사업 모델은
is part of the "subscription economy."
'구독 경제'의 일부이다

　❻The subscription economy has become increasingly popular / due to
　구독 경제는 점점 더 인기가 많아졌다
digital technologies. ❼Streaming services such as Netflix, / music apps
디지털 기술로 인해 　　　넷플릭스와 같은 스트리밍 서비스 　　　스포티파이와
such as Spotify, / and food delivery services such as HelloFresh all /
같은 음악 앱 　　　그리고 헬로프레시와 같은 음식 배달 서비스는 모두
provide products or services / for a regular fee.
제품이나 서비스를 제공한다 　　　정기적인 요금으로

　❽The subscription economy offers benefits / to both consumers and
　구독 경제는 혜택을 제공한다 　　　　소비자와 기업 둘 다에게
businesses. ❾It allows consumers to access / products and services / at
　　　그것은 소비자가 접근할 수 있게 해준다 　제품과 서비스에
a lower cost than a one-time purchase. ❿Also, / they don't have to order
일회성 구매보다 더 저렴한 가격으로 　　　또한 　그들은 제품이나 서비스를
the products or services again and again, / so it is more convenient.
반복해서 주문할 필요가 없다 　　　그래서 그것은 더욱 편리하다
⓫As for businesses, / their income is more stable and predictable / when
기업의 경우 　　　수입이 더 안정적이고 예측 가능하다
they use the subscription model. ⓬In addition, / these companies can
그들이 구독 모델을 사용할 때 　　게다가 　이 기업들은
build stronger relationships with customers / by offering personalized
고객과 더욱 강력한 관계를 쌓을 수 있다 　　　개인 맞춤형 경험을 제공함으로써
experiences.

구문 해설

❶ enjoy v-ing: ~하는 것을 즐기다 (동사 enjoy는 동명사만을 목적어로 취함)

❷ ... don't want <u>to go</u> to a bookstore *or* <u>wait</u> for new books to be delivered.
　◆ want의 목적어인 to ~ bookstore와 (to) wait ~ delivered가 접속사 or로 연결되는 병렬 구조
　◆ wait for A to-v: A가 ~하기를 기다리다

❸ sign up for: ~에 가입(신청)하다

❹ by v-ing: ~함으로써

❻ ◆ has become은 〈계속〉을 나타내는 현재완료(have + p.p.)
　◆ due to: ~로 인해, ~ 때문에

문제 해설

1 이 글을 통해 답할 수 <u>없는</u> 질문은?

① What is the subscription economy? 구독 경제란 무엇인가? / ④, ⑤번 문장

✓② How big is the subscription economy? 구독 경제는 얼마나 큰가?

③ What are examples of the subscription economy?
구독 경제의 예로는 어떤 것이 있나? / ⑦번 문장

④ Why has the subscription model become popular?
구독 모델이 인기를 얻은 이유는 무엇인가? / ⑥번 문장

⑤ What are the benefits of the subscription economy?
구독 경제의 혜택은 무엇인가? / ⑧~⑫번 문장

1 ②구독 경제 시장의 규모가 어느 정도인지에 대해서는 이 글에서 언급되지 않았다.

2 구독 경제에 관한 설명 중 이 글의 내용과 일치하지 <u>않는</u> 것은?

소비자
① 일회성 구매보다 저렴하게 이용 가능하다. ⑨번 문장
② 매번 주문할 필요가 없다. ⑩번 문장

기업
✓③ 연간 수입을 예측하기 어렵다.
④ 고객과의 관계를 강화할 수 있다. ⑫번 문장
⑤ 개인별 맞춤 서비스를 제공한다. ⑫번 문장

2 구독 경제에서는 월별, 또는 연간으로 고정된 요금을 낸다고 했고, 이런 특징으로 인해 기업이 구독 모델을 사용할 때 수입이 더 안정적이고 예측 가능하다고 했으므로, ③은 이 글의 내용과 일치하지 않는다.

3 빈칸에 알맞은 말을 이 글에서 찾아 요약문을 완성하시오.

> The subscription economy, which offers products or services at a fixed (1) ____fee/cost____, offers benefits to both consumers and businesses. This business model has become popular thanks to (2) ____digital____ ____technology____.

고정된 (1) 요금으로 제품이나 서비스를 제공하는 구독 경제는 소비자와 기업 모두에게 혜택을 준다. 이 사업 모델은 (2) 디지털 기술 덕분에 인기 있게 되었다.

3 이 글은 고정된 월별 혹은 연간 요금으로 제품이나 서비스를 제공하는 구독 경제와 이 사업 모델이 소비자와 기업에게 주는 혜택을 설명하고 있다.

(13)

❼ Streaming services [such as Netflix], music apps [such as Spotify], *and* food delivery services [such as HelloFresh] all provide products or services for a regular fee.
  ◆ Streaming ~ HelloFresh가 주어, provide가 동사, [ ]는 모두 앞의 명사구를 수식
  ◆ 3가지 이상의 나열: A, B, and C의 형태

❽ ◆ offer A to B: B에게 A를 제공하다
  ◆ both A and B: A와 B 둘 다

❾ ◆ allow A to-v: A가 ~하게 하다
  ◆ 비교급 + than ... : …보다 더 ~한

❿ as for: ~의 경우, ~에 관해 말하자면

정답 확인

■ **읽기 전 비문학 사고력 UP** 별도 정답 없음

■ **읽은 후 핵심 정리** The principle got its name from the graph of sales profits, which looks like it has a long tail.

본문 해석

❶ 기업이 제품을 판매하려고 할 때, 대부분은 덜 인기 있는 제품보다는 인기 있는 제품에 집중한다. ❷ 하지만 작은 것들이 모이면, 그것들은 합쳐져서 어떤 큰 것이 될 수 있다. ❸ 롱테일 법칙은 이러한 개념을 근거로 한 사업 전략이다.

❹ 과거에는 매장 내 한정된 진열 공간 때문에 판매자들은 소수의 인기 있는 제품에 집중해야 했다. ❺ 그러나 인터넷과 전자 상거래의 발달로 아마존과 같은 대형 온라인 상점은 이제 물리적인 제약 없이 매우 다양한 제품을 제공할 수 있다. ❻ 그래서 소비자들은 덜 인기 있는 제품을 쉽게 구입할 수 있다. ❼ 기업의 경우, 덜 인기 있는 다수의 제품에서 얻는 이익은 소수의 인기 있는 제품에서 얻는 이익만큼 중요해질 수 있다.

❽ 이 법칙은 매출 이익 그래프에서 이름을 얻었는데, 그 그래프는 긴 꼬리를 가지고 있는 것처럼 보인다. ❾ 긴 꼬리는 다수의 덜 인기 있는 제품에 대한 더 낮은 수요를 보여준다. ❿ 그것은 그들 각각이 창출하는 이익이 크지 않지만, 합치면 그것들은 전체 매출에서 상당한 부분을 이룬다는 것을 보여준다.

직독직해

❶ When companies try to sell products, / most focus on the popular
기업이 제품을 판매하려고 할 때   대부분은 인기 있는 제품에 집중한다
ones / rather than the less popular ones. ❷ But when small things come
덜 인기 있는 제품보다는   하지만 작은 것들이 모이면
together, / they can add up to something big. ❸ The long tail principle /
그것들은 합쳐져서 어떤 큰 것이 될 수 있다   롱테일 법칙은
is a business strategy / based on this concept.
사업 전략이다   이러한 개념을 근거로 한

❹ In the past, / sellers had to focus on a few popular items / ⓐ because
과거에는   판매자들은 소수의 인기 있는 제품에 집중해야 했다
of the limited shelf space in shops. ❺ However, / with the development
매장 내 한정된 진열 공간 때문에   그러나   인터넷과 전자 상거래의 발달로
of the Internet and e-commerce, / huge online stores like Amazon can
아마존과 같은 대형 온라인 상점은 이제 제공할 수 있다
now offer / a wide variety of items / without any physical limits. ❻ So
매우 다양한 제품을   물리적인 제약 없이
consumers can easily buy / less popular items. ❼ For businesses, / the
그래서 소비자들은 쉽게 구입할 수 있다   덜 인기 있는 제품을   기업의 경우
profits from a large number of less popular items / can become as
덜 인기 있는 다수의 제품에서 얻은 이익은   이익만큼 중요해질 수
important as the profits / from a few popular ones.
있다   소수의 인기 있는 제품에서 얻은

❽ The principle got its name / from the graph of sales profits, / which
이 법칙은 이름을 얻었다   매출 이익 그래프에서   그리고 그것은
ⓑ looks like it has a long tail. ❾ The long tail represents / the lower
긴 꼬리를 가지고 있는 것처럼 보인다   긴 꼬리는 보여준다   더 낮은 수요를
demand / for many less popular items. ❿ It shows that / the profit each
다수의 덜 인기 있는 제품에 대한   그것은 ~을 보여준다 그들 각각이 창출하는
of them ⓒ creates is not huge, / but together they make up / a significant
이익은 크지 않지만   합치면 그것들은 이룬다   전체 매출에서
portion of overall sales.
상당한 부분을

(16)

구문 해설

❶ ◆ try to-v: ~하려고 (노력)하다

◆ focus on: ~에 집중하다

◆ ones가 가리키는 것은 앞에 나온 products

◆ rather than: ~보다는

❷ add up to: 합계가(총) ~이 되다

❸ The long tail principle is a business strategy [based on this concept].

◆ [ ]는 a business strategy를 수식하는 과거분사구 (= which is based ...)

❹ ◆ a few + 셀 수 있는 명사   cf. a little + 셀 수 없는 명사

◆ because of + 명사(구): ~ 때문에   cf. because + 절: ~ 때문에

Self-Study 노트 핵심 구문 100% 이해하기 | 직독직해 **1**, **5**, **7**, **8**번 문장

글의 내용 100% 이해하기 | 1. 전자 상거래 2. 물리적 3. 소비자 4. 전체 5. 중요

문제 해설

1 이 글의 제목으로 가장 적절한 것은?

① Why Are Online Stores Popular? 온라인 상점이 왜 인기 있는가?

② The Origin of the Long Tail Principle 롱테일 법칙의 기원

③ The Advantages of Selling Popular Items Only 인기 있는 제품만 판매하는 것의 장점

④ What Makes Consumers Buy Less Popular Items?
무엇이 소비자가 덜 인기 있는 제품을 사게 만드는가?

✓⑤ The Long Tail Principle: The Importance of Less Popular Items
롱테일 법칙: 덜 인기 있는 제품의 중요성

1 다수의 덜 인기 있는 제품들의 총이익이 소수의 인기 있는 제품들의 이익만큼 중요할 수 있다는 롱테일 법칙에 대해 설명하는 글이므로 ⑤가 적절하다.

2 이 글의 내용과 일치하면 T, 일치하지 않으면 F를 쓰시오.

(1) 과거 판매자들은 공간의 제약으로 인기 있는 제품에 집중할 수밖에 없었다.

_____T_____ ④번 문장

(2) 인터넷과 전자 상거래의 발달로 비인기 제품도 쉽게 구입할 수 있게 되었다.

_____T_____ ⑤, ⑥번 문장

(3) 매출 그래프의 긴 꼬리 부분은 잘 팔리는 제품들에 대한 수요를 나타낸다.

_____F_____

2 (3) 그래프의 긴 꼬리 부분은 다수의 덜 인기 있는 제품에 대한 더 낮은 수요를 나타낸다고 했으므로, 이 글의 내용과 일치하지 않는다.

3 이 글의 ⓐ~ⓒ에 들어갈 말로 어법상 알맞게 짝지어진 것은?

	ⓐ	ⓑ	ⓒ
①	because	looks like	create
②	because of	looks	create
③	because	looks	creates
✓④	because of	looks like	creates
⑤	because of	looks	creates

3 ⓐ 뒤에 명사구 the limited shelf space in shop 이 나오므로 전치사구인 because of(~ 때문에)가 적절하며 because는 뒤에 절이 나와야 한다.
ⓑ 뒤에 명사절이 나오므로 '~처럼 보이다'라는 의미의 looks like가 적절하다. look 뒤에는 주격보어로 형용사가 온다.
ⓒ 'each of＋복수명사＋단수동사' 형태여야 하므로 creates가 적절하다.

(17)

7 For businesses, the profits [from a large number of less popular items] can become as important as the profits [from a few popular ones].

◆ [ ]는 각각 앞의 the profits를 수식하는 전치사구

◆ as＋형용사의 원급＋as ... : …만큼 ~한

◆ ones가 가리키는 것은 앞에 나온 items

8 ◆ which: 계속적 용법의 관계대명사로 앞의 명사구(the graph of sales profits)를 부연 설명 (= and it looks ...)

◆ look like＋명사(구/절): ~처럼 보이다

10 It shows that the profit [(that) each of them creates] is not huge, ...

◆ that은 shows의 목적어인 명사절을 이끄는 접속사

◆ [ ]는 the profit을 수식하는 목적격 관계대명사절로 that이 생략됨

Reading 3

본문 해석

❶ 수요의 법칙에 따르면, 어떤 물건의 가격이 오르면, 사람들은 그 물건을 더 적게 사는 경향이 있다. ❷ 그리고 가격이 내리면, 사람들은 그것을 더 많이 구매하는 경향이 있다. ❸ 그러나 일부 상품은 이 법칙을 따르지 않는다. ❹ 그것들은 베블런재라고 불린다.

❺ 베블런재는 '과시적 소비' 이론을 발전시킨 경제학자 Thorstein Veblen(소스타인 베블런)의 이름에서 따왔다. ❻ 이 이론에 따르면 특정 상품에 대한 수요는 가격이 상승함에 따라 증가한다. ❼ Veblen에 따르면 이러한 상품은 높은 지위를 나타낸다. ❽ 사람들은 더 나은 품질을 원해서가 아니라 자신의 부를 보여주고 싶어서 더 높은 가격을 기꺼이 지불한다. ❾ 그러므로, 진정한 베블런재는 더 저렴한 비슷한 상품들보다 눈에 띄게 더 좋은 것이 아니다. ❿ 이러한 물건의 가격이 내려가면, 부자들은 그것들이 더 이상 특별해 보이지 않을 것이기 때문에 구매를 중단할 수도 있다. ⓫ 이런 행동은 사람들이 고급 자동차, 샴페인, 시계, 비싼 옷을 구입할 때 보인다. ⓬ 그것들의 가격이 내려가면, 처음에는 더 많은 사람들이 구매할지도 모르지만, 그러고 나서는 판매량이 감소하기 시작할 것이다.

직독직해

❶ According to the law of demand, / when the price of an item goes
수요의 법칙에 따르면   어떤 물건의 가격이 올라갈 때
up, / people tend to buy less of it. ❷ And if the price goes down, / people
사람들은 그것을 더 적게 사는 경향이 있다   그리고 가격이 내려가면   사람들은
tend to buy more of it. ❸ However, / some goods don't follow this law.
그것을 더 많이 구매하는 경향이 있다   그러나   일부 상품은 이 법칙을 따르지 않는다
❹ They are called Veblen goods.
그것들은 베블런재라고 불린다
❺ Veblen goods / are named after Thorstein Veblen, / an economist /
베블런재는   Thorstein Veblen의 이름에서 따왔다   경제학자인
who developed the theory of "conspicuous consumption." ❻ The theory
'과시적 소비' 이론을 발전시킨   그 이론은 ~라고 한다
says that / the demand for certain goods increases / as their prices rise.
특정 상품에 대한 수요가 증가한다   그것들의 가격이 상승함에 따라
❼ According to Veblen, / these goods signal high status. ❽ People are
Veblen에 따르면   이러한 상품은 높은 지위를 나타낸다   사람들은
willing to pay higher prices / not because they want better quality / but
더 높은 가격을 기꺼이 지불한다   그들이 더 나은 품질을 원해서가 아니라
because they want to show their wealth. ❾ Therefore, / true Veblen goods
그들이 자신의 부를 보여주고 싶기 때문에   그러므로   진정한 베블런재는
are not noticeably better / than similar products that are cheaper. ❿ If
눈에 띄게 더 좋지 않다   더 저렴한 비슷한 상품들보다
the prices of these items go down, / rich people might stop buying them
이러한 물건의 가격이 내려가면   부자들은 그것들을 구매하는 것을 중단할 수도 있다
/ because they won't seem special anymore. ⓫ This kind of behavior is
그것들이 더 이상 특별해 보이지 않을 것이기 때문에   이런 행동은 보여진다
seen / when people purchase / luxury cars, champagne, watches, and
사람들이 구입할 때   고급 자동차, 샴페인, 시계, 비싼 옷을
expensive clothes. ⓬ If their prices go down, / more people might buy
그것들의 가격이 내려가면   처음에는 더 많은 사람들이 구매할
them at first, / but then sales will begin to fall.
지도 모른다   하지만 그러고 나서는 판매량이 감소하기 시작할 것이다

(20)

구문 해설

❶ ◆ according to: ~에 따르면
  ◆ tend to-v: ~하는 경향이 있다

❹ are called: 수동태(be동사 + p.p.)

❺ Veblen goods <u>are named after</u> Thorstein Veblen, <u>an economist</u> [who developed the theory of "conspicuous consumption."]
  ◆ be named after: ~의 이름을 따다
  ◆ Thorstein Veblen과 an economist는 동격
  ◆ [ ]는 선행사 an economist를 수식하는 주격 관계대명사절

❻ as: ~함에 따라 (접속사)

문제 해설

1 이 글의 주제로 가장 적절한 것은?

　　① an example of the law of demand　수요의 법칙의 예시

　✓② the characteristics of Veblen goods　베블런재의 특징

　　③ how rich people spend their money　부자들은 돈을 어떻게 소비하는가

　　④ the influence of Veblen goods on prices　가격에 대한 베블런재의 영향

　　⑤ products that are similar to Veblen goods　베블런재와 유사한 상품들

1 이 글은 일반적인 수요의 법칙을 따르지 않고 가격이 비쌀수록 수요가 커지는 베블런재의 특징들에 대해 설명하고 있다. 따라서, ②가 주제로 적절하다.

2 이 글의 빈칸에 들어갈 말로 가장 적절한 것은?

　　① they are too expensive　그것들은 너무 비싸다

　　② the prices will go down soon　가격은 곧 하락할 것이다

　　③ their quality has gotten worse　그것들의 품질이 더 나빠졌다

　✓④ they won't seem special anymore　그것들은 더 이상 특별해 보이지 않을 것이다

　　⑤ similar products have better quality　비슷한 상품이 품질이 더 좋다

2 사람들이 베블런재를 구입하는 이유는 품질 때문이 아니라 자신들의 부를 보여주고 싶어서라고 했으므로, 상품의 가격이 내려가면 그 상품은 베블런재로서의 가치를 잃게 될 것이다. 따라서, ④가 적절하다.

3 이 글에서 설명하는 수요의 법칙이 무엇인지 우리말로 쓰시오.

　　　　물건의 가격이 오르면 사람들이 그 물건을 더 적게 사고, 가격이 내리면 더 많이 사는 것

3 수요의 법칙(the law of demand)의 정의는 첫 번째 문단에서 설명되고 있다.

(21)

---

8 People are willing to pay higher prices not because they want better quality but because they want to show their wealth.

　◆ be willing to-v: 기꺼이 ~하다

　◆ not because A but because B: A 때문이 아니라 B 때문에

9 ... are not noticeably better than similar products [that are cheaper].

　◆ [ ]는 선행사 similar products를 수식하는 주격 관계대명사절

10 stop v-ing: ~하는 것을 중단하다　　cf. stop to-v: ~하기 위해서 멈추다

11 is seen: 수동태(be동사 + p.p.)

12 begin to-v: ~하기 시작하다

Reading 4

■ 읽기 전 **비문학 사고력 UP** 다양한 공공 서비스를 제공하기 위해

■ 읽은 후 **핵심 정리** The government uses this money to pay for things that are important for everyone, such as schools, roads, and public services.

본문 해석

❶ 세금을 납부하는 것은 피할 수 없는 어떤 것이다. ❷ 예를 들어, 우리가 물건을 살 때, 우리는 자주 세금을 내야 한다. ❸ 정부는 이 돈을 학교, 도로, 공공 서비스와 같은 모두에게 중요한 것에 비용을 지불하는 데 사용한다.

❹ 우리는 종종 세금이 공정한지 아닌지에 대해 논쟁을 벌인다. ❺ 우리는 그것이 부자 또는 가난한 사람들에게 더 큰 영향을 미칠지 궁금해한다. ❻ 그러나 세금은 공정함을 넘어 더 깊은 의미가 있다. ❼ 그것은 또한 어떤 활동이 권장되어야 하는지, 아니면 막아져야 하는지에 대한 사회의 판단을 반영한다. ❽ 때때로 이러한 판단은 명백하다. ❾ 담배, 술, 카지노에 부과되는 세금은 '죄악세'라고 불린다. ❿ 이러한 세금은 해로운 활동들을 더 비싸게 만들어서 그것들을 막는 것을 목표로 한다. ⓫ 일부 기관들은 비만을 막기 위해 설탕이 든 탄산음료에 세금을 부과하거나 기후 변화를 늦추기 위해 탄소 배출에 세금을 부과하길 원한다. ⓬ 그러나 모든 세금에 이런 종류의 목적이 있는 것은 아니다. ⓭ 소득세나 판매세는 단순히 세입을 늘리는 방법이다. ⓮ 그것들은 사람들이 특정한 일을 하거나 특정한 것을 구매하는 것을 막기 위해 의도된 것이 아니다.

직독직해

❶ Paying taxes is something / that cannot be avoided. ❷ For
세금을 납부하는 것은 어떤 것이다   피해질 수 없는
example, / when we buy something, / we often have to pay a tax. ❸ The
예를 들어   우리가 물건을 살 때   우리는 자주 세금을 내야 한다
government uses this money / to pay for things / that are important for
정부는 이 돈을 사용한다   ~한 것들에 지불하기 위해 모두에게 중요한
everyone, / such as schools, roads, and public services.
학교, 도로, 공공 서비스와 같은
❹ We often debate / whether taxes are fair. ❺ We wonder / if they will
우리는 종종 논쟁한다   세금이 공정한지 아닌지에 대해   우리는 궁금해한다 그것들이
have a bigger impact / on the rich or the poor. ❻ However, / taxes have a
더 큰 영향을 미치는지   부자 또는 가난한 사람들에게   그러나   세금은 더 깊은
deeper meaning / beyond fairness. ❼ They also reflect society's judgments
의미가 있다   공정함을 넘어   그것은 또한 사회의 판단을 반영한다
/ on which activities should be encouraged or discouraged. ❽ Sometimes
어떤 활동이 권장되어야 하는지 아니면 막아져야 하는지에 대한   때때로
these judgments are explicit. ❾ Taxes on tobacco, alcohol, and casinos /
이러한 판단은 명백하다   담배, 술, 카지노에 부과되는 세금은
are called "sin taxes." ❿ Such taxes aim to discourage / harmful activities
'죄악세'라고 불린다   이러한 세금은 막는 것을 목표로 한다   해로운 활동들을
/ by making them more expensive. ⓫ Some organizations want / to tax
그것들을 더 비싸게 만듦으로써   일부 기관들은 원한다   비만을 막기
sugary sodas to stop obesity / or carbon emissions to slow down climate
위해 설탕이 든 탄산음료에 세금을 부과하거나 기후 변화를 늦추기 위해 탄소 배출에 (세금을 부과하는 것을)
change. ⓬ However, / not all taxes have this type of goal. ⓭ Income
그러나   모든 세금이 이런 종류의 목적을 가지고 있는 것은 아니다   소득세나
taxes or sales taxes / are simply ways of raising revenue. ⓮ They are not
판매세는   단순히 세입을 늘리는 방법이다   그것들은 사람들이
intended to discourage people / from doing or buying certain things.
~하는 것을 막기 위해 의도된 것은 아니다   특정한 일을 하거나 특정한 것을 구매하는 것을

(24)

구문 해설

❶ Paying taxes is <u>something</u> [that cannot be avoided].
  ◆ [   ]는 선행사 something을 수식하는 주격 관계대명사절

❸ The government uses this money [to pay for <u>things</u> [that are important for everyone], such as schools, roads, and public services].
  ◆ 첫 번째 [   ]는 부사적 용법의 to부정사구 (목적: ~하기 위해)
  ◆ 두 번째 [   ]는 선행사 things를 수식하는 주격 관계대명사절
  ◆ such as(~와 같은) 이하는 things의 예시

❹ whether: ~인지 아닌지 (= if)

❺ ◆ if: ~인지 아닌지 (= whether)
  ◆ have an impact on: ~에 영향을 미치다

문제 해설

1 세금에 관한 설명 중 이 글의 내용과 일치하지 <u>않는</u> 것은?

① 세금을 내는 것은 의무이다. ①번 문장

② 물건을 살 때에도 세금을 낸다. ②번 문장

③ 세금은 공익을 위해 사용된다. ③번 문장

④ 해로운 제품이나 서비스에 부과되는 세금도 있다. ⑨번 문장

✓⑤ 판매세는 특정 물건의 구입을 막기 위한 것이다.

1 소득세나 판매세는 단순히 세입을 늘리는 방법이지 특정한 일을 하거나 구매하는 것을 막기 위해 의도된 것은 아니라고 했으므로, ⑤는 이 글의 내용과 일치하지 않는다.

2 빈칸에 들어갈 말로 가장 적절한 것은?

① suggest 제안하다

② develop 발전시키다

③ support 지지하다

④ encourage 장려하다

✓⑤ discourage 막다

2 세금에는 어떤 활동이 권장되는지 혹은 막아져야 하는지에 대한 사회의 판단이 반영된다고 했으므로, 담배, 술, 카지노와 같이 해로운 활동과 관련된 소비에 죄악세가 부과되는 이유는 이러한 활동을 막기 위해서이다. 따라서, ⑤가 적절하다.

3 밑줄 친 우리말과 일치하도록 이 글의 괄호 안의 단어를 바르게 배열하시오.

> 그러나 <u>모든 세금이 이런 종류의 목적을 가지고 있는 것은 아니다.</u>

However, _____ not all taxes have this type of goal _____ .

3 not all+명사+동사: 모든 ~가 …인 것은 아니다 (부분 부정)

❼ They also reflect society's judgments on [which activities should be encouraged or discouraged].
  ◆ [ ]는 전치사 on의 목적어인 의문사절

❿ by v-ing: ~함으로써 / make+목적어+목적격보어: ~을 …하게 만들다

⓫ Some organizations want to tax sugary sodas to stop obesity *or* (to tax) carbon emissions to slow down climate change.
  ◆ want의 목적어인 to tax ~ obesity와 (to tax) carbon emissions ~ climate change가 접속사 or로 연결된 병렬 구조
  ◆ to stop obesity와 to slow ~ change는 to부정사의 부사적 용법 (목적: ~하기 위해)

⓭ ... are simply ways [of raising revenue].
  ◆ [ ]는 ways를 수식하는 전치사구

⓮ ◆ intend to-v: ~하려고 의도하다
  ◆ discourage A from v-ing: A가 ~하는 것을 막다

본문 해석

❶ 잠시 하던 일을 멈추고 가만히 있어 보자. ❷ 땅이 움직이는 것을 느낄 수 있는가? ❸ 아마도 그렇지 않을 것이다. ❹ 그러나, 땅은 항상 우리 발 아래에서 움직이고 있다! ❺ 그것이 매우 느리게 움직이기 때문에 우리는 그것을 느낄 수 없다.

❻ 지구는 여러 층으로 이루어져 있다. ❼ 지구의 맨 위층은 지각이다. ❽ 그것은 지각판이라고 불리는 큰 땅 조각들로 나누어져 있다. ❾ 그것들은 뜨겁고 액체 같은 두꺼운 암석 층 위에 떠다니고 천천히 움직인다. ❿ 지구의 대륙들은 주요한 판들에 위치하고 있다. ⓫ 이는 그것들이 실제로 수백만 년에 걸쳐 이 판의 움직임에 의해 형성되었기 때문이다.

⓬ 지각판들은 연결되어 있지 않지만, 서로 가까이에 있다. ⓭ 그것들이 서로 부딪히거나 미끄러지며 지나갈 때, 그것은 때로 강한 움직임으로 이어진다. ⓮ 이것은 전 세계적으로 화산 폭발과 지진과 같은 자연재해를 일으킬 수 있다.

⓯ 우리는 일상생활에서 지각판들의 움직임을 알아차리지 못한다. ⓰ 그러나 이는 지구 표면과 우리에게 큰 영향을 미칠 수 있다.

직독직해

❶ Take a moment / to stop what you are doing / and stay still.
잠시 시간을 내라   당신이 하고 있는 것을 멈추기 위해   그리고 가만히 있어라
❷ Can you feel / the ground moving?
느낄 수 있는가   땅이 움직이는 것을
❸ Probably not.
아마도 아닐 것이다
❹ However, / the ground is always moving / under our feet!
그러나   땅은 항상 움직이고 있다   우리의 발 아래에서
❺ We can't feel it / because it moves very slowly.
우리는 그것을 느낄 수 없다   왜냐하면 그것은 아주 느리게 움직이기 때문에

❻ The Earth is composed / of several layers.
지구는 이루어져 있다   여러 개의 층으로
❼ The top layer of the Earth / is the crust.
지구의 맨 위층은   지각이다
❽ It is divided into big pieces of land / called tectonic plates.
그것은 땅의 큰 조각들로 나누어져 있다   지각판이라고 불리는
❾ They float / on a thick layer of hot, liquid-like rock / and slowly move around.
그것들은 떠다닌다   뜨겁고, 액체 같은 암석의 두꺼운 층 위를   그리고 천천히 움직인다
❿ The continents of the Earth / are located on the major plates.
지구의 대륙들은   주요한 판들에 위치해 있다
⓫ This is because / they were actually formed / by the movement of these plates / over millions of years.
이것은 ~ 때문이다   그것들이 실제로 형성되었다   이 판들의 움직임에 의해서   수백만 년에 걸쳐서

⓬ Tectonic plates are not connected, / but they are close together.
지각판들은 연결되어 있지 않다   그러나 그것들은 서로 가까이에 있다
⓭ When they bump into / or slide past each other, / it sometimes leads / to strong movements.
그것들이 부딪히거나   서로 미끄러져 지나갈 때   그것은 때때로 이어진다   강한 움직임으로
⓮ This can cause natural disasters / like volcanic eruptions and earthquakes / across the world.
이것이 자연재해를 일으킬 수 있다   화산폭발이나 지진과 같은   전 세계적으로

⓯ We don't notice / the movement of tectonic plates / in our daily lives.
우리는 알아차리지 못한다   지각판들의 움직임을   우리의 일상생활에서
⓰ However, / it can have a big impact / on the Earth's surface and us.
그러나   그것은 큰 영향을 미칠 수 있다   지구의 표면과 우리에게

(30)

구문 해설

❶ ◆ to stop은 부사적 용법의 to부정사구 (목적: ~하기 위해)
◆ what: 선행사를 포함하는 관계대명사 (~하는 것)

❷ feel + 목적어 + 목적격보어: ~가 …하는 것을 느끼다

❻ be composed of: ~로 이루어져 있다(구성되다)

❽ It is divided into big pieces of land [called tectonic plates].
◆ be divided into: ~로 나누어지다
◆ [ ]는 big pieces of land를 수식하는 과거분사구

문제 해설

１ 이 글의 주제로 가장 적절한 것은?

① different types of natural disasters 다양한 종류의 자연재해
② how the surface of the Earth is divided 지구 표면이 어떻게 나뉘어 있는지
③ reasons why the Earth is moving slowly 지구가 천천히 움직이는 이유
④ why tectonic plates bump into each other 지각판이 서로 부딪히는 이유
✓⑤ the movement of tectonic plates and its effects 지각판의 움직임과 그 영향

１ 이 글은 지구 맨 위층의 지각판들이 서서히 움직이면서 화산 폭발이나 지진과 같은 자연재해를 일으킬 수 있다는 내용이므로, ⑤가 주제로 적절하다.

２ 이 글의 내용과 일치하지 않는 것은?

① 지각은 여러 개의 판으로 나뉜다. ⑧번 문장
② 지각판은 액체 성질을 띤 암석층 위를 떠다닌다. ⑨번 문장
✓③ 대륙은 지각판이 서로 연결된 것이다.
④ 지각판은 서로 부딪히거나 미끄러지며 지나간다. ⑬번 문장
⑤ 일상에서는 지각판의 움직임을 느낄 수 없다. ⑯번 문장

２ 세 번째 문단의 첫 문장에서 지각판은 연결되어 있지 않고 서로 가까이에 있다고 했으므로, ③은 이 글의 내용과 일치하지 않는다.

３ 지각판이 강한 움직임을 일으키면 발생하는 현상 두 가지를 이 글에서 찾아 쓰시오.

volcanic eruptions, earthquakes

３ 지각판이 서로 부딪히거나 미끄러져 지나갈 때, '화산 폭발(volcanic eruptions)'이나 '지진(earthquakes)'과 같은 자연재해를 일으킬 수 있다고 했다.

(31)

❾ float on: ~에 떠다니다

❿ be located on: ~에 위치하다

⑪ ◆ this is because: 이것은 ~ 때문이다
　◆ were formed: 수동태(be동사 + p.p.)

⑬ ◆ bump into: ~와 부딪히다 / slide past: (~을) 미끄러져 지나가다
　◆ lead to: ~로 이어지다

⑭ like: ~와 같은

⑯ have an impact on ~: ~에 영향을 미치다

본문 해석

❶ 가장 유명한 우주 망원경 중 하나는 허블 우주 망원경이다. ❷ 그것은 블랙홀과 우주의 나이와 관련된 놀라운 발견을 해왔다. ❸ 그러나 제임스 웹 우주 망원경이라고 불리는 더 새롭고 더 강력한 망원경이 2021년에 발사되었다.

❹ 웹 망원경은 거대하다. ❺ 그것은 3층 건물만큼 높고 테니스장만큼 길다. ❻ 그것의 18개의 별개 거울들은 우주에 있는 많은 양의 빛을 모아서, 그것을 허블보다 더 강력하게 만든다. ❼ 게다가, 그것은 물체의 적외선을 포착한다. ❽ 따라서 그것은 먼지와 가스 구름 뒤의 숨겨진 신비를 발견할 수 있다. ❾ 거울은 적외선을 더 잘 반사하기 위해 금으로 씌워져 있다. ❿ 마지막으로, 그것은 지구에서 약 150만 킬로미터 떨어져 있다. ⓫ 이것은 허블보다 우주의 먼 부분을 관측하는 데 더 효율적이게 하는데, 그것은(허블은) 지구에서 불과 535 킬로미터 떨어져 있다.

⓬ 과학자들은 제임스 웹 망원경으로 과거 어느 때보다 우주에 대한 더 깊은 이해를 할 수 있다. ⓭ 그들은 우주의 기원, 은하계와 별의 형성, 우리 태양계 밖의 행성의 존재에 대해 알게 될 수 있다.

직독직해

❶ One of the most famous space telescopes / is the Hubble Space
가장 유명한 우주 망원경 중 하나는   허블 우주 망원경이다
Telescope. ❷ It has made amazing discoveries / ⓐ related to black holes
그것은 놀라운 발견을 해왔다   블랙홀과 우주의 나이와 관련된
and the age of space. ❸ But a newer and more powerful telescope, /
그러나 더 새롭고 더 강력한 망원경이
called the James Webb Space Telescope, / was launched in 2021.
제임스 웹 우주 망원경이라고 불리는   2021년에 발사되었다
❹ The Webb telescope is huge. ❺ It is as tall as / a three-story building
웹 망원경은 거대하다   그것은 ~만큼 높다 3층짜리 건물
/ and as long as / a tennis court. ❻ Its 18 separate mirrors collect / a
그리고 ~만큼 길다   테니스장   그것의 18개의 별개 거울들은 모은다
large amount of light in space, / ⓑ making it more powerful / than the
우주에 있는 많은 양의 빛을   그래서 그것을 더 강력하게 만든다
Hubble. ❼ Additionally, / it captures the infrared light of objects. ❽ So
허블보다   게다가   그것은 물체의 적외선을 포착한다   그래서
it can discover / hidden mysteries behind clouds of dust and gas. ❾ The
그것은 발견할 수 있다   먼지와 가스 구름 뒤의 숨겨진 신비를
mirrors are coated with gold / to reflect the infrared light better. ❿ Lastly,
그 거울들은 금으로 씌워져 있다   적외선을 더 잘 반사하기 위해   마지막으로,
/ it is about 1.5 million kilometers away / from Earth. ⓫ This makes it
그것은 약 150만 킬로미터 떨어져 있다   지구로부터   이것은 그것을
more efficient / at observing distant parts of the universe / than Hubble, /
더 효율적이게 만든다 우주의 먼 부분을 관측하는 데 있어   허블보다
which is only 535 kilometers away from Earth.
그리고 그것은 지구에서 불과 535 킬로미터 떨어져 있다
⓬ Scientists can gain / a deeper understanding of space / than ever
과학자들은 얻을 수 있다   우주에 대한 더 깊은 이해를   과거 어느 때
before / with the James Webb Telescope. ⓭ They can learn about / the
보다   제임스 웹 망원경으로   그들은 ~에 대해 알게 될 수 있다
origins of space, / the formation of galaxies and stars, / and the existence
우주의 기원   은하계와 별의 형성   그리고 행성의 존재
of planets / outside of our solar system.
우리의 태양계 밖의

(34)

구문 해설

❶ one of the + 최상급 + 복수명사: 가장 ~한 … 중의 하나

❷ It has made amazing discoveries [related to black holes and the age of space].
  ◆ has made: 과거부터 현재까지의 〈계속〉을 나타내는 현재완료(have + p.p.)
  ◆ [ ]는 amazing discoveries를 수식하는 과거분사구

❸ But a newer and more powerful telescope, [called the James Webb Space Telescope], was launched in 2021.
  ◆ [ ]는 문장의 주어인 a newer and more powerful telescope을 수식하는 삽입구
  ◆ was launched: 수동태(be동사 + p.p.)

❺ It is as tall as a three-story building *and* as long as a tennis court.
  ◆ as + 형용사의 원급 + as ~ : ~만큼 …한
  ◆ as tall ~ building과 as long ~ court가 접속사 and로 연결된 병렬 구조

문제 해설

1 이 글의 제목으로 가장 적절한 것은?

① Discover the Origins of the Universe! 우주의 기원을 찾아라!

✓② A Newer and More Powerful Eye in Space 우주에 있는 더 새롭고 강력한 눈

③ The New Name of the Hubble Space Telescope 허블 우주 망원경의 새로운 이름

④ What the Hubble Space Telescope Has Discovered 허블 우주 망원경이 발견한 것

⑤ How Far Can the James Webb Space Telescope See?
제임스 웹 우주 망원경은 얼마나 멀리 볼 수 있나?

1 이 글은 제임스 웹 우주 망원경의 크기와 모양, 특징 등을 허블 망원경과 비교하면서 설명하고 있다. 따라서, ②가 제목으로 적절하다.

2 밑줄 친 ⓐ, ⓑ를 어법상 알맞은 형태로 바꿔 쓰시오.

ⓐ _____ related ⓑ _____ making

2 ⓐ 놀라운 발견이 블랙홀과 우주의 나이와 '관련된' 것이므로 과거분사인 related로 써야 한다.
ⓑ 콤마(,) 뒤에 and it makes를 분사구문으로 만든 것이므로 making으로 써야 한다.

3 이 글을 통해 제임스 웹 우주 망원경에 관해 알 수 없는 것은?

① 망원경의 크기 ④, ⑤번 문장

② 망원경의 성능 ⑥, ⑪번 문장

③ 망원경의 발사 시기 ③번 문장

✓④ 망원경의 관측 기록

⑤ 망원경과 지구와의 거리 ⑩번 문장

3 ④망원경의 관측 기록은 이 글에서 언급되지 않았다.

(35)

❻ Its 18 separate mirrors collect a large amount of light in space, [making it more powerful than the Hubble].

◆ [ ]는 분사구문 (= and it makes ...)

◆ make + 목적어 + 목적격보어: ~을 …하게 만들다

❾ The mirrors are coated with gold [to reflect the infrared light better].

◆ be coated with: ~으로 씌워져 있다 (= be covered with)

◆ [ ]는 부사적 용법의 to부정사구 (목적: ~하기 위해)

⓫ This makes it more efficient at observing distant parts of the universe than Hubble, [which is only 535 kilometers away from Earth].

◆ make + 목적어 + 목적격보어: ~을 …하게 하다

◆ at observing: 관측하는 데 있어

◆ [ ]는 앞의 Hubble을 부연 설명해주는 계속적 용법의 관계대명사절 (which = and it)

정답 확인

■ 읽기 전 **비문학 사고력 UP** 드라이아이스
■ 읽은 후 **핵심 정리**   Dry ice is frozen carbon dioxide (CO₂).

본문 해석

❶ 고기, 생선, 아이스크림이 배달될 때, 그것들은 대개 드라이아이스와 함께 포장된다. ❷ 비록 이름에 '얼음'이라는 단어가 있지만, 드라이아이스는 얼음과는 다른 독특한 물질이다.

❸ 드라이아이스는 얼려진 이산화탄소(CO₂)이다. ❹ 일반적인 얼음과 달리, 그것은 액체로 녹지 않는다. ❺ 대신, 드라이아이스는 승화라는 과정을 거치고 바로 기체 상태의 이산화탄소로 변한다. ❻ 그것의 온도는 영하 78도이다. ❼ 만약 그것을 직접 만지면, 그것은 피부에 손상을 입히거나 동상을 일으킬 수 있다.

❽ 드라이아이스는 자동차나 방과 같이 신선한 공기가 부족한 작고 밀폐된 공간에서 매우 위험할 수 있다. ❾ 기체 상태의 이산화탄소는 공기보다 무겁기 때문에 아래쪽에 모일 수 있다. ❿ 보통의 공기는 약 0.04%의 이산화탄소만 포함하고 있다. ⓫ 공기 중 이산화탄소 농도가 약 5%까지 올라가면, 이산화탄소가 유독해질 수 있다. ⓬ 따라서 드라이아이스를 다룰 때는 이용할 수 있는 신선한 공기가 충분히 있는지 확인하라. ⓭ 또한 절대 그것을 밀봉된 용기 안에 보관하지 마라. ⓮ 만약 그렇게 하면, 그 기체(이산화탄소)가 압력을 높여서 용기가 폭발할 수 있다!

직독직해

❶When meat, fish, and ice cream are delivered, / they are usually
고기, 생선, 아이스크림이 배달될 때   그것들은 대개
packaged with dry ice. ❷Even though it has the word "ice" in its name, /
드라이아이스와 함께 포장된다   비록 그것의 이름에 '얼음'이라는 단어가 있을 지라도
dry ice is a unique substance / that is different from ice.
드라이아이스는 독특한 물질이다   얼음과 다른

❸Dry ice is frozen carbon dioxide (CO₂). ❹Unlike regular ice, / it
드라이아이스는 얼려진 이산화탄소(CO₂)이다   일반적인 얼음과 달리
doesn't melt into a liquid. ❺Instead, / dry ice goes through a process /
그것은 액체로 녹지 않는다   대신   드라이아이스는 과정을 거친다
called sublimation, / turning directly into CO₂ gas. ❻It has a temperature
승화라고 불리는   그리고 바로 이산화탄소 기체로 변한다   그것의 온도는 영하 78도이다
of -78°C. ❼If you touch it directly, / it can damage your skin / or cause
            만약 그것을 직접 만지면   그것은 피부에 손상을 입힐 수 있다   또는 동상을
frostbite.
일으킬 수 있다

❽Dry ice can be very dangerous in small, enclosed spaces / that lack
드라이아이스는 작고 밀폐된 공간에서 매우 위험할 수 있다   신선한 공기가
fresh air, / such as a car or a room. ❾CO₂ gas is heavier than air, / so it
부족한   자동차나 방과 같은   이산화탄소 기체는 공기보다 무겁다   그래서
can concentrate / in low areas. ❿Normal air contains / only about 0.04%
그것은 모일 수 있다   아래쪽에   보통의 공기는 포함하고 있다   단지 약 0.04%의
CO₂. ⓫If the concentration of CO₂ in the air / rises to about 5%, / the
이산화탄소만을   만약 공기 중 이산화탄소 농도가   약 5%까지 올라가면
CO₂ can become toxic. ⓬So when dealing with dry ice, / make sure /
이산화탄소가 유독해질 수 있다   따라서 드라이아이스를 다룰 때는   확인하라
there is plenty of fresh air / available. ⓭Also, / never store it in a sealed
충분한 신선한 공기가 있는지   이용할 수 있는   또한   절대 그것을 밀봉된 용기 안에
container. ⓮If you do, / the gas can build up pressure / and cause the
보관하지 마라   만약 그렇게 하면   그 기체가 압력을 높일 수 있고
container to explode!
용기가 폭발하게 할 수 있다

구문 해설

❶ 수동태(be동사 + p.p.): are delivered / are packaged

❷ Even though it has the word "ice" in its name, dry ice is <u>a unique substance</u> [that is different from ice].
  ◆ even though: 비록 ～일지라도 (= even if)
  ◆ [ ]는 선행사 a unique substance를 수식하는 주격 관계대명사절

❹ unlike: ～와 달리 / melt into: ～로 녹다

❺ … <u>a process</u> [called sublimation], <u>turning</u> directly <u>into</u> CO₂ gas.
  ◆ [ ]는 a process를 수식하는 과거분사구
  ◆ turning ~ gas: 분사구문 (= and it turns …) / turn into: ～으로 변하다

❽ … in <u>small, enclosed spaces</u> [that lack fresh air], such as a car or a room.
  ◆ [ ]는 선행사 small, enclosed spaces를 수식하는 주격 관계대명사절

| 정답 | 1 ③ | 2 ② | 3 이산화탄소가 유독해진다. |

Self-Study 노트 핵심 구문 100% 이해하기 | 직독직해 2, 5, 8, 12, 14번 문장
글의 내용 100% 이해하기 | 1. frozen 2. melting 3. touch 4. enclosed 5. store

문제 해설

1 글의 흐름으로 보아, 주어진 문장이 들어가기에 가장 적절한 곳은?

> So when dealing with dry ice, make sure there is plenty of fresh air available. 따라서 드라이아이스를 다룰 때는 이용할 수 있는 신선한 공기가 충분히 있는지 확인하라.

①   ②   ✓③   ④   ⑤

1 주어진 문장은 드라이아이스를 다룰 때 신선한 공기가 충분히 있어야 한다는 내용이므로, 공기 중 이산화탄소의 농도가 올라가면 유독해져서 위험해질 수 있다는 내용 뒤에 와야 한다. 따라서, ③이 적절하다.

2 드라이아이스에 관한 설명 중 이 글의 내용과 일치하지 <u>않는</u> 것은?

  ① 이산화탄소가 얼려진 상태이다. ③번 문장
✓② 특정 온도에서 녹이면 액체가 된다.
  ③ 드라이아이스의 온도는 -78℃이다. ⑥번 문장
  ④ 직접 만지면 동상을 입을 수 있다. ⑦번 문장
  ⑤ 작고 밀폐된 공간에서 사용하면 위험하다. ⑧번 문장

2 두 번째 문단에서 드라이아이스는 얼음과 달리, 액체로 녹지 않는다고 했으므로, ②는 이 글의 내용과 일치하지 않는다.

3 공기 중 이산화탄소의 농도가 5% 정도가 되면 어떤 문제가 발생하는지 우리말로 쓰시오.

              이산화탄소가 유독해진다.

3 마지막 문단에서 공기 중 이산화탄소의 농도가 약 5%까지 올라가면, 유독해질 수 있다고 했다.

(39)

---

⑨ CO_2 gas is <u>heavier than</u> air, so it can concentrate in low areas.
   ◆ 비교급 + than ~: ~보다 더 …한

⑪ rise to: ~까지 오르다[올라가다]

⑫ So when dealing with dry ice, <u>make sure</u> (that) there is plenty of fresh air [available].
   ◆ make sure (that): ~을 확인하다
   ◆ [ ]는 plenty of fresh air를 수식하는 관계대명사절로 '주격 관계대명사 + be동사'가 생략됨

⑭ If you <u>do</u>, the gas can build up pressure and <u>cause</u> the container <u>to explode</u>!
   ◆ do: store it in a sealed container
   ◆ cause A to-v: A가 ~하게 하다

Reading 4

정답 확인

▮ 읽기 전 비문학 사고력 UP 심박수, 체중
▮ 읽은 후 핵심 정리 smartwatches

본문 해석

❶당신의 심박수는 중요한 건강 지표이다. ❷스마트워치 덕분에 이제 그것을 실시간으로 모니터링할 수 있다.

❸스마트워치는 어떻게 이런 일을 할 수 있는가? ❹우리가 무언가에 빛을 비추면, 빛은 부분적으로 흡수되고 부분적으로 반사된다. ❺스마트워치는 이 원리를 이용한다. ❻스마트워치의 뒷면에는 램프와 광 센서가 있다. ❼램프는 피부를 통과하는 초록색 빛을 보낸다. ❽초록색 빛이 혈관에 도달하면, 혈액은 빛의 일부를 흡수하고 나머지는 다시 센서로 반사시킨다. ❾심장이 혈액을 더 빨리 펌핑할수록 혈관을 통해 흐르는 혈액의 양은 더 많아진다. ❿더 많은 혈액이 더 많은 빛을 흡수하므로, 반사되는 빛의 양은 심박수에 따라 달라진다. ⓫센서는 반사된 빛의 양을 측정하고 심박수에 대한 정보를 제공한다.

⓬안타깝게도, 스마트워치에는 여전히 몇 가지 한계가 있다. ⓭피부색과 비만은 빛의 반사에 영향을 미쳐 부정확한 결과로 이어질 수 있다. ⓮그럼에도 불구하고, 제공된 정보는 건강을 유지하는 데 유용할 수 있다.

직독직해

❶Your heart rate / is an important health indicator. ❷Thanks to
  당신의 심박수는   중요한 건강 지표이다
smartwatches, / you can now monitor it / in real time.
스마트워치 덕분에   당신은 이제 그것을 모니터링할 수 있다   실시간으로
  ❸How can smartwatches do this? ❹When we shine light on
  스마트워치는 어떻게 이것을 할 수 있는가   우리가 무언가에 빛을 비추면
something, / the light is partly absorbed / and partly reflected.
          빛은 부분적으로 흡수되고   부분적으로 반사된다
❺Smartwatches make use of this principle. ❻They have a lamp
스마트워치는 이 원리를 이용한다   그것들은 램프와 광 센서를
and a light sensor / on the back. ❼The lamp sends out / green light that
가지고 있다   뒷면에   램프는 보낸다   당신의 피부를 통과하는
passes through your skin. ❽When the green light reaches your blood
초록색 빛을   초록색 빛이 당신의 혈관에 도달하면
vessels, / the blood absorbs some of the light / and reflects the rest /
          혈액은 빛의 일부를 흡수하고   나머지는 반사시킨다
back to the sensor. ❾The faster your heart pumps blood, / the greater the
다시 센서로   당신의 심장이 혈액을 더 빨리 펌핑할수록
amount of blood flowing through your vessels. ❿More blood absorbs
당신의 혈관을 통해 흐르는 혈액의 양은 더 많아진다   더 많은 혈액이 더 많은 빛을
more light, / so the amount of reflected light / changes with your heart
흡수한다   따라서 반사되는 빛의 양은   심박수에 따라 달라진다
rate. ⓫The sensor measures / the amount of reflected light / and provides
          센서는 측정한다   반사된 빛의 양을   그리고
information / on your heart rate.
정보를 제공한다   당신의 심박수에 대한
  ⓬Unfortunately, / smartwatches still have some limitations. ⓭Skin
    안타깝게도   스마트워치는 여전히 몇 가지 한계가 있다
color and obesity / can affect the reflection of light, / leading to
피부색과 비만은   빛의 반사에 영향을 미칠 수 있다   부정확한 결과로
inaccurate results. ⓮Nevertheless, / the information provided / can be
이어지면서   그럼에도 불구하고   제공된 정보는   당신의
useful for maintaining your health.
건강을 유지하는 데 유용할 수 있다

구문 해설

❷thanks to: ~ 덕분에

❹When we shine light on something, the light is partly absorbed and partly reflected.
  ◆ shine light on: ~에 빛을 비추다
  ◆ 수동태(be동사 + p.p.): is absorbed / (is) reflected

❼The lamp sends out green light [that passes through your skin].
  ◆ send out: (빛, 열 등을) 보내다, 발하다
  ◆ [   ]는 선행사 green light을 수식하는 주격 관계대명사절

❽…, the blood absorbs some of the light and reflects the rest back to the sensor.
  ◆ 동사 absorbs와 reflects가 and로 연결된 병렬 구조

16 · 중학 비문학 영어 독해

┃정답　　　　　**1** ②　　**2** ②　　**3** 피부색, 비만
┃Self-Study 노트　핵심 구문 100% 이해하기 | 직독직해 **2**, **4**, **7**, **9**, **13**번 문장
　　　　　　　　글의 내용 100% 이해하기 | 1. 반사 2. 혈액 3. 양 4. 비만

1 이 글의 주제로 가장 적절한 것은?

① 심박수와 혈압의 관계

✓② 스마트워치의 심박수 측정 원리

③ 스마트워치 사용 방법

④ 빛이 혈관을 통과하는 과정

⑤ 전자 기기 사용이 건강에 미치는 영향

2 빈칸에 들어갈 말로 가장 적절한 것은?

① the speed of your heart rate　심박수의 속도

✓② the amount of reflected light　반사된 빛의 양

③ the color of absorbed light　흡수된 빛의 색

④ the amount of absorbed blood　흡수된 혈액의 양

⑤ the brightness of the reflected light　반사된 빛의 밝기

3 스마트워치 측정 결과를 부정확하게 만들 수 있는 요인 두 가지를 우리말로 쓰시오.

_____피부색, 비만_____

문제 해설

1 이 글은 스마트워치 뒷면에서 나오는 초록색 빛이 혈관에 도달했다가 빛의 일부가 반사되는 원리를 이용해 심박수를 측정할 수 있다는 내용이다. 따라서, ②가 주제로 적절하다.

2 스마트워치 뒷면에서 나오는 초록색 빛은 혈관에 도달해 일부는 흡수되고 일부는 반사되는데, 심박수에 따른 혈액 양의 변화는 '반사되는' 초록색 빛의 '양'을 달라지게 한다고 했다. 따라서, ②가 적절하다.

3 마지막 문단에서 '피부색'과 '비만'은 빛의 반사에 영향을 미쳐 부정확한 결과에 이르게 할 수 있다고 했다.

(43)

9 The faster your heart pumps blood, the greater the amount of blood [flowing through your vessels].

◆ the + 비교급, the + 비교급: 더 ~할수록, 더 …하다

◆ [ ]는 the amount of blood를 수식하는 현재분사구

13 Skin color and obesity can affect the reflection of light, [leading to inaccurate results].

◆ [ ]는 분사구문 (= and it leads to …)

◆ lead to: ~로 이어지다

14 Nevertheless, the information [(which is) provided] can be useful for …

◆ [ ]는 the information을 수식하는 과거분사구

Reading 1

정답 확인

▮ 읽기 전 **비문학 사고력 UP** 별도 정답 없음

▮ 읽은 후 **핵심 정리** Streaming is a method of transmitting video or audio files in a continuous stream of data through the Internet.

본문 해석

❶ 스트리밍은 인터넷을 통해 연속적인 데이터의 흐름으로 비디오 또는 오디오 파일을 전송하는 방법이다. ❷ 다운로드와 달리 스트리밍은 전체 파일을 기기들로 미리 전송하지 않고 실시간으로 콘텐츠를 소비할 수 있게 한다. ❸ 애플 뮤직, 유튜브, 넷플릭스와 같은 인기 있는 스트리밍 서비스는 몇 가지 큰 장점들이 있다. ❹ 가장 큰 장점들 중 하나는 편리함이다. ❺ 인터넷이 연결되어 있으면 언제 어디서든 우리가 원하는 대로 콘텐츠를 즐길 수 있다. ❻ 특정한 시간에 좋아하는 프로그램을 시청하기 위해 TV 앞에서 기다릴 필요가 없다. ❼ 게다가, 스트리밍 서비스는 우리에게 선택할 수 있는 매우 다양한 미디어 콘텐츠를 제공한다. ❽ 우리가 해야 할 일은 서비스를 탐색하고 우리에게 흥미를 일으키는 것을 찾는 것뿐이다. ❾ 그리고 무엇을 시청할지 선택하는 데 시간을 낭비하고 싶지 않다면, 많은 스트리밍 서비스는 개인 맞춤형 추천을 제공한다. ❿ 스트리밍 서비스는 확실히 오락의 중요한 원천이 되었다. ⓫ 전 세계적으로 스트리밍 서비스를 사용하는 사람들의 수가 계속해서 증가함에 따라, 그것들은 우리가 콘텐츠를 소비하는 방식을 계속해서 형성하고 변화시킬 것이다.

직독직해

❶ Streaming is a method / of transmitting video or audio files / in a
스트리밍은 하나의 방법이다   비디오 또는 오디오 파일을 전송하는
continuous stream of data / through the Internet. ❷ Unlike downloading,
연속적인 데이터의 흐름으로   인터넷을 통해   다운로드와 달리
/ streaming allows us ⓐto consume content in real time / without
스트리밍은 우리가 실시간으로 콘텐츠를 소비할 수 있게 한다
transferring the entire file / to our devices beforehand.
전체 파일을 전송하지 않고   우리의 기기들로 미리
❸ Popular streaming services / such as Apple Music, YouTube, and Netflix
인기 있는 스트리밍 서비스는   애플 뮤직, 유튜브, 넷플릭스와 같은
/ ⓑhave some great advantages. ❹ One of the biggest benefits / ⓒis their
몇 가지 큰 장점들이 있다   가장 큰 장점 중 하나는   그것들의
convenience. ❺ If we have an Internet connection, / we can enjoy content
편리함이다   인터넷이 연결되어 있으면   우리는 콘텐츠를 즐길 수 있다
/ whenever and wherever we want. ❻ There is no need to wait / in front of
우리가 원하는 언제 어디서나   기다릴 필요가 없다   TV 앞에서
the TV / to watch our favorite shows / at a specific time. ❼ Additionally, /
가장 좋아하는 프로그램을 시청하기 위해   특정한 시간에   게다가
streaming services provide us / with a huge variety of media content / to
스트리밍 서비스는 우리에게 제공한다   매우 다양한 미디어 콘텐츠를
choose from. ❽ All we have to do is / explore the service / and find ⓓwhat
선택할   우리가 해야 할 것은   서비스를 탐색하고   우리에게 흥미를 일으키
interests us. ❾ And if we don't want to waste time / choosing what to watch,
는 것을 찾는 것뿐이다   그리고 우리가 시간을 낭비하고 싶지 않다면   무엇을 시청할지 선택하는 데
/ many streaming services offer / personalized recommendations.
많은 스트리밍 서비스는 제공한다   개인 맞춤형 추천을
❿ Streaming services have clearly become / a significant source of
스트리밍 서비스는 확실히 되었다   오락의 중요한 원천이
entertainment. ⓫ As the number of people using streaming services /
스트리밍 서비스를 사용하는 사람들의 수가 ~함에 따라
ⓔcontinues to rise worldwide, / they will continue to shape and
전 세계적으로 계속해서 증가한다   그것들은 계속해서 형성하고 변화시킬 것이다
transform / the way we consume content.
우리가 콘텐츠를 소비하는 방식을

48

구문 해설

❶ Streaming is a method [of transmitting ... through the Internet].
  ◆ [   ]는 a method를 수식하는 전치사구

❷ ◆ unlike: ~와 달리 (전치사)
  ◆ allow A to-v: A가 ~할 수 있게 하다
  ◆ transfer A to B: A를 B로 전송하다

❹ one of the + 최상급 + 복수명사: 가장 ~한 …중 하나

❺ ..., we can enjoy content [whenever and wherever we want].
  ◆ [   ]는 whenever(~할 때면 언제나)와 wherever(~한 곳은 어디나)가 함께 쓰인 복합관계부사절

❻ to watch our favorite shows는 부사적 용법의 to부정사구 (목적: ~하기 위해)

정답	**1** ③	**2** ③	**3** ③

Self-Study 노트 핵심 구문 100% 이해하기 | 직독직해 ❷, ❺, ❼, ❾번 문장
글의 내용 100% 이해하기 | 1. real time 2. Internet 3. variety 4. personalized

1 이 글의 주제로 가장 적절한 것은?

① 스트리밍 서비스 이용 목적
② 개인별 맞춤 스트리밍 서비스
✓③ 스트리밍 서비스의 장점과 전망
④ 스트리밍 서비스에 적합한 콘텐츠
⑤ 스트리밍 서비스의 부작용과 한계

1 이 글은 오락의 중요한 원천이 된 애플 뮤직, 유튜브, 넷플릭스와 같은 스트리밍 서비스의 장점과 전망에 대해 설명하고 있다. 따라서, ③이 주제로 적절하다.

2 이 글에서 스트리밍 서비스의 특징으로 언급되지 않은 것은?

① 파일을 기기에 미리 전송하지 않고 바로 볼 수 있다. ②번 문장
② 원하는 때에 원하는 장소에서 이용할 수 있다. ⑤번 문장
✓③ 다른 사람과 콘텐츠를 공유할 수 있다.
④ 매우 다양한 콘텐츠를 접할 수 있다. ⑦번 문장
⑤ 개인 맞춤형 콘텐츠를 추천해 준다. ⑨번 문장

2 ③ 다른 사람과 콘텐츠를 공유할 수 있다는 내용은 이 글에서 언급되지 않았다.

3 밑줄 친 ⓐ~ⓔ 중 어법상 틀린 것은?

① ⓐ   ② ⓑ   ✓③ ⓒ   ④ ⓓ   ⑤ ⓔ

3 ③ 주어가 단수(One)이므로, 동사도 단수로 써야 한다. 따라서, ⓒ are는 is가 되어야 한다.
ⓐ allow A to-v: A가 ～할 수 있게 하다
ⓑ 주어: Popular streaming services (복수)
ⓓ 관계대명사 what: ～한 것
ⓔ the number of+복수명사+단수동사

(49)

❼ Additionally, streaming services <u>provide</u> us <u>with</u> a huge variety of media content [to choose from].
  ◆ [ ]는 a huge variety of media content를 수식하는 형용사적 용법의 to부정사구 (～할)
  ◆ provide A with B: A에게 B를 제공하다

❽ what은 관계대명사로 '～한 것(the thing which)'의 의미

❾ waste+시간+v-ing: ～하는 데 시간을 낭비하다

❿ have become은 〈계속〉을 나타내는 현재완료(have p.p.)

⓫ As the number of <u>people</u> [using streaming services] continues to rise worldwide, they will ... transform <u>the way</u> [we consume content].
  ◆ the number of: ～의 수 (단수 취급)   cf. a number of: 많은 (복수 취급)
  ◆ 첫 번째 [ ]는 선행사 people을 수식하는 현재분사구 / 두 번째 [ ]는 선행사 the way를 수식하는 관계부사절

본문 해석

❶ 저널리즘에서 뉴스 엠바고는 뉴스의 정보원과 언론사 간의 합의이다. ❷ 뉴스 엠바고 하에서, 언론사들은 특정 시간까지 뉴스 정보원의 정보를 공개하지 않기로 동의한다. ❸ 뉴스 엠바고는 여러 가지 이유로 적용될 수 있다. ❹ 때때로 뉴스 엠바고는 국가의 안보를 위해 시행된다. ❺ 전쟁 시기나 국가적 위기 상황 동안에는 군사 정보나 전략 계획들이 적에게 노출되어서는 안 된다. ❻ 따라서 뉴스 엠바고는 그러한 민감한 정보의 노출을 막음으로써 그 국가를 보호할 수 있다. ❼ 뉴스 엠바고는 또한 개인을 보호하기 위해 시행된다. ❽ 범죄 피해자는 진행 중인 조사에 대한 정보를 비밀로 유지함으로써 보호될 수 있다. ❾ 또한, 회사들은 때때로 신제품이나 영화를 출시하기 전에 뉴스 엠바고를 요청한다. ❿ 영화의 경우, 스포일러가 잠재 관객에게 퍼지는 것을 방지하기 위해 실시된다. ⓫ 언론사가 특종을 얻기 위해 뉴스 엠바고를 어기면 어떻게 될까? ⓬ 어떤 경우에는 개인의 안전에 영향을 주거나 심각한 국가적 피해에 이르게 될 수 있다. ⓭ 또한 뉴스 정보원은 언론사에 대한 신뢰를 잃게 되어, 언론사가 더 이상의 정보를 받기 어려워질 것이다.

직독직해

❶ In journalism, / a news embargo is an agreement / between a source
저널리즘에서   뉴스 엠바고는 합의이다   뉴스 정보원과
and a news organization. ❷ Under a news embargo, / the news organizations
언론사 간의   뉴스 엠바고 하에서   언론사들은
agree not to release the source's information / until a certain time.
뉴스 정보원의 정보를 공개하지 않는 것에 동의한다   특정 시간까지
❸ News embargoes / can be applied / for several different reasons.
뉴스 엠바고는   적용될 수 있다   여러 가지 이유로
❹ Sometimes they are imposed / for the security of a country. ❺ During
때때로 그것들은 시행된다   국가의 안보를 위해
times of war or national crisis, / military information or strategic plans /
전쟁 시기나 국가적 위기 동안에는   군사 정보나 전략 계획들이
should not be ⓐexposed to the enemy. ❻ Therefore, / news embargoes
적에게 노출되어서는 안 된다   따라서   뉴스 엠바고는 그 국가를
can protect the country / by preventing the exposure / of such ⓑsensitive
보호할 수 있다   노출을 막음으로써   그러한 민감한 정보의
information. ❼ News embargoes are also imposed / to protect individuals.
               뉴스 엠바고는 또한 시행된다   개인을 보호하기 위해
❽ Crime victims can be protected / by keeping information about ongoing
범죄 피해자는 보호될 수 있다   진행 중인 수사에 대한 정보를 비밀 상태로 유지함으로써
investigations ⓒsecret. ❾ Additionally, / companies sometimes request
                              또한   회사들은 때때로 뉴스 엠바고를 요청한다
news embargoes / before releasing new products or movies. ❿ In the case of
                신제품이나 영화를 출시하기 전에   영화의 경우
movies, / it is done to ⓓprevent / spoilers from reaching potential viewers.
            그것은 막기 위해 실시된다   스포일러가 잠재 관객에게 닿는 것을
⓫ What happens / if news organizations break news embargoes / to get a
무슨 일이 일어날까   언론사가 뉴스 엠바고를 어기면   특종을
scoop? ⓬ In some cases, / it can impact the safety of individuals / or lead to
얻기 위해   어떤 경우에는   개인의 안전에 영향을 주거나   심각한
serious national problems. ⓭ Also, / their sources will ⓔlose trust in them, /
국가적 피해에 이르게 될 수 있다   또한   그들의 뉴스 정보원은 그들에 대한 신뢰를 잃을 것이다
making it difficult for them / to receive further information.
그리고 그들에게 어렵게 만든다   더 이상의 정보를 받는 것을

구문 해설

❶ ... is an agreement [between a source and a news organization].
  ◆ [ ]는 an agreement를 수식하는 전치사구 / between A and B: A와 B 사이에

❷ agree to-v: ~하는 것에(하기로) 동의하다

❻ by v-ing: ~함으로써

❼ to protect individuals는 부사적 용법의 to부정사구 (목적: ~하기 위해)

❽ ... by keeping information about ongoing investigations secret.
  ◆ keep + 목적어 + 목적격보어: …을 ~한 상태로 유지하다

문제 해설

1 이 글의 내용과 일치하면 T, 일치하지 않으면 F를 쓰시오.

(1) 뉴스 엠바고에 동의한 언론사는 특정 시간까지 정보를 공개할 수 없다. ❷번 문장　T

(2) 뉴스 엠바고는 개인이 아닌 국가를 보호하기 위함이다. 　　　　　　　　　　　F

(3) 뉴스 엠바고를 위반한 언론사는 더 이상 정보를 받기 어려워질 수 있다. ⓭번 문장　T

1 (2) 뉴스 엠바고는 국가적 차원 외에도 개인의 보호나 회사의 신제품과 영화 출시를 위해서도 적용된다고 했으므로, 이 글의 내용과 일치하지 않는다.

2 밑줄 친 ⓐ~ⓔ 중 문맥상 낱말의 쓰임이 적절하지 <u>않은</u> 것은?

① ⓐ　　　② ⓑ　　　③ ⓒ　　　④ ⓓ　　　✓⑤ ⓔ

2 ⑤ 뉴스 엠바고를 어긴 경우, 문맥상 뉴스 정보원은 언론사에 대한 신뢰를 '잃게' 될 것이다. 따라서, ⓔ gain(얻다)은 lose(잃다)가 되어야 한다.

3 다음은 뉴스 엠바고가 요청되는 상황을 정리한 것이다. 빈칸에 들어갈 알맞은 말을 이 글에서 찾아 쓰시오.

> News embargoes may be requested for the (1) ___security___ of a country or the protection of (2) ___individuals___ such as crime victims. They may also be used when new products or (3) ___movies___ are released.

3 뉴스 엠바고는 국가의 안보, 개인의 보호, 회사의 신제품 및 영화 출시를 위해 요청될 수 있다고 글에서 설명하고 있다.

뉴스 엠바고는 국가의 (1) 안보나 범죄 피해자와 같은 (2) 개인들의 보호를 위해 요청될 수 있다. 그것들은 또한 새로운 제품이나 (3) 영화들이 출시될 때에도 사용될 수 있다.

(53)

❿ ..., it is done <u>to prevent</u> spoilers <u>from reaching</u> potential viewers.
- to prevent ~ viewers는 부사적 용법의 to부정사구 (목적: ~하기 위해)
- prevent A from v-ing: A가 ~하는 것을 막다(예방하다)

⓫ to get a scoop은 부사적 용법의 to부정사구 (목적: ~하기 위해)

⓬ ..., it can <u>impact</u> the safety of individuals *or* <u>lead</u> to serious national problems.
- 동사 impact와 lead가 접속사 or로 연결되는 병렬 구조

⓭ Also, their sources will lose trust in them, [making <u>it</u> difficult <u>for them</u> <u>to receive</u> further information].
- [ ]는 분사구문 (= and it will make ...)
- it은 가목적어, to receive 이하는 진목적어, for them은 to receive의 의미상의 주어

본문 해석

❶ 우리는 매일 인터넷에 댓글, 사진, 개인 정보를 포함하여 많은 것을 공유한다. ❷ 일단 온라인에 게시하면, 그것들은 매우 빠르게 퍼진다. ❸ 따라서 원본 게시물들을 삭제하더라도, 해당 게시물은 다른 곳에 남아있을지도 모른다.
❹ 이것이 '잊힐 권리'가 중요한 이슈가 된 이유이다. ❺ 그것은 개인이 검색 엔진들이나 소셜 미디어 플랫폼들에서 자신의 개인 정보를 삭제하도록 요청할 수 있게 하는 개념이다.
❻ 목적은 개인들의 사생활과 존엄성을 보호하는 것인데, 특히 그들이 더 이상 특정 정보를 공유하고 싶지 않거나 정보가 구식이 된 경우에 그러하다. ❼ 이러한 우려에 대응하여 유럽 연합은 잊힐 권리를 포함시키는 데이터 보호 법을 실행해왔다.
❽ 하지만 잊힐 권리가 항상 보장되는 것은 아니다. ❾ 어떤 경우에는 개인의 정보 삭제 요청보다 공익이나 표현의 자유가 더 중요할 수도 있다.
❿ 비록 이것이 매우 까다로운 문제라고 해도 디지털 시대에 그것의 중요성은 계속 상당할 것이다.

직독직해

❶ We share many things / on the Internet every day, / including
우리는 많은 것을 공유한다   매일 인터넷에

comments, photographs, and personal information. ❷ Once we post them
댓글, 사진, 개인 정보를 포함하여   일단 우리가 온라인에 그것들을

online, / they spread very quickly. ❸ So even if we delete our original
게시하면   그것들은 매우 빠르게 퍼진다   따라서 우리가 원본 게시물들을 삭제하더라도

posts, / they might remain somewhere else.
             그것들은 다른 곳에 남아있을지도 모른다

❹ This is why / "the right to be forgotten" has become an important
이것이 이유이다   '잊힐 권리'가 중요한 이슈가 된

issue. ❺ It is a concept / that allows individuals to request / the removal
                그것은 개념이다   개인이 요청할 수 있게 하는

of their personal data / from search engines and social media platforms.
그들의 개인 정보 삭제를   검색 엔진들이나 소셜 미디어 플랫폼들에서

❻ The goal is to protect the privacy and dignity of individuals, /
목적은 개인들의 사생활과 존엄성을 보호하는 것이다

especially when they no longer wish to share certain information / or
특히 그들이 특정 정보를 더 이상 공유하기를 바라지 않거나

when the information becomes outdated. ❼ In response to these concerns,
또는 정보가 구식이 된 경우에   이러한 우려에 대응하여

/ the European Union has put into practice / data protection rules /
유럽 연합은 실행해왔다   데이터 보호 법을

covering the right to be forgotten.
잊힐 권리를 포함시키는

❽ But the right to be forgotten / is not always guaranteed. ❾ In some
하지만 잊힐 권리가   항상 보장되는 것은 아니다   어떤 경우에는

cases, / the public interest or freedom of expression / might be more
          공익이나 표현의 자유가   더 중요할 수도 있다

important / than an individual's request to remove information. ❿ Even
              정보를 삭제하기 위한 개인의 요청보다

though this is a very tricky issue, / its importance will continue to be
비록 이것이 매우 까다로운 문제라고 해도   그것의 중요성은 계속 상당할 것이다

significant / in digital age.
                디지털 시대에

구문 해설

❶ including: ~을 포함하여 (전치사)

❷ once: 일단 ~하면 (접속사)

❸ even if: (비록) ~라 하더라도, ~일지라도 (= even though)

❹ This is why "the right [to be forgotten]" has become an important issue.
◆ [   ]는 the right을 수식하는 to부정사구 (형용사적 용법: ~할)
◆ has become은 〈계속〉을 나타내는 현재완료 (have p.p.)

❺ It is a concept [that allows individuals to request ... social media platforms].
◆ [   ]는 선행사 a concept을 수식하는 주격 관계대명사절
◆ allow A to-v: A가 ~하게 하다

정답	**1** ⑤	**2** ②	**3** (1) removal (2) personal (3) search engines
Self-Study 노트	핵심 구문 100% 이해하기	직독직해 ❷. ❸. ❺. ❻. ❾번 문장
	글의 내용 100% 이해하기	1. remove 2. share 3. outdated 4. protect 5. public

문제 해설

1 이 글의 제목으로 가장 적절한 것은?

① Various Types of Personal Data 다양한 유형의 개인 정보

② Why Do We Need to Protect Our Data? 정보를 보호해야 하는 이유는 무엇인가?

③ The Advantages of Sharing Information 정보를 공유하는 것의 장점

④ How Quickly Information Spreads Online! 온라인에서 정보가 얼마나 빨리 확산되는가!

✓⑤ The Right to Be Forgotten in the Digital Age 디지털 시대의 잊힐 권리

1 이 글은 검색 엔진이나 소셜 미디어 플랫폼에 퍼진 개인 정보를 개인이 삭제 요청하는 것에 관한 내용으로, 디지털 시대에 중요한 이슈가 된 '잊힐 권리'에 대해 설명하고 있다. 따라서, ⑤가 제목으로 적절하다.

2 빈칸에 들어갈 말로 가장 적절한 것은?

① update information 정보를 업데이트하다

✓② remove information 정보를 삭제하다

③ improve data security 정보 보안을 향상시키다

④ share more information 더 많은 정보를 공유하다

⑤ fix incorrect information 잘못된 정보를 수정하다

2 빈칸이 있는 문장 앞에서 잊힐 권리가 항상 보장되는 것은 아니라고 하며, 어떤 경우에는 공익이나 표현의 자유가 더 중요할 수도 있다는 예시가 나오므로, 빈칸에는 잊힐 권리에 해당하는 개인의 정보 삭제 요청에 대한 내용이 나와야 한다. 따라서, ②가 적절하다.

3 질문에 대한 답이 되도록 빈칸에 들어갈 말을 이 글에서 찾아 쓰시오.

Q What can individuals ask for under the right to be forgotten?

A Individuals can ask for the (1) ___removal___ of their (2) ___personal___ data from (3) ___search___ ___engines___ and social media platforms.

Q: 잊힐 권리에 따라 개인은 무엇을 요청할 수 있는가?
A: 개인은 (3) 검색 엔진 및 소셜 미디어 플랫폼에서 자신의 (2) 개인 정보의 (1) 삭제를 요청할 수 있다.

3 잊힐 권리에 따르면, 개인은 검색 엔진이나 소셜 미디어 플랫폼에서 자신의 개인 정보를 삭제하도록 요청할 수 있다고 했다.

(57)

❻ ..., especially when they no longer wish to share certain information *or* when the information becomes outdated.
   ◆ 두 개의 when 부사절이 접속사 or로 연결된 병렬 구조

❼ In response to these concerns, the European Union has put into practice data protection rules [covering the right to be forgotten].
   ◆ in response to: ～에 대응하여 / put into practice: ～을 실행하다
   ◆ [ ]는 data protection rules를 수식하는 현재분사구

❽ not always: 항상 ～인 것은 아닌 (부분 부정)

❾ to remove information은 an individual's request를 수식하는 to부정사구 (형용사적 용법)

정답 확인

■ 읽기 전 **비문학 사고력 UP** 별도 정답 없음
■ 읽은 후 **핵심 정리** misinformation

본문 해석

❶ 요즘에는 사람들이 미디어와 상호작용하는 데 많은 시간을 보낸다. ❷ 그러나, 이것이 반드시 그들이 정보를 분석하고 이해하는 데 필요한 중요한 기술을 가지고 있다는 것을 의미하지는 않는다. ❸ 2016년 스탠포드대학교의 한 연구에 따르면 젊은 사람들은 잘못된 정보에 쉽게 속는데, 특히 소셜 미디어에서 정보를 얻을 때 그러하다. ❹ 그런데 이런 약점을 갖고 있는 것은 젊은 사람들만이 아니다.

❺ 뉴욕대학교 연구에 따르면 65세 이상의 사람들은 젊은 사람들보다 잘못된 정보를 7배 더 많이 공유하는 것으로 나타났다. ❻ 이것은 그들이 온라인 정보의 신뢰도를 결정하는 데 필요한 디지털 미디어 문해력이 부족하다는 것을 보여준다. ❼ 이 모든 것은 우리가 다음과 같은 중요한 질문을 하게 만든다. 잘못된 정보 문제에 대한 해결책은 무엇인가? ❽ 많은 사람들은 정부와 기술 플랫폼이 잘못된 정보를 차단하고 막는 데 중요한 역할을 해야 한다고 말한다. ❾ 그러나 모든 개인이 이 위협과 싸우는 것에 대해 책임을 져야 한다. ❿ 모든 사람이 정보를 비판적으로 평가하고, 신뢰할 수 있는 출처들과 신뢰할 수 없는 출처들을 구별하는 것이 중요하다. ⓫ 뿐만 아니라, 개인은 정보를 받아들이거나 그것을 다른 사람들과 공유하기 전에 정보의 사실을 확인하는 습관을 길러야 한다.

직독직해

❶ These days, / people spend a lot of time / interacting with media.
　요즘에는　　　　 사람들이 많은 시간을 보낸다　　　 미디어와 상호작용하는 데

❷ However, / this does not necessarily mean / that they have the critical
　그러나　　　 이것이 반드시 의미하지는 않는다　　　 그들이 중요한 기술들을 가지고 있다는

skills / needed to analyze and understand information. ❸ A study at
것을　　　 정보를 분석하고 이해하는 데 필요한

Stanford University in 2016 showed / that young people are easily fooled
2016년 스탠포드대학교의 한 연구는 보여주었다　　　 젊은 사람들이 쉽게 속는다는 것을

/ by misinformation, / especially when they get it from social media.
잘못된 정보에　　　　 특히 그들이 소셜 미디어에서 그것을 얻을 때

❹ However, / it's not just young people / who have this weakness.
　그러나　　　 젊은 사람들만이 아니다　　　 이런 약점을 갖고 있는 것은

❺ Research from New York University found / that people over the
　뉴욕대학교 연구는 발견했다　　　　　 65세 이상의 사람들은

age of 65 / shared seven times more misinformation / than younger
　　　　 잘못된 정보를 7배 더 많이 공유한다　　　　 젊은 사람들보다

people. ❻ This shows / that they lack the digital media literacy / needed to
　　　 이것은 보여준다　 그들이 디지털 미디어 문해력이 부족하다는 것을

determine the reliability of online information. ❼ All of this makes us ask
온라인 정보의 신뢰도를 결정하는 데 필요한　　　　　 이 모든 것은 우리가 중요한 질문을

an important question: What's the solution to the misinformation problem?
하게 만든다　　　　 잘못된 정보 문제에 대한 해결책은 무엇인가

❽ Many people say / governments and tech platforms should play an
　많은 사람들은 말한다　　 정부와 기술 플랫폼이 중요한 역할을 해야 한다고

important role in / blocking and preventing misinformation. ❾ However, /
　　　　　 잘못된 정보를 차단하고 막는 데　　　　　 그러나

every individual needs to take responsibility / for fighting this threat. ❿ It is
모든 개인이 책임을 져야 한다　　　　 이 위협과 싸우는 것에 대해

important / for everyone / to critically evaluate information / and distinguish
중요하다　　 모든 사람이　　 정보를 비판적으로 평가하고　　 신뢰할 수 있는

reliable sources from unreliable ones. ⓫ Furthermore, / individuals must
출처들과 신뢰할 수 없는 출처들을 구별하는 것이　　 뿐만 아니라　　 개인은 습관을 길러야

develop the habit / of fact-checking information / before accepting it or
한다　　　　 정보의 사실을 확인하는　　　　 정보를 받아들이거나 그것을

sharing it with others.
다른 사람들과 공유하기 전에

구문 해설

❶ spend + 시간 + v-ing: ~하는 데 시간을 보내다

❷ ... they have the critical skills [needed to analyze and understand information].
　◆ not necessarily: 반드시 ~은 아닌 (부분 부정)
　◆ [ ]는 the critical skills를 수식하는 과거분사구

❹ However, it's not just young people who(that) have this weakness.
　◆ 〈it is ~ that〉 강조 구문을 사용하여 not just young people을 강조(사람을 강조할 경우 that은 who로 쓸 수 있음)

❺ Research [from New York University] found that people [over the age of 65] shared seven times more misinformation than younger people.
　◆ 첫 번째 [ ]는 주어 Research를 수식하는 전치사구, 두 번째 [ ]는 people을 수식하는 전치사구
　◆ 비교급 + than ···: ··· 보다 더 ~한

문제 해설

1 이 글의 목적으로 가장 적절한 것은?

① 잘못된 정보 관련 연구 결과를 발표하려고

✓② 잘못된 정보 문제에 대한 각성을 촉구하려고

③ 잘못된 정보 문제에 대한 연령별 인식을 조사하려고

④ 개인과 관련된 잘못된 정보 사례를 소개하려고

⑤ 정보 제공에 있어 정부와 기술 플랫폼의 역할을 강조하려고

1 이 글은 온라인 상에서 잘못된 정보를 얻거나 공유하지 않기 위한 해결책으로 개인의 노력이 중요하다고 강조하고 있다. 따라서, 이 글의 목적으로 ②가 적절하다.

2 이 글의 내용과 일치하면 T, 일치하지 않으면 F를 쓰시오.

(1) 젊은 사람들도 소셜 미디어에서 잘못된 정보에 속는 경우가 많다. ③번 문장 ____T____

(2) 65세 이상의 사람들은 젊은 사람들보다 잘못된 정보를 덜 공유한다. ____F____

(3) 정보를 공유한 후에 사실 확인을 하는 습관을 길러야 한다. ____F____

2 (2) 뉴욕대학교 연구에 따르면 65세 이상의 사람들은 젊은 사람들보다 잘못된 정보를 7배 더 많이 공유한다고 했으므로, 이 글의 내용과 일치하지 않는다.

(3) 정보를 받아들이거나 다른 사람들과 정보를 공유하기 전에 사실 확인을 해야 한다고 했으므로, 이 글의 내용과 일치하지 않는다.

3 온라인 정보의 신뢰성을 결정하는 데 필요한 능력을 가리키는 말을 이 글에서 찾아 쓰시오. (3단어)

_____digital media literacy_____

3 두 번째 문단의 두 번째 문장에서 이 능력을 digital media literacy라고 설명하고 있다.

(61)

6 ... they lack the digital media literacy [needed to determine the reliability of online information].

 ◆ [   ]는 the digital media literacy를 수식하는 과거분사구

7 make + 목적어 + 목적격보어(동사원형): ~이 …하게 하다(만들다)

8 play an important role in v-ing: ~하는 데 중요한 역할을 하다

9 take responsibility for: ~에 책임을 지다, ~을 책임지다

⑩ It is important for everyone [to critically evaluate information and distinguish reliable sources from unreliable ones].

 ◆ It은 가주어, [   ]는 진주어, for everyone은 [   ]의 의미상의 주어

 ◆ distinguish A from B: A와 B를 구별하다

⑪ ◆ the habit of v-ing: ~하는 습관, 버릇

 ◆ share A with B: A를 B와 공유하다

정답 확인

■ 읽기 전 **비문학 사고력 UP** 별도 정답 없음
■ 읽은 후 **핵심 정리** architectural design

본문 해석

❶ 파리 중심부에 위치한 퐁피두 센터는 근현대 미술의 본고장이다. ❷ 그것은 또한 건축학적 디자인으로도 아주 유명하다.

❸ 센터의 가장 인상적인 특징은 외부의 첨단 건축 양식이다. ❹ 건물의 '안팎이 바뀐' 디자인은 철골과 기계 설비를 드러낸다. ❺ 각 설비는 각기 다른 선명한 색깔로 표시되는데, 파란색은 공기 순환, 노란색은 전기, 녹색은 배관, 그리고 빨간색은 이동 수단이다. ❻ 건물 전면에는 '애벌레'라고 알려진 유리로 싸여 있는 일련의 에스컬레이터가 특징을 이룬다.

❼ 건물의 내부는 외부만큼이나 인상적이다. ❽ 놀랍게도, 그것은 기둥이 없다. 다시 말하면, 외부 뼈대들이 천장을 지탱한다. ❾ 이 디자인은 퐁피두 센터가 제한이 없는 전시 공간을 가진다는 것을 의미한다. ❿ 그래서 그곳은 회화, 조각, 멀티미디어 설치 미술과 같은 예술 작품을 전시하기에 완벽한 장소이다.

⓫ 처음에 사람들은 퐁피두 센터의 독특한 모습에 부정적인 반응을 보였다. ⓬ 그러나 시간이 지나면서 그들은 그것의 가치와 아름다움을 인식하게 되었다. ⓭ 오늘날, 이 상징적인 건물은 파리의 랜드마크이다.

직독직해

❶ The Pompidou Center, / located in the heart of Paris, / is home
퐁피두 센터는   파리의 중심부에 위치한
to modern and contemporary art. ❷ It is also well known / for its
근대와 현대 미술의 본고장이다   그것은 또한 아주 유명하다   그것의
architectural design.
건축학적 디자인으로

❸ The center's most impressive feature / is the high-tech architectural
그 센터의 가장 인상적인 특징은   그것의 외부의 첨단 건축 양식이다
style of its exterior. ❹ The building's "inside-out" design exposes / its
                     그 건물의 안과 밖이 바뀐 디자인은 드러낸다
steel frame and mechanical systems. ❺ Each system is represented / by
그것의 철골과 기계 설비들을   각각의 설비는 표시된다
a different bold color: / blue for air circulation, / yellow for electricity, /
각기 다른 선명한 색깔에 의해   파란색은 공기 순환에   노란색은 전기에
green for plumbing, / and red for transportation. ❻ The front of the building
녹색은 배관에   그리고 빨간색은 이동 수단에   건물의 전면은 특징을 이룬다
features / a series of glass-covered escalators / known as the "caterpillar."
          일련의 유리로 싸여 있는 에스컬레이터들이   '애벌레'로 알려진

❼ The building's interior / is as impressive as its exterior.
건물의 내부는   그것의 외부만큼 인상적이다
❽ Surprisingly, / it has no pillars / — exterior frames / support the
놀랍게도   그것은 기둥이 없다   외부 뼈대들이   천장을 지탱한다
ceilings. ❾ This design means / it has unlimited exhibition spaces. ❿ So
          이 디자인은 의미한다   그것은 제한이 없는 전시 공간을 가진다는 것을   그래서
it is the perfect place to display art / such as paintings, sculptures, and
그것은 예술 작품을 전시하기에 완벽한 장소이다   회화, 조각, 멀티미디어 설치 미술과 같은
multimedia installations.

⓫ At first, / people had negative reactions / to the unique look of the
처음에   사람들은 부정적인 반응을 보였다   퐁피두 센터의 독특한 모습에
Pompidou Center. ⓬ However, / over time, / they have come to recognize /
                   그러나   시간이 지나면서 그들은 인식하게 되었다
its value and beauty. ⓭ Today, / this iconic building is a landmark in Paris.
그것의 가치와 아름다움을   오늘날   이 상징적인 건물은 파리의 랜드마크이다

66

구문 해설

❶ The Pompidou Center, [located in the heart of Paris,] is home to ...
  ◆ [ ]는 The Pompidou Center를 설명하는 삽입구

❷ be known for: ~로 유명하다

❸ most + 형용사: 가장 ~한 (-ive로 끝나는 2음절 이상 단어의 최상급)

❺ is represented: 수동태(be동사 + p.p.)

❻ The front of the building <u>features</u> a series of glass-covered escalators [<u>known as</u> the "caterpillar."]
  ◆ feature: 특징을 이루다
  ◆ [ ]는 a series of ~ escalators를 수식하는 과거분사구
  ◆ known as: ~으로 알려진

문제 해설

1　풍피두 센터에 관한 설명 중 이 글의 내용과 일치하지 <u>않는</u> 것은?

　　① 파리 중심부에 위치한다.　①번 문장

✓② 각 층마다 다른 색으로 내부가 칠해져 있다.

　　③ 건물 철골과 설비가 외부로 드러나 있다.　④번 문장

　　④ '애벌레'로 알려진 에스컬레이터가 있다.　⑥번 문장

　　⑤ 건물의 독특한 모습에 대한 부정적인 시각이 있었다.　⑪번 문장

1 두 번째 문단에서 각 층이 아닌 전기와 같은 기계 설비들이 각각 다른 색으로 표시되어 있다고 했으므로 ②는 이 글의 내용과 일치하지 않는다.

2　빈칸에 들어갈 말로 가장 적절한 것은?

　　① simple　단순한　　② natural　자연스러운　✓③ inside-out　안팎이 바뀐

　　④ traditional　전통적인　　⑤ energy-saving　에너지를 절약하는

2 빈칸이 있는 문장에서 건물이 '철골과 기계 설비를 드러내고 있다'고 하였으므로 ③이 적절하다.

3　밑줄 친 **This design**이 무엇인지 우리말로 쓰시오.

　　　　　　　　기둥이 없고 외부 뼈대가 천장을 지탱하는 것

3 This design은 앞 문장에서 설명한 퐁피두 센터 내부에 기둥이 없고 외부 뼈대가 천장을 지탱하는 디자인을 가리킨다.

(67)

❼ as + 형용사의 원급 + as … : …만큼 ~한

❿ So it is <u>the perfect place</u> [to display art such as paintings, sculptures, and multimedia installations].
　◆ [　]는 the perfect place를 수식하는 to부정사구 (형용사적 용법: ~할)
　◆ such as: ~와 같은 (such as ~ installations는 앞에 나온 art의 예시)

⓬ come to-v: ~하게 되다

정답 확인

▌읽기 전 **비문학 사고력 UP** 별도 정답 없음
▌읽은 후 **핵심 정리**　conditions, miserable

본문 해석

❶ 비록 당신이 '디스토피아'라는 단어를 모른다고 해도, 당신은 소설 '헝거 게임'이나 영화 '설국열차'는 들어봤을 것이다. ❷ 이 두 가지 모두에서 세상은 디스토피아이고 그곳에서 인간의 삶의 조건은 비참하다. ❸ 디스토피아를 이해하기 위해서는 먼저 유토피아가 무엇인지 이해해야 한다. ❹ 유토피아는 모든 것이 멋진 완벽한 곳이다. ❺ 물론, 인간은 실제로는 불완전하기 때문에 유토피아는 결코 존재할 수 없다. ❻ 디스토피아는 유토피아의 반대이다. ❼ 디스토피아 소설에서, 상상된 미래 속 세계는 전쟁, 환경 파괴, 억압적인 정부와 같은 어떤 비참한 상황에 직면한다. ❽ 디스토피아 사회의 시민들은 엄격한 통제 하에서 살아가며, 정보와 자유는 제한된다. ❾ 주인공들은 대개 기존의 사회, 정치 체제에 의문을 갖고 변화를 만들기 위해 고군분투한다. ❿ 이런 종류의 상황은 우리가 현재 직면한 일부 문제를 반영하므로, 디스토피아 소설은 경고의 역할을 할 수 있다. ⓫ 그것은 만약 우리가 현실을 직시하고 이러한 문제들을 즉시 처리하지 않으면, 상황이 어떻게 잘못될 수 있는지 보여준다.

직독직해

❶ Even if you don't know the word "dystopia," / you may have heard
비록 당신이 디스토피아'라는 단어를 모를지라도　　당신은 들어봤을지도 모른다
/ of the novel *The Hunger Games* and the movie *Snowpiercer*. ❷ In both
소설 '헝거 게임'과 영화 '설국열차'에 대해서　　이 두 가지
of these, / the world is a dystopia, / where the conditions of human life
모두에서　　세상은 디스토피아이다　　그리고 그곳에서 인간 삶의 조건은 비참하다
are miserable.

❸ To understand dystopias, / you should first understand / what a
디스토피아를 이해하려면　　당신은 먼저 이해해야 한다　　유토피아가
utopia is. ❹ A utopia is a perfect place / where everything is wonderful.
무엇인지를　　유토피아는 완벽한 곳이다　　모든 것이 멋진
❺ Of course, / utopias can never exist, / because human beings are
물론　　유토피아는 결코 존재할 수 없다　　왜냐하면 인간은 실제로는
imperfect in reality. ❻ A dystopia is the opposite of a utopia. ❼ In
불완전하기 때문에　　디스토피아는 유토피아의 반대이다
dystopian fiction, / the world in an imagined future faces / some
디스토피아 소설에서　　상상된 미래 속 세계는 직면한다　　어떤
disastrous situation, / such as war, environmental destruction, or an
비참한 상황에　　전쟁, 환경 파괴, 또는 억압적인 정부와 같은
oppressive government. ❽ Citizens in a dystopian society / live under
디스토피아 사회의 시민들은　　엄격한 통제
strict control, / and information and freedom are restricted. ❾ The main
하에 산다　　그리고 정보와 자유가 제한된다　　주인공들은
characters / usually question the existing social and political systems /
대개 기존의 사회와 정치 체제에 의문을 갖는다
and struggle to make a change. ❿ This kind of situation reflects / some
그리고 변화를 만들기 위해 고군분투한다　　이런 종류의 상황은 반영한다　　우리가
of the issues we currently face, / so dystopian fiction can serve as a
현재 직면한 문제들의 일부를　　그래서 디스토피아 소설은 경고의 역할을 할 수 있다
warning. ⓫ It shows us how things could go wrong / if we don't face
그것은 우리에게 어떻게 상황이 잘못될 수 있는지 보여준다　　만약 우리가 현실을
reality / and deal with these issues directly.
직시하지 않고　　이러한 문제들을 즉시 처리하지 않으면

(70)

구문 해설

❶ Even if you don't know the word "dystopia," you may have heard of ....
　◆ even if: 비록 ~일지라도 (양보의 부사절을 이끄는 접속사)
　◆ may have p.p.: 아마 ~했을지도 모른다 (과거의 불확실한 추측)
　◆ hear of: ~에 대해 듣다

❷ ..., the world is a dystopia, [where the conditions of human life are miserable].
　◆ [ ]는 선행사 a dystopia(장소)를 부연 설명하는 계속적 용법의 관계부사절 (where = and there)

❸ [To understand dystopias], you should first understand what a utopia is.
　◆ [ ]는 부사적 용법의 to부정사구 (목적: ~하기 위해)
　◆ what a utopia is는 understand의 목적어인 간접의문문 (의문사 + 주어 + 동사)

❹ A utopia is a perfect place [where everything is wonderful].
　◆ [ ]는 선행사 a perfect place(장소)를 수식하는 관계부사절

정답 **1** ⑤ **2** (1) F (2) F (3) T (4) T **3** struggles → struggle

Self-Study 노트 **핵심 구문 100% 이해하기** | 직독직해 **1**, **3**, **4**, **9**, **10**, **11**번 문장
글의 내용 100% 이해하기 | 1. 비참 2. 억압적인 3. 통제 4. 변화 5. 경고

문제 해설

1 **이 글의 주제로 가장 적절한 것은?**

① what a dystopia is in real life 현실에서 디스토피아가 무엇인지
② examples of utopian societies 유토피아 사회의 예시들
③ who leads dystopian societies 디스토피아 사회를 이끄는 사람
④ utopias and dystopias in fiction 소설 속의 유토피아와 디스토피아
✓⑤ dystopian fiction and its important role 디스토피아 소설과 그것의 중요한 역할

1 이 글은 디스토피아의 개념을 소개하고 디스토피아 소설 속 사회와 주인공에 대해 설명하면서, 디스토피아 소설이 우리가 현실에서 직면하고 있는 문제에 대해 경고하는 역할을 한다고 말하고 있다. 따라서, ⑤가 주제로 적절하다.

2 **이 글의 내용과 일치하면 T, 일치하지 않으면 F를 쓰시오.**

(1) 유토피아는 존재하지만 디스토피아는 존재하지 않는다. ____F____
(2) 유토피아는 인간이 불완전하기 때문에 존재한다. ____F____
(3) 디스토피아 소설의 배경은 비참하거나 통제된 환경이다. ⑦, ⑧번 문장 ____T____
(4) 디스토피아 소설의 주인공은 기존 체제를 변화시키려 애쓴다. ⑨번 문장 ____T____

2 (1) 유토피아는 실제로 결코 존재할 수 없다고 했다.
(2) 유토피아는 모든 것이 완벽한 곳이지만, 인간이 실제로는 불완전하기 때문에 존재할 수 없다고 했다.

3 **밑줄 친 문장에서 어법상 틀린 곳 한 군데를 찾아 바르게 고쳐 쓰시오.**

____struggles____ ➡ ____struggle____

3 문장의 주어인 The main characters가 복수이므로 동사도 복수형으로 써야 하며, 두 개의 동사 question과 struggle이 병렬 연결되어 있다. 따라서, struggles를 struggle로 고쳐야 한다.

(71)

⑨ The main characters usually underline{question} the existing social and political systems *and* underline{struggle} [to make a change].
  ◆ 주어는 The main characters이고, 동사 question과 struggle이 접속사 and로 연결되는 병렬 구조
  ◆ [ ]는 부사적 용법의 to부정사구 (목적: ~하기 위해)

⑩ ... the issues [(that) we currently face], so dystopian fiction can serve as a warning.
  ◆ [ ]는 선행사 the issues를 수식하는 목적격 관계대명사절로 that이 생략됨
  ◆ serve as: ~의 역할[기능]을 하다

⑪ It underline{shows} underline{us} how things could go wrong if we don't underline{face reality} *and* (don't) underline{deal with these issues directly}.
  ◆ show A B: A에게 B를 보여주다
  ◆ how things could go wrong은 직접목적어인 간접의문문 (의문사 + 주어 + 동사)
  ◆ face reality와 deal with these issues directly는 and로 연결되는 병렬 구조

Reading 3

■ 읽기 전 **비문학 사고력 UP** 별도 정답 없음
■ 읽은 후 **핵심 정리** (subtitles are used) to translate the dialogue for the viewer

---

본문 해석

❶ 대부분의 경우, 영화에서 외국어가 사용될 때 관객을 위해 대화를 번역하기 위해 자막이 사용된다. ❷ 그러나 외국어 대화에 자막이 없는 경우가 있다. ❸ 결과적으로 대부분의 관객은 등장인물들이 무슨 말을 하는지 이해할 수 없다.

❹ 이것은 감독이 특정 인물의 관점에서 영화가 보여지기를 원할 때 자주 행해진다. (대부분의 감독은 관객들과 동일한 언어를 사용하지 않는다.) ❺ 한 등장인물이 다른 등장인물들이 말하고 있는 언어를 이해하지 못하면, 그들은 단절감을 느낀다. ❻ 자막의 부재는 관객으로 하여금 비슷한 혼란과 단절감을 느끼게 한다. ❼ 예를 들어, 영화 'Not Without My Daughter(솔로몬의 딸)'에서 이란인 등장인물들은 페르시아어를 말하지만, 그들의 대화에는 자막이 없다. ❽ 이것은 주인공 Betty가 페르시아어를 못하는데, 영화의 구성이 그녀의 관점에서 보여지기 때문이다. ❾ 이것은 관객이 그녀의 감정에 더 쉽게 공감할 수 있게 해 준다.

직독직해

❶ Most of the time, / when a foreign language is spoken in a film, /
대부분의 경우　　　　　　영화에서 외국어가 말해질 때
subtitles are used to translate the dialogue / for the viewer. ❷ However,
자막은 대화를 번역하기 위해 사용된다　　　　　　관객을 위해　　　　그러나
/ there are occasions / when foreign dialogue is not subtitled. ❸ As a
경우들이 있다　　　　외국어 대화에 자막이 달리지 않는　　　　결과적으로
result, / most of the audience can't understand / what the characters are
　　　대부분의 관객은 이해할 수 없다　　　　등장인물들이 무엇을 말하고 있는지를
saying.

❹ This is often done / when a director wants / a movie to be seen
이것은 자주 행해진다　　감독이 원할 때　　　영화가 특정 인물의 관점에서
from the viewpoint of a particular character. (Most directors / don't speak
보여지기를　　　　　　　　　　대부분의 감독들은　　　같은 언어를
the same language / as their audiences.) ❺ When a character doesn't
말하지 않는다　　그들의 관객들과　　　한 등장인물이 그 언어를 이해하지
understand the language / being spoken by other characters, / he or she
못하면　　　　　　다른 등장인물들에 의해 말해지고 있는　　　그 또는 그녀는
feels disconnected. ❻ The absence of subtitles / allows the audience to
단절되었다고 느낀다　　자막의 부재는　　　　관객이 느끼게 한다
feel / a similar sense of confusion and disconnection. ❼ For example, /
　　　비슷한 혼란과 단절감을　　　　　　　예를 들어,
in the movie Not Without My Daughter, / the Iranian characters speak
영화 'Not Without My Daughter(솔로몬의 딸)'에서　　　이란인 등장인물들은 페르시아어를 말한다
Persian, / but there are no subtitles / for their dialogue. ❽ This is because
　　　하지만 자막이 없다　　　그들의 대화를 위한　　　이것은 ~ 때문이다
/ the main character, Betty, / doesn't speak Persian, / and the movie's
　　주인공 Betty가　　　　페르시아어를 못하는데　　　영화의 구성이 보여진다
plot is shown / from her perspective. ❾ This makes it easier / for the
　　　　　그녀의 관점에서　　　　이것은 쉽게 해 준다　　　관객들이
audience / to empathize with her feelings.
　　　　그녀의 감정에 공감하는 것을

74

구문 해설

❶ Most of the time, when a foreign language is spoken in a film, subtitles are used to translate ...
　◆ is spoken: 수동태(be동사 + p.p.)
　◆ be used to-v: ~하는 데(하기 위해) 사용되다

❷ However, there are occasions [when foreign dialogue is not subtitled].
　◆ [ ]는 선행사 occasions(경우, 때)를 수식하는 관계부사절

❸ what the characters are saying은 understand의 목적어로 쓰인 간접의문문(의문사 + 주어 + 동사)

❹ This is often done when a director wants a movie to be seen from the viewpoint of a particular character.
　◆ be done: 행해지다, 실행되다
　◆ to be seen: to부정사의 수동태(to be + p.p.)

문제 해설

1 이 글의 주제로 가장 적절한 것은?

① when foreign languages are subtitled 언제 외국어에 자막을 넣는지

② language and a sense of disconnection 언어와 단절감

③ how directors put subtitles on the screen 감독이 화면에 자막을 넣는 방법

④ the importance of characters' perspective in films 영화에서 등장인물들의 관점의 중요성

✓⑤ why some foreign dialogue is not subtitled in movies
영화에서 일부 외국어 대화에 자막이 없는 이유

1 이 글은 영화에서 일부 외국어 대화에 자막이 없는 경우와 그 이유를 한 영화의 예를 들어 설명하고 있으므로, ⑤가 주제로 적절하다.

2 이 글에서 전체 흐름과 관계 <u>없는</u> 문장은?

① ④번 문장   ✓②   ③ ⑤번 문장   ④ ⑥번 문장   ⑤ ⑦번 문장

2 이 글은 영화 속 외국어 대화에 자막을 넣지 않는 이유를 설명하고 있으므로, 감독이 관객과 같은 언어를 쓰지 않는다는 내용의 ②는 글의 흐름과 무관하다.

3 밑줄 친 perspective와 의미가 비슷한 단어를 이 글에서 찾아 쓰시오.

_____viewpoint_____

3 perspective는 '관점(시각)'이라는 뜻이므로 '관점(시각)'이라는 뜻의 viewpoint가 적절하다.

(75)

❺ When a character doesn't understand <u>the language</u> [(which is) being spoken by other characters], he or she feels disconnected.
　◆ [　]는 the language를 수식하는 현재분사구
　◆ 의미상 being 앞에 '주격 관계대명사 + be동사'인 which is가 생략됨(진행형 수동태 be동사 + being + p.p.)

❻ allow A to-v: A가 ～하게 하다

❽ ◆ this is because ～: 이것은 ～ 때문이다
　◆ is shown: 수동태(be동사 + p.p.)

❾ This makes <u>it</u> easier <u>for the audience</u> [to empathize with her feelings].
　◆ it은 가목적어, [　]는 진목적어, for the audience는 [　]의 의미상의 주어

Reading 4

정답 확인

■ **읽기 전 비문학 사고력 UP** 별도 정답 없음

■ **읽은 후 핵심 정리** a wheatfield

본문 해석

❶ 뉴욕의 배터리 파크 시티가 화려한 고층 건물, 금융 본부, 그리고 관광 명소로 가득한 곳이 되기 전에 세계 무역 센터 뒤의 그 지역은 거대한 쓰레기 매립지였다.

❷ 1982년, 예술가 Agnes Denes(아그네스 데네스)는 쓰레기 매립지를 일시적으로 그것이 예전에 그랬던 대로 되돌려 놓기로 결심했다. ❸ 공공 예술 기금은 그녀에게 맨해튼이 지금까지 본 가장 멋진 공공 예술 작품들 중에 하나를 만들어 달라고 요청했다. ❹ 그녀의 콘셉트는 전통적인 조각품이 아니었고, 그 대신 사람들이 예술을 보는 방식을 바꾸는 살아 있는 설치 미술이었다. ❺ Denes는 쌍둥이 빌딩 바로 옆에 밀밭을 심었다.

❻ *Wheatfield — A Confrontation*이라는 이 공공 예술 작품을 만들기 위해 Denes와 자원봉사자들은 쓰레기로 가득 찬 넓은 땅을 청소하고 황금빛 밀밭을 심었다. ❼ 몇 달 간의 농사 후에, 밀밭이 완성되었다. ❽ 그 예술가와 그녀의 자원봉사자들은 도시의 푸드 뱅크에 기부할 엄청난 양의 밀을 수확하였고, 뉴욕 사람들의 정신과 육체 모두에 영양분을 주었다.

직독직해

❶ Before New York's Battery Park City became a place / full of
뉴욕의 배터리 파크 시티가 장소가 되기 전에　　　　　　　　화려한
fancy high-rises, financial headquarters, and tourist attractions, / the area
고층 건물, 금융 본부, 그리고 관광 명소로 가득한
behind the World Trade Center / was a giant landfill.
세계 무역 센터 뒤의 그 지역은　　　　거대한 쓰레기 매립지였다

❷ In 1982, / artist Agnes Denes decided / to temporarily return the
1982년에　　예술가 Agnes Denes는 결심했다　　쓰레기 매립지를 일시적으로 되돌려
landfill / to the way it was before. ❸ The Public Art Fund asked her to
놓기로　　그것이 전에 있던 방식으로　　　　공공 예술 기금은 그녀에게 만들어 달라고 요청했다
create / one of the most amazing pieces of public art / Manhattan has
가장 멋진 공공 예술 작품들 중 하나를　　　　맨해튼이 지금까지 본
ever seen. ❹ Her concept was not a traditional sculpture / —instead, /
그녀의 콘셉트는 전통적인 조각품이 아니었다　　　그 대신
it was a living installation / that changed the way people looked at art.
그것은 살아 있는 설치 미술이었다　　사람들이 예술을 보는 방식을 바꾸는
❺ Denes planted a wheat field / right next to the Twin Towers.
Denes는 밀밭을 심었다　　　쌍둥이 빌딩 바로 옆에

❻ To create this public work of art, / named *Wheatfield — A*
이 공공 예술 작품을 만들기 위해　　　*Wheatfield — A Confrontation*이라는
Confrontation, / Denes and volunteers cleaned up a large area of land /
Denes와 자원봉사자들은 넓은 면적의 땅을 청소했다
that was filled with trash / and planted a field of golden wheat. ❼ After
쓰레기로 가득 찬　　　그리고 황금빛 밀밭을 심었다
months of farming, / the wheat field was ready. ❽ The artist and her
몇 달 간의 농사 후에　　밀밭이 완성되었다　　　그 예술가와 그녀의
volunteers harvested a huge amount of wheat / to give to food banks in
자원봉사자들은 엄청난 양의 밀을 수확했다　　　도시의 푸드 뱅크들에 기부할
the city, / nourishing (A) both the minds (B) and bodies of New Yorkers.
　　그리고 뉴욕 사람들의 정신과 육체 모두에 영양분을 주었다

78

구문 해설

❶ ... a place [full of fancy high-rises, financial headquarters, and tourist attractions], the area [behind the World Trade Center] was a giant landfill.
  ◆ 첫 번째 [ ]는 a place를 수식하는 형용사구, 두 번째 [ ]는 the area를 수식하는 전치사구

❷ it was before는 the way을 수식하는 관계부사절 (방식을 나타내는 선행사 the way와 관계부사 how는 둘 중 하나를 반드시 생략함)

❸ The Public Art Fund asked her to create one of the most amazing pieces of public art [(that) Manhattan has ever seen].
  ◆ ask A to-v: A에게 ~하는 것을 요청하다
  ◆ one of the + 최상급 + 복수명사: 가장 ~한 … 중의 하나
  ◆ [ ]는 선행사 the most amazing pieces ~ art를 수식하는 목적격 관계대명사절로 that이 생략됨

정답 　　　 **1** ⑤　　 **2** ⑤　　 **3** ②

Self-Study 노트　**핵심 구문 100% 이해하기** | 直讀直解 ❷, ❸, ❹, ❽번 문장

　　　　　　　　글의 내용 100% 이해하기 | 1. public 2. volunteers 3. landfill 4. wheat 5. food banks

1 이 글의 제목으로 가장 적절한 것은?

　① A Wheat Field Filled with Trash 쓰레기로 가득 찬 밀밭

　② The Miracle of the Twin Towers 쌍둥이 빌딩의 기적

　③ New Food Banks for New Yorkers 뉴욕 시민들을 위한 새로운 푸드 뱅크들

　④ Volunteers Who Changed a Landfill 쓰레기 매립지를 바꾼 자원봉사자들

　✓⑤ An Artist's Wheat Field for Manhattan 맨해튼을 위한 한 예술가의 밀밭

1 이 글은 Agnes Denes라는 예술가가 뉴욕 맨해튼의 한 쓰레기 매립지를 밀밭으로 바꿨던 설치 미술 작품에 관한 내용이다. 따라서, ⑤가 제목으로 적절하다.

2 *Wheatfield – A Confrontation*에 관한 설명 중 이 글의 내용과 일치하지 <u>않는</u> 것은?

　① Agnes Denes의 공공 예술 작품이다.　③번 문장

　② 쓰레기 매립지에 만들어진 작품이었다.　②번, ⑥번 문장

　③ 공공 예술 기금의 요청으로 만들어졌다.　③번 문장

　④ 사람들이 예술을 바라보는 방식을 바꿨다.　④번 문장

　✓⑤ 수확된 밀은 뉴욕 사람들에게 판매되었다.

2 마지막 문장에서 '도시의 푸드 뱅크에 기부할 엄청난 양의 밀을 수확했다'고 했으므로, ⑤는 이 글의 내용과 일치하지 않는다.

3 빈칸 (A), (B)에 들어갈 말로 알맞게 짝지어진 것은?

	(A)		(B)			(A)		(B)
①	either	·····	or		✓②	both	·····	and
③	not	·····	but		④	between	·····	and
⑤	neither	·····	nor					

① either A or B: A 또는 B

② both A and B: A와 B 둘 다

③ not A but B: A가 아니라 B

④ between A and B: A와 B 사이에

⑤ neither A nor B: A도 B도 아닌

3 Agnes Denes의 작품은 공공 예술 작품인 동시에 푸드 뱅크에 기부할 음식이 되었으므로, 뉴욕 사람들의 정신과 육체 '둘 다'에 영양분을 준 것이다. 따라서, 'A와 B 둘 다'라는 뜻의 상관접속사인 ②가 적절하다.

❹ ... it was a living installation [that changed the way [people looked at art]].

　◆ 첫 번째 [　]는 선행사 a living installation을 수식하는 주격 관계대명사절

　◆ 두 번째 [　]는 선행사 the way를 수식하는 관계부사절 (방식을 나타내는 선행사 the way와 관계부사 how는 둘 중 하나를 반드시 생략함)

❻ To create this public work of art, ... a large area of land [that was filled with trash] and planted a field of golden wheat.

　◆ To create ~ art는 부사적 용법의 to부정사구 (목적: ~하기 위해)

　◆ [　]는 선행사 a large area of land를 수식하는 주격 관계대명사절

❽ ... a huge amount of wheat [to give to food banks in the city], nourishing both the minds and bodies of New Yorkers.

　◆ [　]는 a huge amount of wheat을 수식하는 형용사적 용법의 to부정사구 (~할)

　◆ nourishing 이하는 분사구문 (= and they nourished ...)

본문 해석

❶얼마 전까지만 해도 우리는 은행 계좌를 개설하거나 돈을 송금하기 위해 은행을 방문해야 했다. ❷요즘에는, 기술 발달 덕분에 스마트폰으로 집에서 은행 서비스를 이용함으로써 우리는 많은 시간을 절약할 수 있다. ❸심지어 실제 지점이 없는 디지털 은행들도 있다.

❹이를 가능하게 하는 것은 금융 기술인데, 이것은 때때로 '핀테크'라고 불린다. ❺모바일 뱅킹은 핀테크의 한 부분일 뿐이다. ❻그것은 많은 더 편리한 서비스들을 가능하게 했다. ❼예를 들어, 많은 사람들이 애플페이나 삼성페이와 같은 모바일 결제 앱을 이용해서 지불하기 때문에 지갑을 가지고 다니지 않는다. ❽이러한 디지털 지갑 중 일부는 멤버십 카드, 쿠폰, 신분증, 항공권까지도 보관할 수 있다.

❾또 다른 예는 자금 관리 앱이다. ❿과거에는 사람들이 자신들의 자산을 따로따로 확인해야 했는데, 이는 굉장히 불편했다. ⓫그러나, 이제 그들은 하나의 앱으로 각기 다른 은행과 금융 서비스의 모든 자산, 수입 및 지출을 관리할 수 있다. ⓬이것은 그들이 자신들의 재정 상태를 파악하고 돈을 현명하게 관리하도록 돕는다.

직독직해

❶Not too long ago, / we had to visit a bank / to open a bank account
얼마 전까지만 해도　　　우리는 은행을 방문해야 했다　　　은행 계좌를 개설하거나

or transfer money. ❷Nowadays, / thanks to technological development,
돈을 송금하기 위해　　　요즘에는　　　기술 발달 덕분에

/ we can save a lot of time / by using banking services at home with our
우리는 많은 시간을 절약할 수 있다　　　우리의 스마트폰으로 집에서 은행 서비스들을 이용함으로써

smartphones. ❸There are even some digital banks / that don't have any
심지어 디지털 은행들도 있다　　　어떠한 형태가 있는 지점도

physical branches.
가지고 있지 않은

❹ⓐWhat makes this possible / is financial technology, / which
이를 가능하게 하는 것은　　　금융 기술이다

is sometimes called "fintech." ❺Mobile banking is only one part of
그리고 이것은 때때로 '핀테크'라고 불린다　　　모바일 뱅킹은 핀테크의 한 부분일 뿐이다

fintech. ❻It has made many more convenient services possible. ❼For
그것은 많은 더 편리한 서비스들을 가능하게 했다

example, / many people don't take their wallets with them / because they
예를 들어　　　많은 사람들이 그들의 지갑을 가지고 다니지 않는다　　　왜냐하면 그들은

pay / ⓑusing mobile payments apps, / such as Apple Pay or Samsung
지불한다　모바일 결제 앱을 이용해서　　　애플페이나 삼성페이와 같은

Pay. ❽Some of these digital wallets / can also store membership cards,
이러한 디지털 지갑 중 일부는　　　멤버십 카드, 쿠폰, 신분증, 심지어 항공권까지도

coupons, identification cards, and even plane tickets.
보관할 수 있다

❾Another example is money management apps. ❿People had to check
또 다른 예는 자금 관리 앱이다　　　사람들은 그들의 자산을

their assets separately / in the past, / which was a great inconvenience.
따로따로 확인해야 했다　　　과거에는　　　그리고 그것은 굉장한 불편함이었다

⓫However, / they can now manage all their assets, income and expenses
그러나　　　그들은 이제 그들의 모든 자산, 수입 및 지출을 관리할 수 있다

/ from different banks and financial services / with one app. ⓬This helps
각기 다른 은행과 금융 서비스들의　　　하나의 앱으로　　　이것은 그들이

them / ⓒfigure out their financial status / and manage their money wisely.
(~하도록) 돕는다　　그들의 재정 상태를 파악하도록　　　그리고 그들의 돈을 현명하게 관리하도록

84

구문 해설

❶ ◆ open an account: 계좌를 개설하다

  ◆ transfer money: 돈을 송금하다(이체하다)

❷ ◆ thanks to: ~ 덕분에

  ◆ by v-ing: ~함으로써

❸There are even <u>some digital banks</u> [that don't have any physical branches].

  ◆ [　]는 선행사 some digital banks를 수식하는 주격 관계대명사절

❹[<u>What</u> makes this possible] is financial technology, <u>which</u> is sometimes called "fintech."

  ◆ What은 선행사를 포함하는 관계대명사(~하는 것)로 [　]가 문장의 주어 역할

  ◆ which는 앞의 financial technology를 부연 설명해주는 계속적 용법의 관계대명사 (= and it)

| **정답** | **1** ⑤　**2** ④　**3** (1) mobile banking　(2) mobile payment　(3) money management |

Self-Study 노트 핵심 구문 100% 이해하기 | 직독직해 ❶, ❷, ❹, ❿, ⓫, 번 문장
　　　　　　　　글의 내용 100% 이해하기 | 1. 스마트폰　2. 디지털　3. 수입　4. 지출

문제 해설

1 이 글을 통해 알 수 없는 것은?

① 기존 은행 이용 방식 ①, ❿번 문장　② 디지털 은행의 특징 ③번 문장
③ 핀테크의 예시 ②, ③, ⑦, ⑨번 문장　④ 핀테크가 활용된 서비스의 장점 ⑥, ⑪, ⑫번 문장
✓⑤ 핀테크의 전망

1 ⑤ 핀테크의 전망에 대해서는 이 글에서 언급되지 않았다.

2 이 글의 ⓐ~ⓒ에 들어갈 말로 어법상 알맞게 짝지어진 것은?

	ⓐ	ⓑ	ⓒ
①	That	used	figure
②	That	using	figure
③	That	using	figuring
✓④	What	using	figure
⑤	What	used	figuring

2 ⓐ that은 접속사이므로 뒤에 '주어+동사'가 있는 절이 나와야 하는데, 뒤에 바로 동사(makes)가 나오므로 선행사를 포함해 주어 역할을 할 수 있는 관계대명사 'what(~하는 것)'이 적절하다.
ⓑ 주어 they가 모바일 결제 앱을 '사용하는' 주체이므로 능동의 의미를 갖는 현재분사 'using'이 적절하다.
ⓒ 동사 help는 목적격보어로 동사가 오면, 동사원형이나 to부정사 형태로 쓸 수 있다. 따라서, 'figure'가 적절하다.

3 각 설명에 해당하는 핀테크가 활용된 예시로 알맞은 것을 보기에서 골라 쓰시오.

보기
money management　mobile payment　mobile banking

(1) _____mobile banking_____ services: services that allow us to use banking services anywhere with smartphones 모바일 뱅킹 서비스: 어디서나 스마트폰으로 은행 서비스를 이용할 수 있게 해주는 서비스
(2) _____mobile payment_____ apps: apps that allow us to pay with smartphones 모바일 결제 앱: 스마트폰으로 결제할 수 있게 해 주는 앱
(3) _____money management_____ apps: apps where we can check and manage all of our assets together 자금 관리 앱: 모든 자산을 함께 확인하고 관리할 수 있는 앱

3 핀테크가 활용된 서비스의 예시로 모바일 뱅킹 서비스(스마트폰을 통한 은행 서비스 사용), 모바일 결제 앱(애플페이나 삼성페이와 같은 앱), 자금 관리 앱(나눠진 여러 자산을 함께 관리할 수 있는 앱)이 소개되었다.

85

❻ It has made many more convenient services possible.
◆ has made는 〈계속〉을 나타내는 현재완료(has p.p.)
◆ make + 목적어 + 목적격보어(형용사): ~을 …하게 하다

❿ ... , which was a great inconvenience.
◆ which는 계속적 용법의 관계대명사로 콤마(,) 앞 문장 내용 전체를 받음

⓫ However, they can now manage all their assets, income and expenses [from different banks and financial services] with one app.
◆ [ ]는 all their assets, income and expenses를 수식하는 전치사구

⓬ This helps them figure out their financial status ...
◆ help + 목적어 + 목적격보어(동사원형): ~이 …하도록 돕다 (help는 목적격보어로 동사원형이나 to부정사 둘 다 가능)

Reading 2

■ 정답 확인

■ 읽기 전 **비문학 사고력 UP** 지문, 족적(발자국), CCTV, 카드 사용 내역, 통화 내역, 인터넷 검색 기록 등
■ 읽은 후 **핵심 정리** gathering, analyzing

본문 해석

❶ 경찰은 범인을 잡기 위해 범죄 현장에서 지문과 발자국과 같은 증거를 수집한다. ❷ 이런 종류의 증거를 과학적으로 수집하고 분석하는 것은 과학 수사라고 불린다. ❸ 디지털 단서도 범죄를 해결하는 데 중요한 역할을 한다. ❹ 이것은 디지털 과학 수사라고 불린다.

❺ 디지털 과학 수사는 컴퓨터, 스마트폰, 태블릿 컴퓨터와 같은 전자 기기들에서 발견된 디지털 증거를 수집하고 분석하는 것을 포함한다. ❻ 이 과정에서 전문가들은 숨겨진 데이터를 밝혀내고, 검색 기록을 조사하며, 심지어 삭제된 파일을 복구하기도 한다. ❼ 전자 기기는 새로운 것을 위한 공간을 만들어야 할 때까지 삭제된 데이터를 임시로 저장한다. ❽ 따라서 전문가들은 특수 소프트웨어를 사용함으로써 범죄자가 삭제한 그 어떤 것도 복구할 수 있다. ❾ 2008년 한국의 사기 사건 수사에서 이메일 1만 5000 통, 은행 계좌 140만 개, 통화 13만 건을 분석하기 위해 디지털 과학 수사가 사용되었다. ❿ 수사관들은 또한 65기가바이트의 삭제된 파일들을 복구했다. ⓫ 이는 엄청난 액수의 사기를 밝혀냈고 경찰이 사건을 해결하도록 도왔다.

⓬ 디지털 시대에는 거의 모든 것이 전자 기기들에 저장되고, 전달되고, 처리된다. ⓭ 따라서, 디지털 과학 수사는 범죄를 해결하는 데 아주 중요한 도구이다.

직독직해

❶ The police collect evidence / such as fingerprints and footprints
경찰은 증거를 수집한다　　　　지문과 발자국과 같은
/ at crime scenes / to catch criminals. ❷ Gathering and analyzing this
범죄 현장에서　　　범인을 잡기 위해　　　이런 종류의 증거를 과학적으로 수집하고
type of evidence scientifically / is called forensics. ❸ Digital clues also
분석하는 것은　　　　　　과학 수사라고 불린다　　　디지털 단서도 중요한
play a crucial role / in solving crimes. ❹ This is called digital forensics.
역할을 한다　　　　범죄를 해결하는 데　　이것은 디지털 과학 수사라고 불린다
❺ Digital forensics involves / gathering and analyzing digital evidence
디지털 과학 수사는 포함한다　　　디지털 증거를 수집하고 분석하는 것을
/ found in electronic devices like computers, smartphones, and tablet
컴퓨터, 스마트폰, 태블릿 컴퓨터와 같은 전자 기기들에서 발견된
computers. ❻ During this process, / experts uncover hidden data,
이 과정 중에　　　　전문가들은 숨겨진 데이터를 밝혀내고
examine browsing histories, / and even recover deleted files. ❼ Electronic
검색 기록을 조사하며　　　심지어 삭제된 파일을 복구하기도 한다　　전자 기기는
devices temporarily store deleted data / until they need to make space for
삭제된 데이터를 임시로 저장한다　　　　새로운 것을 위한 공간을 만들어야 할 때까지
something new. ❽ So experts can recover / whatever criminals deleted
따라서 전문가들은 복구할 수 있다　　범죄자가 삭제한 것은 무엇이든지
/ by using special software. ❾ In an investigation of a fraud case in
특수 소프트웨어를 사용함으로써　　2008년 한국의 사기 사건 수사에서
Korea in 2008, / digital forensics was used / to analyze 15,000 emails,
디지털 과학 수사는 사용되었다　　　이메일 1만 5000 통, 은행 계좌
1.4 million bank accounts, and 130,000 calls. ❿ The investigators also
140만 개, 통화 13만 건을 분석하기 위해　　　　수사관들은 또한 65기가바이트의
restored 65 GB of deleted files. ⓫ This revealed a huge amount of fraud /
삭제된 파일들을 복구했다　　　이는 엄청난 액수의 사기를 밝혀냈고
and helped the police solve the case.
경찰이 사건을 해결하도록 도왔다
⓬ In the digital age, / almost everything is stored, communicated,
디지털 시대에는　　　거의 모든 것이 저장되고, 전달되고, 처리된다
and processed / on electronic devices. ⓭ Thus, / digital forensics is an
전자 기기들에　　　따라서　　디지털 과학 수사는 아주 중요한
essential tool / in solving crimes.
도구이다　　범죄를 해결하는 데

구문 해설

❶ The police collect evidence such as fingerprints and footprints at crime scenes <u>to catch criminals</u>.
◆ to catch criminals는 부사적 용법의 to부정사구 (목적: ~하기 위해서)

❷ [Gathering and analyzing this type of evidence scientifically] <u>is called</u> forensics.
◆ [ ]는 주어 / is called: 수동태(be동사＋p.p.)

❸ play a crucial role in: ~에서 중요한 역할을 하다

❺ ... <u>digital evidence</u> [found in electronic devices like computers, smartphones, and tablet computers].
◆ [ ]는 선행사 digital evidence를 수식하는 과거분사구 (= which was found ...)

❻ During this process, experts <u>uncover</u> hidden data, <u>examine</u> browsing histories, *and* even <u>recover</u> deleted files.
◆ uncover, examine, recover가 접속사 and로 연결되는 병렬 구조

┃**정답**　　　**1** ③　　**2** (1) T (2) T (3) F　　**3** (1) essential (2) restore (3) uncover

┃**Self-Study 노트**　**핵심 구문 100% 이해하기** ┃ 직독직해 **①**, **⑤**, **⑦**, **⑧**, **⑫**번 문장

　　　　　　　　글의 내용 100% 이해하기 ┃ 1. 디지털 2. 전자 기기(들) 3. 검색 기록 4. 복구

문제 해설

---

1 이 글의 주제로 가장 적절한 것은?

　① traditional ways to catch criminals　범죄자를 잡는 전통적인 방법

　② how to find evidence at crime scenes　범죄 현장에서 증거를 찾는 방법

✓③ the important role of digital forensics　디지털 과학 수사의 중요한 역할

　④ fraud cases involving electronic devices　전자 기기와 관련된 사기 사건

　⑤ special software that helps criminal investigations　범죄 수사에 도움을 주는 특수 소프트웨어

1 이 글은 디지털 시대에 범죄 해결에 중요한 역할을 하는 디지털 과학 수사에 대한 글로, 디지털 과학 수사의 정의, 방법, 실제 이용 사례 등에 대해 설명하고 있다. 따라서, ③이 주제로 적절하다.

2 이 글의 내용과 일치하면 T, 일치하지 않으면 F를 쓰시오.

　(1) 디지털 과학 수사는 전자 기기에 있는 디지털 증거를 다룬다.　⑤번 문장　　T

　(2) 특수 소프트웨어를 사용해서 삭제한 파일을 복구할 수 있다.　⑧번 문장　　T

　(3) 한국에서는 2008년에 처음으로 디지털 과학 수사가 사용되었다.　　F

2 (3) 두 번째 문단에서 2008년 한국의 사기 사건 수사에서 디지털 과학 수사가 사용되었다고 했으나, 이것이 처음 사용된 것이라고는 하지 않았다.

3 다음 단어와 비슷한 뜻을 가진 단어를 이 글에서 찾아 쓰시오.

　(1) crucial: 　　essential

　(2) recover: 　　restore

　(3) reveal: 　　uncover

3 (1) 중요한: 아주 중요한

(2) 복구하다: 복구하다

(3) 밝혀내다: 밝혀내다

(89)

---

❼ something new: -thing으로 끝나는 대명사는 형용사가 뒤에서 수식

❽ So experts can recover <u>whatever</u> criminals deleted <u>by using</u> special software.

　◆ whatever: (~하는) 것은 무엇이든지

　◆ by v-ing: ~함으로써

❾ be used to-v: ~하는 데(하기 위해) 사용되다

⓫ This <u>revealed</u> a huge amount of fraud *and* <u>helped</u> the police <u>solve</u> the case.

　◆ revealed와 helped가 접속사 and로 연결되는 병렬 구조

　◆ help + 목적어 + 목적격보어(동사원형): ~가 …하도록 돕다 (help는 목적격보어로 동사원형 또는 to부정사 둘 다 가능)

⓬ 수동태(be동사 + p.p.): is stored, communicated, and processed

정답 확인

■ 읽기 전 **비문학 사고력 UP** 별도 정답 없음

■ 읽은 후 **핵심 정리** Jennifer is a piece of software that tells them where to go and what to do.

본문 해석

❶ 우리는 종종 로봇이 우리의 일자리를 빼앗아 가는 것에 대해 걱정한다. ❷ 그러나 우리는 또한 로봇이 우리의 판단을 빼앗아 가는 것에 대해 걱정해야 한다. ❸ '피커'라고 불리는 사람들이 일하는 큰 창고를 상상해 봐라. ❹ 피커들은 포장되고 배송될 수 있도록 상품들을 선반에서 내리느라 바쁘다. ❺ 착용한 수화기를 통해 그들은 'Jennifer'의 목소리를 들을 수 있다. ❻ Jennifer는 어디로 가야 할지, 무엇을 해야 할지 그들에게 말해주는 하나의 소프트웨어이다. ❼ 이러한 자세한 지시는 아주 작은 단위로 나누어진다. ❽ 이는 오류를 최소화하고 생산성을 극대화하기 위해 수행된다. ❾ 예를 들어, Jennifer는 직원에게 책 18권을 집어 오라고 말하는 대신, 5권을 집어 오라고 말하고, 그다음에 5권을 더 집어 오라고 말할 것이다. ❿ 그러고 나서 거기에 또 5권을 집어 오라고 할 것이다. ⓫ 그리고 또 다른 3권을 집어 오라고 할 것이다. ⓬ 그러한 환경에서 일하는 것은 생각하도록 요구받지 않기 때문에 사람들이 기계처럼 느끼게 할 수 있다. ⓭ 대신, Jennifer 소프트웨어가 사고 과정을 떠맡고 그들을 (앞을) 보고 손을 사용하는 능력만 가진 값싼 노동력으로 취급한다.

직독직해

❶ We often worry / about robots taking away our jobs. ❷ However, /
우리는 종종 걱정한다 　로봇이 우리의 일자리를 빼앗아 가는 것에 대해 　그러나

we should also worry / about them taking away our judgment. ❸ Imagine
우리는 또한 걱정해야 한다 　그것들이 우리의 판단을 빼앗아 가는 것에 대해

a large warehouse / where people called "pickers" work. ❹ The pickers
큰 창고를 상상해 봐라 　'피커'라고 불리는 사람들이 일하는 　피커들은

are busy getting products off shelves / so that they can be packed and
상품들을 선반에서 내리느라 바쁘다 　그것들이 포장되고 배송될 수 있도록

shipped. ❺ Through the earpieces they wear, / they can hear the voice
　그들이 착용한 수화기를 통해 　그들은 'Jennifer'의 목소리를 들을

of "Jennifer." ❻ Jennifer is a piece of software / that tells them / where
수 있다 　Jennifer는 하나의 소프트웨어이다 　그들에게 말해주는 　어디로

to go and what to do. ❼ These detailed instructions / are broken down
가야 할지 그리고 무엇을 해야 할지를 　이러한 자세한 지시는 　아주 작은 덩어리로

into tiny chunks. ❽ This is done / to minimize errors and maximize
나누어진다 　이는 수행된다 　오류를 최소화하고 생산성을 극대화하기 위해

productivity. ❾ For instance, / instead of telling the worker to pick up 18
　예를 들어 　직원에게 책 18권을 집으라고 말하는 대신

copies of a book, / Jennifer will tell them to pick up five, / then another
　Jennifer는 5권을 집으라고 말할 것이다 　그런 다음 또 다른

five. ❿ Then yet another five. ⓫ Then another three. ⓬ Working in such
5권을 　그리고 나서 거기에 또 5권을 　그리고 또 다른 3권을 　그러한 환경에서

conditions / can make people feel like machines, / as they are not asked
일하는 것은 　사람들이 기계처럼 느끼게 할 수 있다 　그들이 생각하도록 요구받지

to think. ⓭ Instead, / the Jennifer software takes over the thought process
않기 때문에 　대신 　Jennifer 소프트웨어가 사고 과정을 떠맡고

/ and treats them as cheap labor / with only the ability to see and use
　그들을 값싼 노동력으로 취급한다 　보고 그들의 손을 사용하는 능력만 가진

their hands.

구문 해설

❸ Imagine a large warehouse [where people called "pickers" work].
  ◆ [ ]는 선행사 a large warehouse를 수식하는 관계부사절

❹ The pickers are busy getting products off shelves so that they can be packed and shipped.
  ◆ be busy v-ing: ~하느라 바쁘다
  ◆ so that: ~하도록 (목적)

❺ Through the earpieces [they wear], they can hear the voice of "Jennifer."
  ◆ [ ]는 선행사 the earpieces를 수식하는 목적격 관계대명사절 (관계대명사 생략됨)

❻ Jennifer is a piece of software [that tells them where to go and what to do].
  ◆ [ ]는 선행사 a piece of software를 수식하는 주격 관계대명사절
  ◆ where to go / what to do: tells의 직접목적어 역할 (의문사 + to-v)

문제 해설

1 빈칸에 들어갈 말로 가장 적절한 것은?

① workers 노동자들

② memories 기억

③ warehouses 창고

✓④ judgment 판단

⑤ ability to count 계산 능력

1 빈칸이 있는 문장은 이 글의 주제문으로, 빈칸 뒤에는 Jennifer라는 소프트웨어가 노동자들이 할 일을 지시해서 노동자들이 '생각할 필요 없이' 기계처럼 일하게 될 수 있다는 내용이 나온다. 따라서, ④가 적절하다.

2 이 글의 요지를 가장 잘 이해한 사람은?

① 혜수: 로봇을 이용하면 창고 업무가 편리해지겠네.

② 민우: 소프트웨어가 내리는 지시는 매우 복잡할 것 같아.

✓③ 승희: 생각 없이 기술에 의존하는 것은 큰 문제가 될 수 있어.

④ 진아: 여러 가지 업무를 한 번에 처리하는 것은 매우 효율적이야.

⑤ 서윤: 로봇은 무거운 것을 한 번에 들 수 있어서 인간의 일자리를 빼앗을 거야.

2 이 글은 로봇이 인간의 판단까지 대신하여 사람들이 기계처럼 일하게 되는 것에 대해 경고하는 글이므로, ③이 적절하다.

3 밑줄 친 부분처럼 하는 목적이 무엇인지 우리말로 쓰시오. (20자 이내)

오류를 최소화하고 생산성을 극대화하기 위해

3 바로 뒤 문장에서 오류를 최소화하고 생산성을 극대화하기 위해 Jennifer의 자세한 지시가 아주 작은 단위로 나뉜다고 설명하고 있다.

(93)

---

❼ These detailed instructions are broken down into tiny chunks.

◆ are broken down into: 수동태(be동사＋p.p.)

◆ break down into: ～로 나누다

❽ to minimize 이하는 부사적 용법의 to부정사구 (목적: ～하기 위해)

❿ yet: 거기에(그 위에) 또 (수·양·횟수의 증가를 강조할 때)

⓬ ... can make people feel like machines, as they are not asked to think.

◆ make + 목적어 + 목적격보어(동사원형): ～가 …하게 하다

◆ as: ～이기 때문에 (접속사) / be asked to-v: ～하도록 요구받다

⓭ ◆ take over: 떠맡다

◆ to see ~ hands는 the ability를 수식하는 형용사적 용법의 to부정사구 (～하는)

Reading 4

본문 해석

❶오늘날의 디지털 세계에서는 알고리즘이 어디에나 있다. ❷알고리즘은 당신이 혼자의 힘으로는 찾지 못했을지도 모르는 새로운 것들을 당신에게 소개해준다. ❸예를 들어, 알고리즘은 종종 당신의 재생 목록에 기반하여 당신이 좋아할 만한 음악을 추천한다. ❹당신이 음악을 들을 때, 알고리즘은 그것의 특징을 분석하고 당신의 선호도나 청취 기록에 기반하여 개인별 맞춤 추천을 한다. ❺하지만 만약 알고리즘이 이 과정을 계속해서 반복하면 어떻게 될까? ❻당신은 결국 매일 같은 노래를 듣게 될까 봐 걱정할지도 모른다. ❼사실, 이런 일은 거의 발생하지 않는다. ❽당신의 음악적 취향을 분석한 후, 알고리즘은 비슷한 취향과 선호도를 가진 다른 사용자들을 찾는다. ❾그런 다음 이 다른 사용자의 청취 기록에 기반하여 당신에게 새로운 추천을 한다. ❿또한, 당신이 몇몇 곡이나 가수를 평가하면, 알고리즘은 이 정보를 사용하여 다른 추천을 한다. ⓫따라서, 당신이 하는 모든 것은 알고리즘이 보여주는 결과에 영향을 미친다. ⓬이것이 알고리즘이 제공하는 특정한 추천이 당신의 음악적 선호도, 행동 및 기타 요인들에 따라 달라지는 이유이다. ⓭알고리즘이 작동하는 복잡한 방식 덕분에, 당신은 매우 다양한 음악을 즐길 수 있다.

직독직해

❶In today's digital world, / algorithms are everywhere.
오늘날의 디지털 세계에서는   알고리즘이 어디에나 있다

❷Algorithms introduce you to new things / that you might not have found by yourself.
알고리즘은   당신에게 새로운 것들을 소개해준다   당신이 혼자의 힘으로는 찾지 못했을지도 모르는

❸For example, / they often recommend music you might like / based on your playlist.
예를 들어   알고리즘은 종종 당신이 좋아할 만한 음악을 추천한다   당신의 재생 목록에 기반하여

❹When you listen to music, / algorithms analyze its characteristics / and make personalized recommendations / based on your preferences or listening history.
당신이 음악을 들을 때   알고리즘은 그것의 특징을 분석하고   개인별 맞춤 추천을 한다   당신의 선호도나 청취 기록에 기반하여

❺But what happens / if algorithms repeat this process over and over again?
하지만 무엇이 일어날까   만약 알고리즘이 이 과정을 계속해서 반복하면

❻You might worry / that you will end up listening / to the same songs every day.
당신은 걱정할지도 모른다   결국 듣게 될 것을   매일 같은 노래를

❼In fact, / this rarely happens.
사실   이런 일은 거의 발생하지 않는다

❽After analyzing your musical taste, / algorithms find other users / who have similar tastes and preferences.
당신의 음악적 취향을 분석하고 나서   알고리즘은 다른 사용자들을 찾는다   비슷한 취향과 선호도를 가진

❾Then they make new recommendations to you / based on the listening history of these other users.
그런 다음 당신에게 새로운 추천을 한다   이 다른 사용자들의 청취 기록에 기반하여

❿Additionally, / if you rate a few songs or artists, / algorithms use this data to make other recommendations.
또한   당신이 몇몇 곡이나 가수를 평가하면   알고리즘은 다른 추천을 하기 위해 이 정보를 사용한다

⓫Thus, / everything you do affects the results / shown by algorithms.
따라서   당신이 하는 모든 것은 결과에 영향을 미친다   알고리즘에 의해 보여지는

⓬This is why / specific recommendations provided by algorithms vary / depending on your musical preferences, behavior, and other factors.
이것이 ~한 이유이다   알고리즘이 제공하는 특정한 추천이 달라지는   당신의 음악적 선호도, 행동 및 기타 요인들에 따라

⓭Thanks to the complex way that algorithms work, / you can enjoy a wide variety of music.
알고리즘이 작동하는 복잡한 방식 덕분에   당신은   매우 다양한 음악을 즐길 수 있다

구문 해설

❷Algorithms introduce you to <u>new things</u> [that you might not have found <u>by yourself</u>].
- ◆ introduce A to B: A에게 B를 소개하다
- ◆ [ ]는 선행사 new things를 수식하는 목적격 관계대명사절
- ◆ by oneself: 혼자의 힘으로, 혼자서

❸..., they often recommend <u>music</u> [you might like] <u>based on</u> your playlist.
- ◆ [ ]는 선행사 music을 수식하는 목적격 관계대명사절 (관계대명사 생략됨)
- ◆ based on: ~에 기반한(근거한)

❹..., algorithms <u>analyze</u> its characteristics *and* <u>make</u> personalized recommendations ...
- ◆ 동사 analyze와 make가 접속사 and로 연결되는 병렬 구조

❻end up v-ing: 결국 ~하게 되다

1   이 글의 제목으로 가장 적절한 것은?

① Algorithms Can Cause Privacy Issues

② Find Your Musical Preferences Using Algorithms!

③ Are You Curious about the Listening History of Others?

✓④ The Complex yet Wonderful Way That Algorithms Work

⑤ Why Do Algorithms Keep Showing Us the Same Things?

① 알고리즘은 사생활 문제를 일으킬 수 있다
② 알고리즘을 사용하여 당신의 음악적 취향을 찾아보세요!
③ 타인의 청취 기록이 궁금하신가요?
④ 알고리즘이 작동하는 복잡하면서도 놀라운 방식
⑤ 알고리즘은 왜 우리에게 계속 같은 것을 보여줄까?

2   이 글에서 알고리즘에 영향을 주는 것으로 언급되지 **않은** 것은?

① 재생 목록 ③번 문장   ② 청취 기록 ④번 문장   ✓③ 사이트 방문 기록

④ 곡 평가 ⑩번 문장   ⑤ 가수 평가 ⑩번 문장

3   밑줄 친 this가 가리키는 것을 우리말로 쓰시오.

_____결국 매일 같은 노래를 듣게 되는 것_____

1 이 글은 알고리즘이 개인이 듣는 음악의 특성, 청취 기록 등을 분석하여 개인별 맞춤 추천을 해주는 과정을 구체적으로 설명한 글이다. 따라서, 제목으로 ④가 적절하다.

2 ③ 사이트 방문 기록에 대해서는 이 글에서 언급되지 않았다.

3 this는 앞 문장의 that you will end up listening to the same songs every day를 가리킨다.

(97)

---

7 rarely: 거의 ~하지 않는 (= hardly, seldom, scarcely 등)

8 After analyzing your musical taste, algorithms find other users [who have similar tastes and preferences].
- after v-ing: ~하고 나서
- [ ]는 선행사 other users를 수식하는 주격 관계대명사절

10 use A to-v: A를 ~하는 데(하기 위해) 이용하다

11 Thus, everything [you do] affects the results [shown by algorithms].
- 첫 번째 [ ]는 선행사 everything을 수식하는 목적격 관계대명사절 (관계대명사 생략됨)
- 두 번째 [ ]는 the results를 수식하는 과거분사구 (= which are shown ...)

12 provided by algorithms는 specific recommendations를 수식하는 과거분사구

13 that algorithms work는 선행사 the complex way를 수식하는 관계사절

본문 해석

❶ 전 세계의 많은 국가는 화석연료에 의존하는 것을 피하기 위해 재생 가능 에너지에 투자해왔다. ❷ 원자력도 종종 또 다른 선택으로 여겨진다. ❸ 그러나, 원자력에 대한 의견은 매우 갈린다. ❹ 그것은 화석연료에 대한 더 깨끗한 대안인가, 아니면 지구에 대한 위험인가?

❺ 원자력은 깨끗한 것으로 여겨진다. ❻ 원자력 발전소는 작동하는 동안에 온실가스를 만들어 내지 않는다. ❼ 예를 들어, 프랑스는 전력의 약 70%를 원자력에 의존한다. ❽ 이것은 그 국가의 온실가스 배출을 성공적으로 줄였다.

❾ 그러나 다른 의견들도 있다. ❿ 일부 전문가들은 핵폐기물의 위험성에 대해 경고한다. ⓫ 방사성 핵폐기물은 플루토늄과 같은 독성이 매우 강한 화학 물질들을 포함하고 있다. ⓬ 이러한 물질들은 수만 년 동안 방사성 상태로 남아 있을 수 있다. ⓭ 게다가, 많은 사람들이 폭발과 같은 사고들에 대해 걱정한다. ⓮ 비록 그것들이 일어날 가능성이 극히 낮더라도, 발생하면 그 결과는 비참하다. ⓯ 위험을 최소화하면서 원자력의 이점을 누리는 것이 가능할까? ⓰ 그것들 사이에서 균형을 찾는 것은 원자력의 미래에 필수적인 것으로 보인다.

직독직해

❶ Many countries around the world / have invested in renewable energy /
전 세계의 많은 국가는   재생 가능 에너지에 투자해왔다

to avoid relying on fossil fuels. ❷ Nuclear energy is also often regarded / as
화석연료에 의존하는 것을 피하기 위해   원자력은 또한 종종 여겨진다

another option. ❸ However, / opinions on nuclear energy / are highly divided.
또 다른 선택으로   그러나   원자력에 대한 의견은   매우 갈린다

❹ Is it a cleaner alternative to fossil fuels / or a danger to the planet?
그것은 화석연료에 대한 더 깨끗한 대안인가   아니면 지구에 대한 위험인가

❺ Nuclear energy is considered clean. ❻ Nuclear power plants don't
원자력은 깨끗하다고 여겨진다   원자력 발전소는 온실가스를

produce greenhouse gases / during operation. ❼ For example, / France relies
만들어 내지 않는다   작동하는 동안에   예를 들어   프랑스는 원자력에

on nuclear power / for about 70% of its electricity. ❽ This has successfully
의존한다   그것의 전력의 약 70%를   이것은 성공적으로 줄였다

cut down / the country's greenhouse gas emissions.
          그 국가의 온실가스 배출을

❾ However, / there are different opinions. ❿ Some experts warn / about
그러나   다른 의견들도 있다   일부 전문가들은 경고한다

the danger of nuclear waste. ⓫ Radioactive nuclear waste contains / highly
핵폐기물의 위험성에 대해   방사성 핵폐기물은 포함하고 있다

poisonous chemicals / like plutonium. ⓬ These materials can remain
매우 독성이 강한 화학 물질들을   플루토늄과 같은   이러한 물질들은 방사성 상태로 남아 있을

radioactive / for tens of thousands of years. ⓭ In addition, / many people are
수 있다   수만 년 동안   게다가   많은 사람들이

concerned about accidents / such as explosions. ⓮ Even if they are extremely
사고들에 대해 걱정한다   폭발과 같은   비록 그것들이 일어날 가능성이 극히

unlikely to happen, / the consequences are disastrous / when they do.
낮더라도   결과는 비참하다   그것들이 일어나면

⓯ Is it possible / to enjoy the benefits of nuclear energy / while
가능할까   원자력의 이점들을 누리는 것이

minimizing the risks? ⓰ Finding a balance between them / seems essential /
위험들을 최소화하면서   그것들 사이에서 균형을 찾는 것은   필수적으로 보인다

to the future of nuclear energy.
원자력의 미래에

(102)

구문 해설

❶ Many countries around the world <u>have invested in</u> renewable energy [to avoid <u>relying on</u> fossil fuels].

◆ have invested: 〈계속〉을 나타내는 현재완료(have + p.p.) / invest in: ～에 투자하다

◆ [ ]는 부사적 용법의 to부정사구 (목적: ～하기 위해)

◆ rely on: ～에 의존하다 (= depend on)

❸ ◆ highly: 매우, 상당히 ('높게'라는 의미의 부사는 형용사 '높은'과 마찬가지로 high임)

❹ an alternative to: ～에 대한 대안

❽ This <u>has</u> successfully <u>cut down</u> the country's greenhouse gas emissions.

◆ has cut down: 〈결과〉를 나타내는 현재완료(have + p.p.) / cut down: 줄이다

문제 해설

1 이 글의 목적으로 가장 적절한 것은?

① 대체 에너지의 필요성을 주장하려고

② 온실가스를 줄이는 방안을 제시하려고

③ 화석연료와 원자력 발전을 비교하려고

④ 원자력 발전의 장점에 대해 설명하려고

✓⑤ 원자력 발전에 대한 상반된 견해를 전달하려고

1 이 글은 원자력의 이점과 위험성에 대해 설명하고, 이 둘 사이에 균형을 찾는 것이 원자력의 미래에 필수적이라고 말하고 있다. 따라서, ⑤가 이 글의 목적으로 적절하다.

2 빈칸에 들어갈 말로 가장 적절한 것은?

① Therefore 그러므로   ② Fortunately 다행히도

✓③ In addition 게다가   ④ Nevertheless 그럼에도 불구하고

⑤ On the contrary 반대로

2 빈칸이 있는 문장은 폭발과 같은 사고에 대한 사람들의 걱정을 이야기하고 있으므로, 원자력의 위험성을 설명한 앞의 내용에 대해 추가적으로 설명한 것이다. 따라서, ③이 적절하다.

3 밑줄 친 부분의 이유를 우리말로 쓰시오. (25자 이내)

원자력 발전소가 작동 중에 온실가스를 만들어 내지 않아서

3 밑줄 친 문장 뒤에 나오는 원자력 발전소가 작동 중에 온실가스를 만들어 내지 않는다는 내용이 원자력이 깨끗하다고 여겨지는 이유이다.

(103)

⑫ remain + 형용사: ~한 상태로 남아 있다

⑬ be concerned about: ~에 대해 걱정[염려]하다

⑭ Even if they are extremely unlikely to happen, the consequences are disastrous when they do.

◆ even if: 비록 ~일지라도 (= even though)

◆ be unlikely to-v: ~할 가능성이 낮다

◆ do는 반복을 피하기 위해 앞에 나온 동사(happen)를 대신하는 대동사

⑮ Is it possible [to enjoy the benefits of nuclear energy while minimizing the risks]?

◆ it은 가주어, [   ]는 진주어

◆ while: ~하면서

정답 확인

■ 읽기 전 **비문학 사고력 UP** 본능적인 행동

■ 읽은 후 **핵심 정리** the quolls' instinct to imitate one another

본문 해석

❶생태학자들은 많은 동물에게서 영리한 모방 행동을 관찰해 왔다. ❷한 가지 예가 주머니고양이라고 불리는 작은 호주 동물의 행동을 연구하는 행동 생태학자들에 의해 알려졌다. ❸그것의 생존은 수수두꺼비에 의해 위협받고 있었는데, 수수두꺼비는 1930년대에 호주에 전해졌다. ❹주머니고양이에게 이 두꺼비는 맛있어 보인다. ❺그러나, 그 두꺼비는 독성이 있다. ❻주머니고양이가 그것을 먹으면, 매우 아프게 되고 빨리 죽는다. ❼생태학자들은 서로를 모방하는 주머니고양이의 본능을 이용하는 영리한 해결책을 생각해 냈다. ❽그들은 특수 화학 물질이 포함된 두꺼비 소시지를 몇몇 주머니고양이들에게 주었다. ❾이 화학 물질은 주머니고양이에게 해를 끼치지 않았다. ❿그것은 단지 그들이 메스꺼움을 느끼게 했다. ⓫이것은 그들이 두꺼비를 멀리하는 것을 배우는 데 도움이 되었다. ⓬'두꺼비를 잘 아는' 이 주머니고양이 무리는 자연으로 다시 방출됐고, 그곳에서 그들이 배웠던 것을 자손에게 가르쳤다. ⓭다른 주머니고양이들은 나중에 이 행동을 모방했다. ⓮각각의 어린 주머니고양이가 위험한 두꺼비를 피하는 것을 배워감에 따라, 그 종의 생존 가능성이 높아졌다.

직독직해

❶Ecologists have observed clever copying behavior / in many animals.
❷One example was uncovered by behavioral ecologists / studying the behavior of a small Australian animal / called the quoll. ❸Its survival was being threatened by the cane toad, / which was introduced to Australia in the 1930s. ❹To a quoll, / these toads look tasty. ❺However, / the toads are poisonous. ❻When a quoll eats one, / it gets very sick and dies quickly. ❼The ecologists came up with a clever solution / that makes use of the quolls' instinct / to imitate one another. ❽They gave some quolls toad sausages / containing special chemicals. ❾These chemicals didn't harm the quolls. ❿They just made them feel nauseous. ⓫This helped them learn / to stay away from the toads. ⓬Groups of these 'toad-smart' quolls / were released back into the wild, / where they taught their offspring what they had learned. ⓭Other quolls later copied this behavior. ⓮As each young quoll learned / to avoid the hazardous toads, / the species' chances of survival increased.

구문 해설

❶ have observed: 〈계속〉을 나타내는 현재완료(have + p.p.)

❷ ... behavioral ecologists [studying the behavior of a small Australian animal [called the quoll]].
◆ 첫 번째 [ ]는 behavioral ecologists를 수식하는 현재분사구 / 두 번째 [ ]는 a small Australian animal을 수식하는 과거분사구

❸ Its survival was being threatened by the cane toad, which was introduced to Australia in the 1930s.
◆ was being threatened: 과거 진행형 수동태(was/were + being + p.p.)
◆ which는 계속적 용법의 관계대명사로 앞에 나온 선행사 the cane toad를 부연 설명 (= and it)

❹ look tasty: look, taste, feel, sound와 같은 감각동사는 보어로 형용사가 옴

❻ When a quoll eats one, it gets very sick and dies quickly.
◆ one: 앞서 언급된 a cane toad를 가리킴 (앞에 이미 언급한 것을 가리킬 때 명사의 반복을 피하기 위해 씀)
◆ it: when절의 주어인 a quoll을 가리킴

문제 해설

1 이 글의 제목으로 가장 적절한 것은?

✓① A Clever Use of Animal Instinct 동물 본능의 영리한 활용

② Cane Toads Eat Special Sausages 수수두꺼비는 특별한 소시지를 먹는다

③ Copying Behavior of Toxic Animals 독성 동물의 모방 행동

④ The Quoll's Instinct to Teach Its Offspring 자손을 가르치는 주머니고양이의 본능

⑤ A New Predator Threatens Australian Quolls 새 포식자가 호주의 주머니고양이를 위협한다

1 이 글은 생태학자들이 서로를 모방하는 주머니고양이의 본능을 이용해 수수두꺼비로 인해 생존을 위협받던 주머니고양이들의 생존 가능성을 높였다는 내용이다. 따라서, ①이 제목으로 적절하다.

2 밑줄 친 one과 it이 가리키는 것을 이 글에서 찾아 쓰시오.

(1) one: _____ a cane toad _____

(2) it: _____ a quoll _____

2 one은 앞서 언급된 '수수두꺼비(a cane toad)'이고, it은 수수두꺼비를 먹는 when절의 주어 '주머니고양이(a quoll)'을 가리킨다.

3 이 글의 'toad-smart' quolls가 수수두꺼비를 피하게 된 이유를 우리말로 쓰시오. (30자 이내)

_____ 특수 화학 물질이 포함된 수수두꺼비 소시지를 먹고 메스꺼움을 느껴서 _____

3 'toad-smart' quolls는 특수 화학 물질이 포함된 수수두꺼비 소시지를 먹고 메스꺼움을 느껴 수수두꺼비를 멀리하게 된 주머니고양이 무리이다.

(107)

---

❼ The ecologists came up with a clever solution [that makes use of the quolls' instinct [to imitate one another]].

◆ 첫 번째 [ ]는 선행사 a clever solution을 수식하는 주격 관계대명사절

◆ 두 번째 [ ]는 the quolls' instinct를 수식하는 형용사적 용법의 to부정사구 (~하는)

❽ containing special chemicals는 toad sausages를 수식하는 현재분사구

❿ make + 목적어 + 목적격보어: ~가 …하게 하다

⓫ help + 목적어 + 목적격보어: ~가 …하게 돕다 (목적격보어로 동사가 올 때 동사원형 또는 to부정사 둘 다 가능)

⓬ ... the wild, [where they taught their offspring what they had learned].

◆ [ ]는 선행사 the wild를 부연 설명하는 계속적 용법의 관계부사절 (= and there)

◆ what은 선행사의 의미를 포함한 관계대명사로 '~한 것' / had learned: 〈대과거〉를 나타내는 과거완료(had + p.p.)

⓮ ◆ as: ~함에 따라 / to avoid ~ toads는 learn의 목적어 역할을 하는 명사적 용법의 to부정사구 (~하는 것)

Reading 3

본문 해석

❶ 일부 물고기, 오징어, 불가사리와 같은 많은 해양 종은 생물 발광이라고 불리는 독특한 능력을 가지고 있다. ❷ 그것은 그들이 스스로 빛날 수 있게 해준다.

❸ 생물 발광은 햇빛이 닿지 않는 바다 깊은 곳에서 도움이 된다. ❹ 그것은 해양 동물이 어둠 속에서 짝을 찾거나 먹이를 유인하는 것을 돕는다. ❺ 일부는 또한 포식자를 피하기 위해 생물 발광을 사용한다. ❻ 당신이 어두운 방에 있고 갑자기 누군가가 당신의 눈에 손전등을 비춘다고 상상해 봐. ❼ 당신은 몇 초 동안 아무것도 볼 수 없을 것이다. ❽ 해양 동물은 이런 식으로 포식자의 눈을 잠시 보이지 않게 하고 나서 도망간다. ❾ 생물 발광의 색상은 대개 청록색이다. ❿ 그것은 그들보다 위쪽의 바다의 색깔과 비슷하다. ⓫ 그래서 이 동물들이 빛을 내면, 그들은 더 이상 그림자나 실루엣을 만들지 않는다. ⓬ 이런 식으로 그들은 포식자에게 보이지 않게 된다. ⓭ 일부 오징어와 벌레는 파충류처럼 몸의 빛나는 부분을 떼어낼 수 있다. ⓮ 포식자들이 떼어낸 부분에 의해 주의가 산만해지는 동안 그들은 도망친다. ⓯ 이것은 분명히 생존을 위한 현명한 전략이다.

직독직해

❶ Many marine species such as some fish, squid, and starfish / have
일부 물고기, 오징어, 불가사리와 같은 많은 해양 종은 독특한

a unique ability / called bioluminescence. ❷ It allows them to glow / on
능력을 가지고 있다 생물 발광이라고 불리는 그것은 그들이 빛날 수 있게 해준다

their own.
스스로

❸ Bioluminescence is helpful / in the deep parts of the ocean / where
생물 발광은 도움이 된다 바다 깊은 곳에서

sunlight can't reach. ❹ It helps / marine animals find mates or attract prey
햇빛이 닿을 수 없는 그것은 돕는다 해양 동물들이 짝을 찾거나 먹이를 유인하는 것을

/ in the darkness. ❺ Some also use bioluminescence / to avoid predators.
어둠 속에서 일부는 또한 생물 발광을 사용한다 포식자를 피하기 위해

❻ Imagine you were in a dark room / and someone suddenly shined a
당신이 어두운 방에 있다고 상상해 봐 그리고 누군가가 갑자기 당신의 눈에 손전등을

flashlight in your eyes. ❼ You wouldn't be able to see anything / for a
비춘다고 당신은 아무것도 볼 수 없을 것이다

few seconds. ❽ Marine animals blind their predators this way / and then
몇 초 동안 해양 동물은 이런 식으로 포식자의 눈을 잠시 보이지 않게 한다 그러고 나서

escape. ❾ The color of bioluminescence / is usually a blue-green shade.
도망간다 생물 발광의 색상은 대개 청록색이다

❿ It is similar / to the color of the ocean above them. ⓫ So when these
그것은 비슷하다 그들보다 위쪽의 바다의 색깔과 그래서 이 동물들이

animals glow, / they no longer make a shadow or create a silhouette. ⓬ In
빛날 때 그들은 더 이상 그림자를 만들거나 실루엣을 만들지 않는다

this way, / they become invisible to predators. ⓭ Some squid and worms
이런 식으로 그들은 포식자에게 보이지 않게 된다 일부 오징어와 벌레는

/ can detach a glowing part of their bodies / like reptiles. ⓮ They flee /
그들의 몸의 빛나는 부분을 떼어낼 수 있다 파충류처럼 그들은 도망친다

while predators are distracted / by the detached part. ⓯ This is clearly a
포식자들이 주의가 산만해지는 동안 떼어낸 부분에 의해 이것은 분명히 생존을

smart strategy for survival.
위한 현명한 전략이다

구문 해설

❶ called bioluminescence는 a unique ability를 수식하는 과거분사구

❷ allow A to-v: A가 ~하게 하다 / on one's own: 스스로

❸ Bioluminescence is helpful in the deep parts of the ocean [where sunlight can't reach].

◆ [ ]는 선행사 the deep parts of the ocean을 수식하는 관계부사절

❹ It helps marine animals find mates or attract prey in the darkness.

◆ help + 목적어 + 목적격보어: ~가 …하게 돕다 (목적격보어로 동사가 올 때 동사원형이나 to부정사 형태로 씀)

◆ help의 목적격보어인 find와 attract가 접속사 or로 연결되는 병렬 구조

❺ Some also use bioluminescence to avoid predators.

◆ to avoid predators는 부사적 용법의 to부정사구 (목적: ~하기 위해)

문제 해설

1 이 글의 주제로 가장 적절한 것은?

① what causes bioluminescence 생물 발광을 일으키는 것

② protective colors of marine animals 해양 동물의 보호색

③ ways predators attract prey in the ocean 포식자가 바다에서 먹이를 유인하는 방법

④ bioluminescence in the sea and on the land 바다와 육지에서의 생물 발광

✓⑤ how bioluminescence helps some marine animals
　생물 발광이 몇몇 해양 동물들을 돕는 방법

1 이 글은 심해에 사는 해양 동물이 번식과 생존을 위해 '생물 발광' 능력을 어떻게 사용하는지에 대해 설명하고 있다. 따라서, ⑤가 주제로 적절하다.

2 bioluminescence에 관한 설명 중 이 글의 내용과 일치하지 <u>않는</u> 것은?

① 주로 심해에서 도움이 된다. ③번 문장

② 해양 동물들이 먹이 찾는 것을 도와준다. ④번 문장

③ 포식자를 눈부시게 해서 도망갈 수 있게 한다. ⑧번 문장

✓④ 빛을 발하면 그림자가 생긴다.

⑤ 일부 오징어와 벌레는 빛을 발하는 부위를 분리할 수 있다. ⑬번 문장

2 생물 발광 시 그림자나 실루엣이 생기지 않는다고 했으므로, ④는 이 글의 내용과 일치하지 않는다.

3 빈칸에 들어갈 말로 가장 적절한 것은?

① darker than usual 평소보다 더 어두운

② similar to predators 포식자와 비슷한

③ likely to attract prey 먹이를 유인할 가능성이 있는

④ noticeable in the water 물 속에서 눈에 띄는

✓⑤ invisible to predators 포식자에게 보이지 않는

3 빈칸 앞에서 생물 발광은 대개 청록색이며, 이는 해양 동물들보다 위쪽의 바다의 색깔과 비슷하기 때문에 해양 동물들이 발광을 하면 그림자나 실루엣을 만들지 않는다고 했다. 따라서, ⑤가 적절하다.

(111)

---

❻ Imagine (that) you <u>were</u> in a dark room and someone suddenly <u>shined</u> a flashlight in your eyes.

◆ Imagine 뒤에는 목적어절을 이끄는 접속사 that이 생략

◆ 과거동사 were/shined: 가정법 과거 (현재에 대한 가정)

❽ Marine animals <u>blind</u> their predators this way *and* then <u>escape</u>.

◆ 동사 blind와 escape가 접속사 and로 연결되는 병렬 구조

⑪ ..., they <u>no longer</u> <u>make</u> a shadow *or* <u>create</u> a silhouette.

◆ no longer: 더 이상 ~이 아닌

◆ 동사 make와 create가 접속사 or로 연결되는 병렬 구조

⑫ invisible to: ~에게 보이지 않는

Reading 4

본문 해석

❶ 기업들이 자사 제품을 실제보다 더 환경친화적으로 보이게 하려고 노력할 때, 이것을 그린워싱이라고 부른다. ❷ 다양한 종류의 그린워싱이 있다.

❸ 어떤 기업들은 자사 제품들이 환경 규정에 따라 제조되었다고 광고할지도 모른다. ❹ 그러나, 이것이 법으로 요구되는 경우에 마케팅 포인트가 되어선 안 된다. ❺ 제품에 'CFC-free(프레온 가스를 쓰지 않은)' 라벨을 붙이는 것은 이것의 예시이다. ❻ 기업은 또한 자신들의 주장을 과장하거나 심지어 거짓말을 한다. ❼ 비록 식물과 동물까지 모든 것이 화학 성분을 포함하고 있음에도 불구하고, 일부 제품은 '화학 성분이 없는'이라고 라벨이 붙어 있다. ❽ 다른 주장들은 너무 모호하거나 증명하기 어렵다. ❾ 세탁용 세제, 가정용 세제, 페인트 등이 가장 흔한 예이다. ❿ 예를 들어, 세탁용 세제는 식물성 재료를 포함하고 있기 때문에 '천연' 또는 '유기농'으로 광고될지도 모른다. ⓫ 하지만 그것은 여전히 유해한 화학 성분이나 인공 향을 포함하고 있을 수 있다.

⓬ 기업은 환경에 관심이 있는 소비자들을 유인하기 위해 그린워싱을 이용한다. ⓭ 많은 소비자들은 제품을 구매한 이후까지 허위 주장임을 알아채지 못한다. ⓮ 따라서, 그린워싱은 단기적으로 매출을 증가시킬 수 있다. ⓯ 그러나 소비자들이 속고 있다는 것을 깨닫게 되면 그것은 심각한 문제를 일으킬 수 있다.

직독직해

❶ When companies try to make their products look more environmentally
기업들이 그들의 제품들이 더 환경친화적으로 보이게 하려고 노력할 때
friendly / than they actually are, / it is called greenwashing. ❷ There are
그것들이 실제로 그런 것보다   그것은 그린워싱이라고 불린다   다양한 종류의
different types of greenwashing.
그린워싱이 있다

❸ Some companies may advertise / that their products are made / following
어떤 기업들은 광고할지도 모른다   그들의 제품들이 제조되었다고
environmental regulations. ❹ However, / this should not be a marketing point /
환경 규정들을 따르면서   그러나   이것은 마케팅 포인트가 되어서는 안 된다
when this is required by law. ❺ Labeling products "CFC-free" / is an example
이것이 법으로 요구될 때   제품에 '프레온 가스를 쓰지 않은' 라벨을 붙이는 것은   이것의
of this. ❻ Companies also exaggerate their claims / or even lie. ❼ Some
예시이다   기업은 또한 그들의 주장을 과장하거나   심지어 거짓말을 한다   일부
products are labeled "chemical-free," / even though everything contains
제품들은 '화학 성분이 없는'이라고 라벨이 붙어 있다   비록 모든 것이 화학 성분을 포함하고 있음에도
chemicals, / even plants and animals. ❽ Other claims are either too vague / or hard
불구하고   심지어 식물과 동물까지도   다른 주장들은 너무 모호하거나   증명하기
to prove. ❾ Laundry detergents, household cleaners, and paints / are the most
어렵다   세탁용 세제, 가정용 세제, 페인트 등이   가장 흔한 예이다
common examples. ❿ For instance, / a laundry detergent may be advertised /
예를 들어   세탁용 세제는 광고될지도 모른다
as "natural" or "organic" / because it contains plant-based ingredients. ⓫ But it
'천연인' 또는 '유기농의'로   그것이 식물성 재료를 포함하고 있기 때문에   하지만
could still contain / harmful chemicals or synthetic fragrances.
그것은 여전히 포함하고 있을 수 있다   유해한 화학 성분이나 인공 향을

⓬ Companies use greenwashing / to attract customers / who care about
기업들은 그린워싱을 이용한다   소비자들을 유인하기 위해   환경에 관심이 있는
the environment. ⓭ Many consumers don't find out about the false claims
많은 소비자들은 허위 주장들에 대해 알아채지 못한다
/ until after they have purchased the product. ⓮ Therefore, / greenwashing
그들이 제품을 구매한 이후까지   따라서   그린워싱은 매출을
may increase sales / in the short term. ⓯ However, / it can cause a serious
증가시킬 수 있다   단기적으로   그러나   그것은 심각한 문제를 일으킬
problem / when customers realize / that they are being deceived.
수 있다   소비자들이 깨닫게 될 때   그들이 속고 있다는 것을

114

구문 해설

❶ When companies try to make their products look more environmentally friendly than they actually are, it is called greenwashing.
　◆ try to-v: ~하려고 노력하다(애쓰다)
　◆ make + 목적어 + 목적격보어: ~가 …하게 하다 (목적격보어로 동사가 올 경우 동사원형만 가능)

❸ ... their products are made [following environmental regulations].
　◆ [　]는 분사구문 (= while they are following ~)

❻ 동사 exaggerate와 lie가 접속사 or로 연결되는 병렬 구조

❽ Other claims are either too vague or hard [to prove].
　◆ either A or B: A이거나 B
　◆ [　]는 형용사 hard를 수식하는 부사적 용법의 to부정사 (~하기에)

▌1▐ 이 글의 주제로 가장 적절한 것은?

① laws controlling greenwashing 그린워싱을 규제하는 법

② why companies use greenwashing 기업들이 그린워싱을 사용하는 이유

③ how consumers can identify greenwashing 소비자가 그린워싱을 식별하는 방법

✓④ the meaning and examples of greenwashing 그린워싱의 의미와 사례

⑤ effective marketing strategies using greenwashing 그린워싱을 이용한 효과적인 마케팅 전략

▌1▐ 이 글은 그린워싱의 의미와 다양한 사례를 들면서 그린워싱의 잘못된 점을 지적하고 있다. 따라서, ④가 주제로 적절하다.

▌2▐ 이 글에 나온 그린워싱의 예시에 해당하지 않는 것은?

① 법적 준수 사항을 친환경으로 포장하기 ③. ④. ⑤번 문장

② 제품의 속성이 친환경적이라고 거짓말하기 ⑥. ⑦번 문장

✓③ 친환경 마크와 유사한 이미지를 넣기

④ 증거가 불충분하나 친환경이라고 주장하기 ⑧. ⑨번 문장

⑤ 친환경 관련 모호한 용어 사용하기 ⑩. ⑪번 문장

▌2▐ ③ 친환경 마크와 유사한 이미지를 넣는다는 내용은 이 글에서 언급되지 않았다.

▌3▐ 이 글에서 기업들이 어떤 소비자들을 유인하기 위해 그린워싱을 이용하는지를 찾아 우리말로 쓰시오.

_____환경에 관심이 있는 소비자들_____

▌3▐ 마지막 문단에서 기업이 환경에 관심이 있는 소비자들을 유인하기 위해 그린워싱을 이용한다고 설명하고 있다.

(115)

⑩ ◆ as: ~로(서) (자격·기능 등을 나타냄)

⑫ Companies use greenwashing to attract customers [who care about the environment].

　◆ to attract 이하는 부사적 용법의 to부정사구 (목적: ~하기 위해)

　◆ [ ]는 선행사 customers를 수식하는 주격 관계대명사절

⑬ Many consumers don't find out about the false claims until after they have purchased the product.

　◆ find out: 알아채다 / until after: ~ 이후까지

　◆ have purchased는 〈완료〉를 나타내는 현재완료(have + p.p.)

⑮ are being deceived: 현재진행형 수동태(be동사 + being + p.p.)

본문 해석

❶ 왜 아프리카의 많은 국경선이 직선인지 궁금해해 본 적이 있는가? ❷ 그것은 '아프리카 쟁탈전' 중에 일어났다. ❸ 이것은 유럽 국가들이 아프리카의 땅과 자원을 장악하기 위해 경쟁했던 역사상의 시기였다.

❹ 경제적, 정치적 이익을 위해 더 약한 나라들을 지배하려는 정책인 제국주의는 1800년대 후반과 1900년대 초반에 매우 극심해졌다. ❺ 영국, 프랑스, 독일과 같은 유럽 국가들은 아프리카에서 그들의 제국을 확장할 기회를 보았다. ❻ 치열한 경쟁으로 인해, 대부분이 유럽인인 14개국의 대표자들이 전쟁을 피하면서 아프리카 대륙을 분할하는 방법을 논의하기 위해 베를린 회담에 모였다. ❼ 그러나, 아프리카인들의 삶에 상당한 영향을 미칠 것임에도 불구하고, 어떤 아프리카 대표도 이 회담에 초대받지 못했다. ❽ 유럽 국가들은 그곳에 살았던 사람들의 민족 집단, 문화, 언어를 고려하지 않고 그 대륙을 분할했다. ❾ 그들은 그저 직선을 그었고, 마치 파이를 자르듯 땅을 나누었다.

❿ 이로 인해 많은 아프리카 국가들은 아직도 민족적, 종교적 갈등을 겪고 있다. ⓫ 이러한 갈등은 아프리카의 경제 발전도 늦췄다.

직독직해

❶ Have you ever wondered / why many borders in Africa are straight
궁금해해 본 적이 있는가 왜 아프리카의 많은 국경선이 직선인지를
lines? ❷ It happened during the "Scramble for Africa." ❸ This was the
그것은 '아프리카 쟁탈전' 중에 일어났다 이것은 역사상의
period in history / when European countries raced to take control of Africa's
시기였다 유럽 국가들이 아프리카의 땅과 자원을 장악하기 위해 경쟁했던
land and resources.

❹ Imperialism, / the policy of dominating weaker countries for economic
제국주의는 경제적, 정치적 이익을 위해 더 약한 나라들을 지배하려는 정책인
and political gain, / became very intense during the late 1800s and early 1900s.
1800년대 후반과 1900년대 초반에 매우 극심해졌다
❺ European countries like Britain, France, and Germany / saw an opportunity
영국, 프랑스, 독일과 같은 유럽 국가들은 기회를 보았다
/ to expand their empires in Africa. ❻ Due to the fierce competition, /
아프리카에서 그들의 제국을 확장할 치열한 경쟁으로 인해
representatives from 14 countries, / mostly European, / gathered at the Berlin
14개국의 대표자들이 대부분 유럽인인 베를린 회담에 모였다
Conference / to discuss how to divide the African continent while avoiding
전쟁을 피하면서 아프리카 대륙을 분할하는 방법을 논의하기 위해
war. ❼ However, / no African representatives were ⓐ invited to this meeting,
그러나 어떤 아프리카 대표도 이 회담에 초대받지 못했다
/ even though it would significantly impact the lives of Africans. ❽ The
그것이 아프리카인들의 삶에 상당히 영향을 미칠 것임에도 불구하고
European countries divided the continent / without considering the ethnic
유럽 국가들은 그 대륙을 분할했다 민족 집단, 문화, 언어를 고려하지 않고
groups, cultures, and languages / of the people who lived there. ❾ They simply
그곳에 살았던 사람들의 그들은 그저
drew straight lines, / ⓑ dividing the land like they were cutting up a pie.
직선을 그었다 마치 파이를 자르듯 땅을 나누면서
❿ Many African countries are still suffering / ethnic and religious
많은 아프리카 국가들은 아직도 겪고 있다 민족적, 종교적 갈등을
conflicts / because of this. ⓫ These conflicts have slowed down / the
이로 인해 이러한 갈등은 늦췄다
economic development of Africa as well.
아프리카의 경제 발전도

(120)

구문 해설

❶ Have you ever <u>wondered</u> [why many borders in Africa are straight lines]?
◆ Have ~ wondered는 〈경험〉을 나타내는 현재완료 (have + p.p.)
◆ [   ]: 목적어인 간접의문문 (의문사 + 주어 + 동사)

❸ This was <u>the period in history</u> [when European countries raced to <u>take control of</u> Africa's land and resources].
◆ [   ]는 선행사 the period in history를 수식하는 관계부사절
◆ to take ~ resources는 부사적 용법의 to부정사구 (목적: ~하기 위해)
◆ take control of: ~을 장악하다, 지배하다

❹ the policy ~ political gain은 주어 Imperialism과 동격인 삽입구

❺ to expand ~ in Africa는 an opportunity를 수식하는 형용사적 용법의 to부정사구 (~할)

문제 해설

1 **이 글의 제목으로 가장 적절한 것은?**

✓① Imperialism and Africa's Straight Borders
제국주의와 아프리카의 직선 국경
② The Straight Borders of European Countries
유럽 국가들의 직선 국경
③ The Beginning of Africa's Economic Growth
아프리카 경제 성장의 시작
④ What Was the Reason for the Scramble for Africa?
아프리카 쟁탈전의 이유는 무엇이었는가?
⑤ What Did Africa's Borders Look Like Before 1800?
1800년 이전 아프리카의 국경은 어떤 모습이었나?

1 이 글은 제국주의 시대에 유럽 국가들의 아프리카 쟁탈전으로 인해 아프리카 국경이 직선으로 분할되었다는 내용이다. 따라서, ①이 제목으로 적절하다.

2 **이 글의 내용과 일치하지 않는 것은?**

① 제국주의는 1800년대 후반과 1900년대 초에 극심해졌다. ④번 문장
② 일부 유럽 국가들은 아프리카 대륙으로 그들의 제국을 확장하려고 했다. ⑤번 문장
③ 베를린 회담에서 아프리카 대륙 분할 방법이 논의되었다. ⑥번 문장
✓④ 일부 아프리카 대표들이 베를린 회담에 참석했다.
⑤ 아프리카 분할 시 민족, 문화, 언어는 고려되지 않았다. ⑧번 문장

2 베를린 회담이 아프리카인들의 삶에 상당한 영향을 미칠 것임에도 불구하고 아프리카 대표자는 초대받지 못했다고 했으므로, ④는 이 글의 내용과 일치하지 않는다.

3 **밑줄 친 ⓐ, ⓑ를 어법상 알맞은 형태로 바꿔 쓰시오.**

ⓐ _____invited_____
ⓑ _____dividing_____

3 ⓐ 아프리카 대표자가 회담에 '초대되는' 것이므로 수동태(be동사+p.p.)가 되어야 한다. 따라서, invited로 써야 한다.
ⓑ 콤마(,) 뒤의 and they divided ~를 분사구문으로 만든 것이므로, dividing으로 써야 한다.

(121)

---

❻Due to the fierce competition, ... gathered at the Berlin Conference [to discuss how to divide the African continent while avoiding war].

◆ due to: ~로 인해, ~ 때문에
◆ [ ]는 부사적 용법의 to부정사구 (목적: ~하기 위해)

❼even though: ~에도 불구하고, 비록 ~일지라도 (= even if)

❽The European countries divided the continent without considering the ethnic groups, cultures, and languages of the people [who lived there].

◆ without v-ing: ~하지 않고
◆ [ ]는 선행사 the people을 수식하는 주격 관계대명사절

❾dividing ~ a pie: 분사구문 (= and they divided ...)

❿have slowed down: 〈계속〉을 나타내는 현재완료(have + p.p.) / as well: ~도, 또한

정답 확인

▌ 읽기 전 **비문학 사고력 UP**　다수결의 원칙

▌ 읽은 후 **핵심 정리**　Filibustering is a political strategy used to delay or block the progress of a bill.

본문 해석

❶ 민주주의 사회에서 의사결정은 종종 다수결 투표에 의해 정해진다. ❷ 그러나, 이것은 다수결 투표가 항상 공정하다는 것을 의미하지는 않는다. ❸ 법을 통과시키는 것에 관해서 다수당은 공익이 아닌 당의 이익을 위해 행동하고 있을지도 모른다. ❹ 이를 방지하기 위해서, 소수당은 '필리버스터(의사 진행 방해)'를 할 수 있다. ❺ 필리버스터는 법안의 진행을 지연시키거나 막기 위해 사용되는 정치적 전략이다. ❻ 예를 들어, 한국에서는 국회의원 3분의 1 이상이 요구할 경우에만 필리버스터가 허용된다. ❼ 필리버스터 중에는 끝이 없는 토론이 허용된다. ❽ 다음과 같은 경우에 토론이 종료될 수 있는데, 발언자가 발언을 종료하거나, 발언 시간이 시작된 후에도 계속 침묵을 지키거나, 모욕적인 발언을 하는 것과 같이 발언 규칙을 위반하는 경우이다. ❾ 이러한 일 중 하나가 발생하지 않는 한, 필리버스터를 종료하려면 국회의 다수가 그렇게 하는 것에 동의하는 것이 필요하다. ❿ 그렇다면 역사상 기록된 가장 긴 필리버스터는 무엇일까? ⓫ 그것은 1957년 한 미국 정치인에 의해 행해졌고, 24시간 이상 계속되었다.

직독직해

❶ In democratic societies, / decisions are often determined by a
　　민주주의 사회에서　　　　　　　　의사결정은 종종 다수결 투표에 의해 정해진다
majority vote. ❷ However, / this doesn't mean that majority voting is
　　　　　　　　　그러나　　　　이것은 다수결 투표가 항상 공정하다는 것을 의미하지는 않는다
always fair. ❸ When it comes to ⓐ passing laws, / the majority party may
　　　　　　　　　　　법을 통과시키는 것에 관해서　　　　　다수당은 그것의 이익을 위해
be acting for its own profit, / not for the public interest.
행동하고 있을지도 모른다　　　　　　　　공익을 위해서가 아니라

❹ To prevent this, / minority parties can "filibuster." ❺ Filibustering
　　이를 방지하기 위해서　　소수당은 '필리버스터(의사 진행 방해)'를 할 수 있다　　필리버스터는
is a political strategy / ⓑ used to delay or block the progress of a bill.
정치적 전략이다　　　　　　법안의 진행을 지연시키거나 막기 위해 사용되는

❻ In Korea, / for example, / filibustering is permitted / only if more
　한국에서는　　　　예를 들어　　　　필리버스터가 허용된다　　　　　국회의원의
than one-third of the members of the National Assembly demand it.
3분의 1 이상이 그것을 요구할 경우에만
❼ During a filibuster, / endless debates are allowed. ❽ The debates can be
　　필리버스터 중에는　　　　끝이 없는 토론이 허용된다　　　　다음과 같은 경우에 토론이
ended in the following cases: / the speaker ends their speech, / remains
종료될 수 있다　　　　　　　　발언자가 발언을 종료하거나
ⓒ silent after the speaking time has started, / or violates speech rules,
발언 시간이 시작된 후에도 계속 침묵을 지키거나　　　　　모욕적인 발언을 함으로써와 같이
such as by making insulting remarks. ❾ ⓓ Unless one of these things
발언 규칙을 위반하는 경우이다　　　　　　　　이러한 일 중 하나가 발생하지 않는 한
occurs, / ending a filibuster requires / that a majority of the National
　　　　필리버스터를 종료하는 것은 필요하다　　국회의 다수가 그렇게 하는 것에 동의하는 것이
Assembly agree to do so.

❿ So what is the longest filibuster ever recorded in history? ⓫ It was
　　그렇다면 역사상 기록된 가장 긴 필리버스터는 무엇일까　　　　　　　　　　그것은
performed by a U.S. politician in 1957 / and ⓔ lasted more than 24
1957년 한 미국 정치인에 의해 행해졌고　　　　　　　24시간 이상 계속되었다
hours.

124

구문 해설

❸ ✦ when it comes to + 명사/동명사: ~에 관해서(대해서)

　✦ pass a law: 법을 통과시키다

　✦ act for: ~을 위해 행동하다

❹ To prevent this는 부사적 용법의 to부정사구 (목적: ~하기 위해)

❺ Filibustering is a political strategy [used to delay or block the progress of a bill].

　✦ [　]는 a political strategy를 수식하는 과거분사구

❻ only if: ~할 경우에만

문제 해설

1 빈칸에 들어갈 말로 가장 적절한 것은?

① easy 쉬운　　　　　✓② fair 공정한　　　　　③ popular 인기 있는

④ allowed 허용된　　　　⑤ planned 계획된

1 빈칸 뒤의 문장에서 법을 통과시키는 것과 관련해서 다수당은 공익이 아닌 당의 이익을 위해 행동할 수도 있다고 했으므로, 다수의 의견이 항상 '공정한' 것은 아니다. 따라서, ②가 적절하다.

2 이 글의 내용과 일치하면 T, 일치하지 않으면 F를 쓰시오.

(1) 필리버스터는 공익을 위해 다수당이 실행하는 정치적인 전략이다. 　　　 F

(2) 한국은 국회의원의 3분의 1 이상이 요구할 때 필리버스터가 허용된다. ⑥번 문장 T

(3) 발언 시간 시작 후에도 발언하지 않으면 필리버스터는 종료된다. ⑧번 문장 　 T

(4) 필리버스터 종료는 국회의원 전원의 동의가 있어야 한다. 　　　　　　 F

2 (1) 다수당을 견제하기 위해 소수당이 필리버스터를 할 수 있다고 했으므로, 이 글의 내용과 일치하지 않는다.

(4) 필리버스터를 종료하려면 국회의 다수 동의가 필요하다고 했으므로, 이 글의 내용과 일치하지 않는다.

3 밑줄 친 ⓐ~ⓔ 중 어법상 틀린 것은?

① ⓐ　　　　② ⓑ　　　　✓③ ⓒ　　　　④ ⓓ　　　　⑤ ⓔ

3 ⓒ silence → silent
상태의 지속을 나타내는 동사는 보어로 형용사를 취하므로, silent가 되어야 한다.

ⓐ when it comes to 명사/동명사: ~에 관해서(대해서)

ⓑ used: 사용된

ⓓ unless: ~하지 않는 한 (조건을 나타내는 접속사)

ⓔ 수동태 was performed와 접속사 and로 연결된 병렬 구조

(125)

❽ ... the speaker <u>ends</u> their speech, / <u>remains</u> silent after the speaking time has started, / *or* <u>violates</u> speech rules, such as by <u>making</u> insulting <u>remarks</u>.

◆ 동사 ends, remains, violates가 접속사 or로 연결된 병렬 구조

◆ remains silent: 상태의 지속을 나타내는 동사(remain, keep, stay 등)는 형용사를 보어로 취함

◆ make a remark: 발언하다

❾ ◆ unless: ~하지 않는 한

◆ agree to-v: ~하는 것에 동의하다

❿ So what is <u>the longest filibuster</u> [ever recorded in history]?

◆ [ ]는 the longest filibuster를 수식하는 과거분사구

정답 확인

▌읽기 전 **비문학 사고력 UP** 특허권

▌읽은 후 **핵심 정리** The original purpose of patents was to encourage people to make inventions and share them.

본문 해석

❶ 새로운 아이디어가 떠오르거나 새로운 발명품을 만들면, 특허권을 신청할 수 있다. ❷ 일단 특허권을 얻으면, 당신은 일정 기간 동안 당신의 발명품에 대한 독점권을 갖는다. ❸ 특허권의 본래 목적은 사람들이 발명품을 만들고 그것들을 공유하도록 장려하는 것이었다. ❹ 그들에게 독점을 보장하기 위해서가 아니었다. ❺ 그러나 특허권은 혁신을 촉진하기보다는 독점을 방어하기 위해 사용돼 왔다. ❻ 많은 기업은 경쟁자가 동일 시장에 진입하는 것을 막기 위해 특허권을 사용한다. ❼ 그들 중 일부는 경쟁자들이 다른 목표를 추구하고 있더라도, 자신들의 지적 재산을 침해하면 새로운 경쟁자들을 고소한다. ❽ 예를 들어, 1900년대 초에 일부 비행기 제조업체들은 서로를 고소하는 특허권 전쟁을 벌였다. ❾ 이것은 혁신을 늦추었고, 그래서 결국 미국 정부가 개입해야 했다. ❿ 그것은 오늘날 스마트폰과 생명공학도 거의 마찬가지이다. ⓫ 기업이 이미 존재하는 기술을 사용해서 새로운 제품을 만들기를 원하면, 기업은 종종 특허권을 둘러싸고 복잡한 법적 싸움을 벌여야 한다.

직독직해

❶ When you come up with a new idea or make a new invention,
새로운 아이디어를 떠올리거나 새로운 발명품을 만들면
/ you can apply for a patent. ❷ Once you obtain a patent, / you have
당신은 특허권을 신청할 수 있다 일단 당신이 특허권을 얻으면 당신은
ⓐ exclusive rights to your invention / for a certain amount of time.
자신의 발명품에 대한 독점적인 권리를 갖는다 일정 기간 동안
❸ The original purpose of patents / was to encourage people / to
특허권의 본래 목적은 사람들을 장려하는 것이었다
make inventions and share them. ❹ It was not to guarantee them a
발명품을 만들고 그것들을 공유하도록 그것은 그들에게 독점을 보장하기 위해서가 아니었다
monopoly. ❺ However, / patents have been used to defend monopolies
그러나 특허권은 독점을 방어하기 위해 사용돼 왔다
/ rather than to promote innovation. ❻ Many firms use patents / to
혁신을 촉진하기보다는 많은 기업은 특허권을 사용한다
ⓑ prevent competitors from entering the same market. ❼ Some of them
경쟁자가 동일 시장에 진입하는 것을 막기 위해 그들 중 일부는
sue new competitors / if they trespass on their intellectual property, /
새로운 경쟁자들을 고소한다 만약 그들(새로운 경쟁자들)이 자신들의 지적 재산을 침해하면
even if they are ⓒ pursuing a different goal. ❽ For example, / in the early
그들이 다른 목표를 추구하고 있더라도 예를 들어 1900년대 초에
1900s, / some airplane makers had a patent war / in which they sued
일부 비행기 제조업체들은 특허권 전쟁을 벌였다 서로를 고소하는
one another. ❾ This ⓓ slowed down innovation, / so the U.S. government
이것은 혁신을 늦추었고 그래서 미국 정부가
eventually had to step in. ❿ It is much the same with smartphones and
결국 개입해야 했다 그것은 오늘날 스마트폰과 생명공학도 거의 마찬가지이다
biotechnology today. ⓫ Companies often have to fight complex legal
기업은 종종 특허권에 관해서 복잡한 법적 싸움을 벌여야 한다
battles over patents / if they want to make new products / ⓔ using
그들이 새로운 제품을 만들기를 원하면
technology that already exists.
이미 존재하는 기술을 사용해서

구문 해설

❶ ◆ come up with: ~을 떠올리다, 생각해 내다

◆ apply for: ~을 신청하다

❷ ◆ once: 일단 ~하면 (접속사)

◆ a right to: ~에 대한 권리

❸ The original purpose of patents was [to encourage people to make inventions *and* share them].

◆ [ ]는 보어로 쓰인 명사적 용법의 to부정사구 (~하는 것)

◆ encourage A to-v: A가 ~하도록 장려하다

❺ However, patents have been used to defend monopolies rather than to promote innovation.

◆ be used to-v: ~하기 위해(하는 데) 사용되다

◆ rather than: ~보다는

정답　　　**1** ③　　　**2** ④　　　**3** have been used to defend monopolies rather than to promote innovation

Self-Study 노트　핵심 구문 100% 이해하기 │ 직독직해 **1**, **2**, **3**, **5**, **7**번 문장
　　　　　　　　　글의 내용 100% 이해하기 │ 1. exclusive　2. purpose　3. encourage　4. prevent　5. existing

문제 해설

1 **이 글의 주제로 가장 적절한 것은?**
　① 특허권 신청 절차　　　　　　② 특허와 독점의 차이
✓③ 기업의 특허권 악용　　　　　④ 지적재산권 침해 사례
　⑤ 신기술 독점 방지 방안

1 이 글은 특허권의 본래 목적과 달리 많은 기업들이 특허권을 자신들의 이익을 위해 악용하고 있다는 내용의 글이다. 따라서, ③이 주제로 적절하다.

2 **밑줄 친 ⓐ~ⓔ 중에서 문맥상 낱말의 쓰임이 적절하지 않은 것은?**
　① ⓐ　　　② ⓑ　　　③ ⓒ　　✓④ ⓓ　　　⑤ ⓔ

2 비행기 제조업체들이 특허권 소송을 벌인 것은 혁신 촉진이 아닌 경쟁자의 시장 진입을 막기 위해 특허권을 사용한 예시로, 결국 미국 정부가 개입해야 했다고 했으므로, 특허권 소송으로 혁신이 늦춰졌다고 봐야 한다. 따라서, ④ speeded up은 slowed down(늦췄다)이 되어야 한다.

3 **밑줄 친 우리말과 일치하도록 이 글의 괄호 안의 단어를 바르게 배열하시오.**

> 그러나, 특허권은 혁신을 촉진하기보다는 독점을 방어하기 위해 사용돼 왔다.

However, patents ＿＿＿have been used to defend monopolies rather than to promote innovation＿＿＿ .

3
· be used to-v: ~하기 위해(하는 데) 사용되다
· rather than: ~보다는
· be used to-v의 to-v가 rather than으로 병렬되는 구조

(129)

❻ prevent A from v-ing: A가 ~하는 것을 막다

❼ even if: 비록 ~일지라도 (= even though)

❽ ..., some airplane makers had a patent war [in which they sued one another].
　◆ [ ]는 선행사 a patent war를 수식하는 관계대명사절

❾ step in: 개입하다

❿ much the same: 거의 마찬가지의, 거의 같은

⓫ ... if they want to make new products using technology [that already exists].
　◆ using: ~를 사용해서
　◆ [ ]는 선행사 technology를 수식하는 주격 관계대명사절

Reading 4

본문 해석

❶인간은 사회적 동물이고, 그래서 그들은 종종 타인의 행동에 의해 영향을 받는다. ❷이로 인해, 사람들은 다른 사람들이 이미 그렇게 했을 때 새로운 아이디어를 받아들이는 것이 더 쉽다. ❸이것은 사회적 검증이라고 알려져 있다. ❹사회적 검증은 소셜 미디어에서 자주 관찰될 수 있는 흥미로운 현상이다. ❺새로운 아이디어를 받아들이는 사람이 친구라면, 그것은 특히 강력하다. ❻왜냐하면 사람들은 가까운 친구들의 판단을 신뢰하고 또래 압력도 느끼기 때문이다.

❼예를 들어, 특정 문제에 관한 영상은 논란이 많을지도 모른다. ❽그러나, 사람들은 그 영상이 소셜 미디어에서 수천 개의 좋아요를 받은 것을 보면, 그것을 더 신뢰할 수 있다고 여길 것이다. ❾그리고 친구가 그 영상을 추천하면, 그들이 그것을 더욱 신뢰할 가능성이 있다. ❿그들이 친구를 더 많이 신뢰할수록, 그들은 그 영상을 더 신뢰하게 될 것이다. ⓫이것이 소셜 미디어의 힘이며, 영상과 게시물이 '입소문이 나는' 이유 중 일부이다.

직독직해

❶Humans are social animals, / so they are often influenced by the
인간은 사회적 동물이고   그래서 그들은 종종 타인의 행동에 의해 영향을 받는다
actions of others. ❷Because of this, / it is easier for people / to accept
이것 때문에   사람들에게는 더 쉽다   새로운 아이디어를
new ideas / when others have already done so. ❸This is known as social
받아들이는 것이 다른 사람들이 이미 그렇게 했을 때   이것은 사회적 검증이라고 알려져 있다
proof. ❹Social proof is an interesting phenomenon / that can frequently
사회적 검증은 흥미로운 현상이다   소셜 미디어에서 자주 관찰될
be observed on social media. ❺It is especially powerful / if the person
수 있는   그것은 특히 강력하다
accepting the new idea is a friend. ❻This is because people trust the
새로운 아이디어를 받아들이는 사람이 친구라면   왜냐하면 사람들은 가까운 친구들의 판단을
judgments of their close friends / and also feel peer pressure.
신뢰하고   또래 압력도 느끼기 때문이다

❼For example, / a video about a certain issue / might be controversial.
예를 들어   특정 문제에 관한 영상은   논란이 많을지도 모른다
❽However, / if people see that it has received thousands of likes on
그러나   사람들은 그 영상이 소셜 미디어에서 수천 개의 좋아요를 받은 것을 보면
social media, / they will consider it more believable. ❾And if a friend
그들은 그것을 더 신뢰할 수 있다고 여길 것이다   그리고 친구가
recommends the video, / they are even more likely to trust it. ❿The
그 영상을 추천하면   그들이 그것을 더욱더 신뢰할 가능성이 있다
more they trust their friend, / the more trust they will have in the video.
그들이 그들의 친구를 더 많이 신뢰할수록   그들은 그 영상을 더 많이 신뢰하게 될 것이다
⓫This is the power of social media / and part of the reason why videos
이것이 소셜 미디어의 힘이며   영상과 게시물이 '입소문이 나는' 이유 중 일부이다
and posts "go viral."

(132)

구문 해설

❶be influenced by: ~에 의해 영향을 받다

❷..., it is easier for people [to accept new ideas] when others have already done so.
◆ it은 가주어, [ ]는 진주어, for people은 [ ]의 의미상의 주어 / done so: accepted new ideas

❹Social proof is an interesting phenomenon [that can frequently be observed on social media].
◆ [ ]는 an interesting phenomenon을 수식하는 주격 관계대명사절

❺It is especially powerful if the person [accepting the new idea] is a friend.
◆ [ ]는 the person을 수식하는 현재분사구

❻This is because people trust the judgments of their close friends *and* also feel peer pressure.
◆ 동사 trust와 feel이 접속사 and로 연결되는 병렬 구조

┃정답 　　　 **1** ③　　 **2** ③　　 **3** (1) accept, new, ideas　(2) more, likely

┃Self-Study 노트　**핵심 구문 100% 이해하기** ┃ 직독직해 **4**, **8**, **9**, **10**, **11**번 문장
　　　　　　　　　 글의 내용 100% 이해하기 ┃ 1. 사회적 검증　2. 소셜 미디어　3. 친구　4. 압력

문제 해설

1 이 글의 주제로 가장 적절한 것은?

① effects of social media marketing
소셜미디어 마케팅의 효과
② the reason why people trust others easily
사람들이 남을 쉽게 신뢰하는 이유
✓③ the power of social proof on social media
소셜 미디어에서 사회적 검증의 힘
④ how social media influences peer pressure
소셜 미디어가 또래 압력에 어떻게 영향을 미치는지
⑤ the way social media recommends videos and posts
소셜 미디어가 영상과 게시물을 추천하는 방법

1 이 글은 소셜 미디어에서 자주 관찰되는 사회적 검증 현상을 예를 들어 설명한 글이다. 따라서, ③ 이 주제로 적절하다.

2 빈칸에 들어갈 말로 가장 적절한 것은?

① exciting 흥미진진한 　　　② difficult 어려운
✓③ believable 신뢰할 만한 　　④ convenient 편리한
⑤ controversial 논란이 되는

2 다른 사람들이 이미 받아들인 새로운 아이디어를 더 쉽게 받아들이는 사회적 검증 현상에 따르면, 영상이 많은 좋아요를 받았을 때 더 '신뢰할 수 있을' 것이다. 따라서, ③이 적절하다.

3 이 글의 내용으로 보아, social proof에 관한 다음 설명의 빈칸에 알맞은 말을 찾아 쓰시오.

Social proof is a phenomenon where people (1) _____ new _____ ideas _____ more easily when others have already done so. On social media, people are (2) _____ more _____ likely to trust videos or posts when they have received many likes.

사회적 검증은 다른 사람들이 이미 새로운 아이디어를 받아들였을 때 사람들이 더 쉽게 (1) 새로운 아이디어를 받아들이는 현상이다. 소셜 미디어에서 사람들은 영상이나 게시물이 좋아요를 많이 받았다면 그것들을 (2) 더 신뢰할 가능성이 있다.

3 이 글의 첫 번째 문단에서 사회적 검증의 개념에 대해 소개하고 있으며, 두 번째 문단에서 많은 좋아요를 받은 영상을 사람들이 더 신뢰하게 될 것이라고 설명하고 있다.

(133)

❼ For example, a video [about a certain issue] might be controversial.
◆ [ ]는 a video를 수식하는 전치사구

❽ ..., they will consider it more believable.
◆ consider + 목적어 + 목적격보어: ~을 …라고 여기다(생각하다)

❾ ◆ be likely to-v: ~할 가능성이 있다
◆ even + 비교급: even, still, far, a lot 등은 비교급을 강조하는 부사로 '더욱(더)'의 의미

❿ the + 비교급, the + 비교급: ~할수록, 더 …하다

⓫ This is the power of social media and part of the reason [why videos and posts "go viral."]
◆ [ ]는 선행사 the reason을 수식하는 관계부사절

본문 해석

❶장기 칩이라고 불리는 새로운 기술은 마이크로칩에 인간 장기의 아주 작은 모형을 만든다. ❷이 칩에는 살아있는 세포와 혈관처럼 작용하는 전기 회로가 포함되어 있다. ❸그것들은 과학자들이 우리 몸에서 장기가 어떻게 기능하고 반응하는지 모의실험을 하게 해 준다.

❹이 획기적인 기술은 몇 가지 장점이 있다. ❺우선, 이것을 이용하면 약물을 위한 동물 실험을 대체할 수 있다. ❻동물 실험은 비윤리적일 수 있다. ❼또한, 그것은 인간에 대한 약물의 영향을 정확하게 예측하지 못할지도 모른다. ❽장기 칩은 인간의 세포를 사용해서, 보다 정확한 결과를 얻을 수 있다. ❾게다가, 장기 칩은 더 나은 치료법을 제시할 수 있다. ❿의사들은 칩에서 질병의 진행을 관찰하거나 심지어 예측할 수 있다. ⓫또한, 환자의 세포를 사용하는 것은 치료 약이 실제로 환자에게 어떻게 작용할지 보여줄 것이다.

⓬지금까지 과학자들은 칩 위에 많은 장기를 만드는 데 성공했다. ⓭이것들은 폐, 신장, 심장, 그리고 많은 다른 것들을 포함한다. ⓮심지어 많은 장기가 있는 칩도 있다. ⓯과학자들은 가까운 미래에 한 개의 칩 위에 인체의 모든 장기를 만드는 것이 가능할 것으로 예상한다.

직독직해

❶New technology called organ-on-a-chip / creates tiny models of
장기 칩이라고 불리는 새로운 기술은   인간 장기의 아주 작은 모형을 만든다
human organs / on microchips. ❷These chips contain / living cells / and
마이크로칩에   이 칩은 포함한다   살아있는 세포를
circuits that act like blood vessels. ❸They allow scientists to simulate /
그리고 혈관처럼 작용하는 전기 회로를   그것들은 과학자들이 모의실험을 하게 한다
how our organs work and react / in our bodies.
우리의 장기가 어떻게 기능하고 반응하는지   우리 몸에서

❹This groundbreaking technology has several advantages. ❺First
이 획기적인 기술은 몇 가지 장점이 있다   우선
of all, / using it can replace / animal testing for drugs. ❻Animal testing
이것을 이용하는 것은 대체할 수 있다   약물을 위한 동물 실험을   동물 실험은
can be unethical. ❼Also, / it may not accurately predict / the influence
비윤리적일 수 있다   또한   그것은 정확하게 예측하지 못할지도 모른다
of a drug on humans. ❽Organ-on-a-chip uses human cells, / so we can
인간에 대한 약물의 영향을   장기 칩은 인간의 세포를 사용한다   그래서 우리는
get more accurate results. ❾Additionally, / organ-on-a-chip can suggest
보다 정확한 결과를 얻을 수 있다   게다가   장기 칩은 더 나은 치료법을 제시할 수
better treatments. ❿Doctors can observe or even predict / the progress of
있다   의사들은 관찰하거나 심지어 예측할 수 있다   칩에서 질병의 진행을
a disease on a chip. ⓫Also, / using cells from patients will show / how a
또한   환자들의 세포를 사용하는 것은 보여줄 것이다
treatment will actually work on them.
치료 약이 실제로 그들에게 어떻게 작용할지

⓬So far, / scientists have succeeded / in creating many organs on
지금까지   과학자들은 성공했다   칩 위에 많은 장기를 만드는 것에
chips. ⓭These include lungs, kidneys, hearts, and many others. ⓮There
이것들은 폐, 신장, 심장, 그리고 많은 다른 것들을 포함한다
are even chips with multiple organs. ⓯Scientists expect / that it will be
심지어 많은 장기가 있는 칩도 있다   과학자들은 예상한다   가능할 것으로
possible / to create every organ in the human body on a single chip / in
한 개의 칩 위에 인체의 모든 장기를 만드는 것이
the near future.
가까운 미래에

구문 해설

❶ New technology [called organ-on-a-chip] creates ...
  ◆ [ ]는 New technology를 수식하는 과거분사구

❷ These chips contain living cells and circuits [that act like blood vessels].
  ◆ [ ]는 circuits를 수식하는 주격 관계대명사절 / act like: ~처럼 작용(행동)하다

❸ They allow scientists to simulate / how our organs work and react in our bodies.
  ◆ allow A to-v: A가 ~하게 하다
  ◆ how ~ bodies는 simulate의 목적어 역할을 하는 간접의문문 (의문사 + 주어 + 동사)

⓫ Also, using cells from patients will show how a treatment will actually work on them.
  ◆ how ~ them은 show의 목적어 역할을 하는 간접의문문 (의문사 + 주어 + 동사)

문제 해설

1 이 글의 제목으로 가장 적절한 것은?

　① The Ethical Issues of Organs-on-Chips　장기 칩의 윤리적 문제

　② New Drugs Don't Require Animal Testing　신약은 동물 실험이 필요 없다

✓③ The Present and Future of Organs-on-Chips　장기 칩의 현재와 미래

　④ Advances in Materials Used for Organs-on-Chips　장기 칩에 사용되는 재료의 발전

　⑤ Advantages and Disadvantages of Organs-on-Chips　장기 칩의 장단점

1 이 글은 마이크로칩에 살아있는 인간 세포를 이용해 장기의 작은 모형을 만드는 신기술인 '장기 칩'에 대한 글로, 현재 장기 칩의 장점과 앞으로의 발전 전망에 대해서 이야기하고 있다. 따라서, ③이 제목으로 적절하다.

2 이 글에서 장기 칩의 장점으로 언급되지 <u>않은</u> 것은?

　① 약물 관련 동물 실험을 대체할 수 있다. ⑤번 문장

　② 동물 실험보다 정확한 결과를 얻을 수 있다. ⑧번 문장

　③ 질병의 진행 상황을 관측 또는 예측할 수 있다. ⑩번 문장

✓④ 동물 실험보다 더 적은 비용이 든다.

　⑤ 환자에 대한 치료 약의 실제 효과를 알 수 있다. ⑪번 문장

2 ④ 장기 칩을 사용하는 것이 동물 실험보다 비용이 적게 든다는 내용은 이 글에서 언급되지 않았다.

3 과학자들이 가까운 미래에 가능할 것으로 예상하는 바를 우리말로 쓰시오. (20자 이내)

　　　　　한 개의 칩 위에 인체의 모든 장기를 만드는 것

3 이 글의 마지막 문장에서 과학자들이 가까운 미래에 한 개의 칩 위에 인체의 모든 장기를 만드는 것이 가능할 것이라고 예상한다고 설명하고 있다.

(139)

⑫ So far, scientists <u>have succeeded in</u> creating many organs on chips.

　◆ have succeeded: 〈계속〉을 나타내는 현재완료 (have + p.p.)

　◆ succeed in: ~에 성공하다

⑬ These include <u>lungs, kidneys, hearts, *and* many others.</u>

　◆ 3개 이상을 나열: A, B, C, and D 형태

⑮ Scientists expect that <u>it</u> will be possible [to create every organ in the human body on a single chip] in the near future.

　◆ that절에서 it은 가주어, to create ~ chip은 진주어

정답 확인

■ 읽기 전 **비문학 사고력 UP** 심폐소생술(CPR)
■ 읽은 후 **핵심 정리** the history of CPR

본문 해석

❶ 심폐소생술은 누군가의 심장이 뛰는 것을 멈출 때 생명을 구하는 데 사용되는 응급 처치 기술이다. ❷ 그것은 양손을 이용한 흉부 압박과 인공호흡을 포함한다. ❸ 심폐소생술은 환자의 심장 박동을 회복시킴으로써 뇌와 다른 장기에 혈액과 산소를 공급한다.

❹ 심폐소생술의 역사는 인공호흡의 사용이 최초로 기록된 1700년대로 거슬러 올라간다. ❺ 그것은 물에 빠진 사람을 되살리는 데 사용되었다. ❻ 19세기에는 심장이 멈춘 사람들을 구하려는 시도가 있었다. ❼ 처음에는 의사들이 환자의 흉부를 열고 심장을 직접 마사지했다. ❽ 그러나 그들은 가슴을 여는 것보다는 단순히 흉부에 압박을 가함으로써 생명을 구할 수 있다는 것을 발견했다. ❾ 나중에, 전문가들은 사람을 되살리는 가장 효과적인 방법은 흉부 압박과 인공호흡을 결합시키는 것이라는 사실을 발견했는데, 이것이 현대 심폐소생술이 되었다. ❿ 그 이후로 심폐소생술 지침이 발전되었다. ⓫ 2008년에 발표된 새로운 권고는 대부분의 상황에서 흉부 압박만 실시되어야 한다고 말한다. ⓬ 오늘날 사람들은 학교, 직장, 또는 의료기관에서 쉽게 심폐소생술 교육을 받을 수 있다. ⓭ 널리 퍼진 심폐소생술 지식으로 우리는 구해지는 생명의 수를 늘릴 수 있다.

직독직해

❶ CPR is a first-aid technique / used to save lives / when someone's
심폐소생술은 응급 처치 기술이다   생명을 구하기 위해 사용되는   누군가의 심장이
heart stops ⓐ beating. ❷ It includes / chest compressions with both hands
뛰는 것을 멈출 때   이것은 포함한다   양손으로의 흉부 압박을
/ and mouth-to-mouth breathing. ❸ CPR provides blood and oxygen to
그리고 구강 대 구강 호흡(인공호흡)을   심폐소생술은 뇌와 다른 장기에 혈액과 산소를 공급한다
the brain and other organs / by restoring the patient's heartbeat.
                              환자의 심장 박동을 회복시킴으로써
❹ The history of CPR dates back to the 1700s, / when the use of
심폐소생술의 역사는 1700년대로 거슬러 올라간다
mouth-to-mouth was first recorded. ❺ It was used to ⓑ revive a drowning
인공호흡의 사용이 최초로 기록된   그것은 물에 빠진 사람을 되살리기 위해 사용되었다
person. ❻ In the 19th century, / attempts were made to save people /
        19세기에는   사람들을 구하기 위해 시도가 이루어졌다
ⓒ whose hearts had stopped. ❼ Initially, / doctors opened the patient's
심장이 멈춘   처음에는   의사들이 환자의 흉부를 열고
chest / and directly massaged the heart. ❽ But they discovered / that they
        심장을 직접 마사지했다   그러나 그들은 발견했다   그들이 생명을
could save lives / by simply pressing on the chest / rather than opening
구할 수 있다는 것을   단순히 흉부에 압박을 가함으로써   그것을 여는 것보다는
it. ❾ Later on, / experts found / that the most effective way to revive
        나중에   전문가들은 발견했다   사람을 되살리는 가장 효과적인 방법은
a person / was to combine chest compressions and mouth-to-mouth, /
           흉부 압박과 인공호흡을 결합시키는 것이라는 것을
ⓓ which became modern CPR. ❿ Since then, / CPR guidelines have been
그리고 이것이 현대 심폐소생술이 되었다   그 이후로   심폐소생술 지침이 발전되었다
developed. ⓫ A new recommendation released in 2008 says / that in most
          2008년에 발표된 새로운 권고는 말한다   대부분의 상황에서
situations / only chest compressions should be given.
            흉부 압박만 주어져야 한다고
⓬ Today, / people can easily receive CPR training / at school, work,
오늘날   사람들은 쉽게 심폐소생술 교육을 받을 수 있다   학교, 직장, 또는
or medical institutions. ⓭ With widespread CPR knowledge, / we can
의료기관에서   널리 퍼진 심폐소생술 지식으로   우리는
increase ⓔ the number of lives that are saved.
구해지는 생명의 수를 늘릴 수 있다

구문 해설

❶ CPR is a first-aid technique [used to save lives when someone's heart stops beating].
　◆ [　]는 a first-aid technique을 수식하는 과거분사구
　◆ stop v-ing: ~하는 것을 멈추다　　cf. stop to-v: ~하기 위해 멈추다

❸ CPR provides blood and oxygen to the brain and other organs by restoring the patient's heartbeat.
　◆ provide A to B: B에게 A를 공급하다 / by v-ing: ~함으로써

❹ The history of CPR dates back to the 1700s, [when the use of mouth-to-mouth was first recorded].
　◆ date back to: (시기가) ~까지 거슬러 올라가다 / mouth-to-mouth: mouth-to-mouth 뒤에 breathing이 생략됨
　◆ [　]는 선행사 the 1700s를 부연 설명하는 계속적 용법의 관계부사절

❺ It was used to revive a drowning person.
　◆ be used to-v: ~하는 데(하기 위해) 사용되다　　cf. be used to v-ing: ~하는 데 익숙하다

문제 해설

1 심폐소생술에 관한 설명 중 이 글의 내용과 일치하지 **않는** 것은?

① 심정지가 왔을 때 사용되는 응급 처치 방법이다. ①번 문장

② 흉부 압박과 인공호흡이 포함된다. ②번 문장

③ 처음에는 환자의 가슴을 열고 심장을 직접 마사지했다. ⑦번 문장

✓④ 초기의 지침이 현재까지 변함없이 사용되고 있다.

⑤ 심폐소생술 교육은 학교, 직장, 전문 의료기관 등에서 쉽게 받을 수 있다. ⑫번 문장

1 2008년에 새로운 권고가 발표되었다는 것으로 보아 초기의 지침이 수정된 것을 알 수 있으므로, ④는 이 글의 내용과 일치하지 않는다.

2 밑줄 친 ⓐ~ⓔ 중, 어법상 틀린 것은?

① ⓐ　　　　✓② ⓑ　　　　③ ⓒ　　　　④ ⓓ　　　　⑤ ⓔ

2 ⓑ reviving → revive
'~하는 데(하기 위해) 사용되다'라는 의미의 be used to-v가 쓰여야 하므로, revive가 되어야 한다.
ⓐ stop v-ing: 하는 것을 멈추다
ⓒ whose: 소유격 관계대명사
ⓓ which: 계속적 용법의 관계대명사
ⓔ the number of: ~의 수

3 다음은 심폐소생술이 우리 몸에 어떤 작용을 하는지 설명한 것이다. 빈칸에 알맞은 말을 이 글에서 찾아 쓰시오.

CPR restores the patient's (1) ___heartbeat___ and provides
(2) ___blood___ and (3) ___oxygen___ to the brain and other organs.

심폐소생술은 환자의 (1)심장 박동을 회복시키고 (2)혈액과 (3)산소를 뇌와 다른 장기에 공급한다.

3 첫 번째 문단에서 심폐소생술은 환자의 심장 박동을 회복시켜서 뇌와 장기에 혈액과 산소를 공급해준다고 설명하고 있다.

(143)

❻ In the 19th century, attempts were made to save people [whose hearts had stopped].
* to save 이하는 부사적 용법의 to부정사구 (목적: ~하기 위해)
* [　]는 선행사 people을 수식하는 소유격 관계대명사절
* had stopped: 〈대과거〉를 나타내는 과거완료(had + p.p.)

❾ * to revive a person은 the most effective way를 수식하는 형용사적 용법의 to부정사구 (~할, ~하는)
* to combine ~ mouth-to-mouth는 보어로 사용된 명사적 용법의 to부정사구 (~하는 것)
* combine A and B: A와 B를 결합시키다
* which는 계속적 용법의 주격 관계대명사로 앞의 to combine ~ mouth-to-mouth를 부연 설명함

⓭ ..., we can increase the number of lives [that are saved].
* [　]는 선행사 the number of lives를 수식하는 주격 관계대명사절
* the number of: ~의 수　　　cf. a number of: 많은

정답 확인

▮ 읽기 전 **비문학 사고력 UP** 별도 정답 없음
▮ 읽은 후 **핵심 정리** 생존, 남아 있다

본문 해석

❶ 현대인들은 지방이나 설탕도 많이 들어 있는 고칼로리 음식에 일반적으로 끌린다. ❷ 이것은 단순히 우리가 이런 것들을 맛있다고 생각하기 때문은 아니다. ❸ 진화가 우리에게 수천 년 동안 그렇게 하도록 가르쳐 왔기 때문에 우리는 이런 종류의 음식을 과식하는 경향이 있다.

❹ 과거에, 사람들은 음식이 충분하지 않은 경우가 자주 있었다. ❺ 그래서 그들은 음식을 구할 수 있을 때 먹을 수 있는 만큼 많이 먹었다. ❻ 그들은 음식을 얻기 위해 동물을 사냥하거나 식물을 채집해야 했다. ❼ 이러한 활동은 많은 칼로리를 필요로 했다. ❽ 그 결과, 인간은 고기나 설탕과 같은 고칼로리 음식을 원하도록 진화했다.

❾ 오늘날 우리는 음식이 풍부해서, 그만큼 많은 고칼로리 음식을 먹을 필요가 없다. ❿ 불행하게도, 우리 몸은 과거에 그랬던 것과 똑같은 갈망을 가지고 있다. ⓫ 이것이 우리를 과식하게 하고 우리가 실제로 필요한 것보다 더 많은 칼로리를 섭취하게 한다. ⓬ 한때 우리 조상들이 생존하는 것을 도왔던 것이 이제는 우리의 건강을 해치고 비만, 고혈압, 심장병에 이르게 한다.

직독직해

❶ Modern people are generally attracted to high-calorie food / that is
현대인들은 일반적으로 고칼로리 음식에 끌린다
also high in fat or sugar. ❷ This is not simply because / we think these
지방이나 설탕도 많이 들어 있는   이것은 단순히 ~하기 때문이 아니다   우리는 이런 것들을
things are delicious. ❸ We tend to overeat this type of food / because
맛있다고 생각한다   우리는 이런 종류의 음식을 과식하는 경향이 있다
evolution has taught us to do so / over thousands of years.
진화가 우리에게 그렇게 하도록 가르쳐 왔기 때문에   수천 년 동안

❹ In the past, / people often didn't have enough food. ❺ So they ate
과거에   사람들은 자주 음식이 충분하지 않았다   그래서 그들은
as much as they could / when food was available. ❻ They had to hunt
먹을 수 있는 만큼 많이 먹었다   음식을 구할 수 있었을 때   그들은 동물을 사냥하거나
animals or gather plants / for their food. ❼ These activities required a lot
식물을 채집해야 했다   음식을 얻기 위해   이러한 활동은 많은 칼로리를 필요로 했다
of calories. ❽ As a result, / humans evolved to desire high-calorie foods /
         그 결과   인간은 고칼로리 음식을 원하도록 진화했다
such as meat and sugar.
고기나 설탕과 같은

❾ Today we have plenty of food, / so we don't need to eat as much
오늘날 우리는 음식이 풍부하다   그래서 우리는 그만큼 많은 고칼로리 음식을
high-calorie food. ❿ Unfortunately, / our body has the same cravings / as
먹을 필요가 없다   불행하게도   우리 몸은 똑같은 갈망을 가지고 있다
it did in the past. ⓫ This causes us to overeat and take in more calories /
과거에 그랬던 것과 같은   이것이 우리를 과식하게 하고 더 많은 칼로리를 섭취하게 한다
than we actually need. ⓬ What once helped our ancestors survive / now
우리가 실제로 필요한 것보다   한때 우리 조상들이 생존하는 것을 도왔던 것이   이제는
harms our health, / leading to obesity, high blood pressure, and heart
우리의 건강을 해치고   비만, 고혈압, 심장병에 이르게 한다
disease.

146

구문 해설

❶ be attracted to: ~에 끌리다

❷ This is not simply because we think (that) these things are delicious.
  ◆ This is not because: ~ 때문이 아니다
  ◆ think 뒤에 명사절을 이끄는 접속사 that이 생략됨

❸ We tend to overeat this type of food because evolution has taught us to do so over thousands of years.
  ◆ tend to-v: ~하는 경향이 있다
  ◆ has taught: 〈계속〉을 나타내는 현재완료(have + p.p.)
  ◆ do so: overeat this type of food를 대신함

❺ as much as: ~만큼 많이

문제 해설

1 **이 글의 주제로 가장 적절한 것은?**

　① eating habits in the past 과거의 식습관

　② the importance of healthy eating 건강한 식사의 중요성

　③ cooking techniques throughout history 역사상의 요리 기술들

　④ ways to avoid eating high-calorie food 고칼로리 음식 섭취를 피하는 방법

　✓⑤ why we are attracted to high-calorie food 우리가 고칼로리 음식에 끌리는 이유

1 이 글은 현대인들이 지방이나 설탕이 많이 들어 있는 고칼로리 음식에 끌리는 이유를 인간의 진화와 관련지어 설명한 글이다. 따라서, ⑤가 주제로 적절하다.

2 **빈칸에 들어갈 말로 가장 적절한 것은?**

　① taste 맛　　　　② hunger 굶주림　　　③ hunting 사냥

　✓④ evolution 진화　　⑤ responsibility 책임

2 빈칸 뒤의 내용에서 과거 우리의 조상들이 처했던 환경 때문에 고칼로리 음식에 끌리도록 진화했다고 했으므로, 빈칸은 '진화(evolution)'임을 알 수 있다. 따라서, ④가 적절하다.

3 **밑줄 친 What once helped our ancestors survive가 의미하는 바로 가장 적절한 것은?**

　① hunting animals 동물 사냥

　② gathering plants 식물 채집

　③ large amounts of food 많은 양의 음식

　✓④ the desire for high-calorie food 고칼로리 음식에 대한 갈망

　⑤ the use of calories for survival activities 생존 활동을 위한 칼로리 사용

3 두 번째 문단에서 과거에는 음식이 충분하지 않았고 사냥과 채집 활동이 많은 칼로리를 필요로 했기 때문에, 인간은 생존을 위해 고칼로리 음식을 갈망하도록 진화했다는 것을 알 수 있다. 따라서 ④가 적절하다.

(147)

---

8 to desire ~ sugar는 〈결과〉를 나타내는 부사적 용법의 to부정사구

9 ..., so we don't need to eat as much high-calorie food (as our ancestors did).

　◆ as much(그만큼 많은) = 조상들이 필요했던 만큼 많은

11 This <u>causes</u> <u>us</u> <u>to overeat</u> and <u>take in</u> <u>more</u> calories <u>than</u> we actually need.

　◆ cause A to-v: A가 ~하도록 하다 / take in: 섭취하다

　◆ 비교급 + than …: …보다 더 ~한

12 <u>What</u> once helped our ancestors survive / now <u>harms</u> our health, [leading to obesity, high blood pressure, and heart disease].

　◆ What은 관계대명사(~한 것)로 what ~ survive가 문장의 주어, harms가 문장의 동사

　◆ [ ]는 분사구문 (= and it leads to ...)

본문 해석

❶인간이 수백만 년에 걸쳐 진화함에 따라, 우리는 많은 변화를 경험해 왔다. ❷우리의 몸은 조상들의 그것들보다 더 작다. ❸우리의 뇌도 그렇다. ❹인간의 뇌는 약 15,000년에서 30,000년 전에 크기가 최대치에 달했다. ❺그때 이후로 부피가 약 10% 정도 줄어들었다.

❻한 가지 가능한 이유는 수천 년 전에 인간은 위험한 포식자의 세계에 살았고, 그래서 그들은 공격을 받거나 죽임당하는 것을 피하기 위해 경계 상태를 유지해야 했다는 것이다. ❼오늘날 우리는 매우 다른 환경에 살고 있다. ❽우리는 생존과 관련된 많은 일들을 처리하기 위해 사회에 의존한다. ❾경찰은 우리를 보호하고, 건설 회사는 우리의 집을 짓고, 농부들은 우리의 식량을 재배한다.

❿뇌 크기가 반드시 인간 지능의 척도는 아니기 때문에, 더 작은 뇌를 갖고 있다는 것이 우리가 더 멍청하다는 의미는 아닐 수 있다. ⓫그러나, 이는 오늘날 우리의 뇌가 우리 조상들의 뇌와 다르게, 아마도 더 효율적으로 연결되어 있다는 것을 의미할 수 있다. ⓬그러나 이 주제에 대해 아직 행해져야 할 연구가 많이 있다.

직독직해

❶ **As humans have evolved over millions of years, / we have**
인간이 수백만 년에 걸쳐 진화함에 따라   우리는
experienced many changes. ❷ **Our bodies are smaller than those of our**
많은 변화를 경험해왔다.   우리의 몸은 조상들의 그것들보다 더 작다
ancestors. ❸ **So are our brains.** ❹ **The human brain reached its peak in**
            우리의 뇌도 그렇다   인간의 뇌는 크기가 최대치에 달했다
size / about 15,000 to 30,000 years ago. ❺ **Since then it has shrunk in**
      약 15,000년에서 30,000년 전에   그때 이후로 부피가 줄어들었다
mass / by about 10 percent.
        약 10% 정도

❻ **One possible reason is that / many thousands of years ago, / humans**
한 가지 가능한 이유는 ~이다   수천 년 전에   인간은
lived in a world of dangerous predators, / so they had to remain alert /
위험한 포식자의 세계에 살았고   그래서 그들은 경계 상태를 유지해야 했다
to avoid being attacked or killed. ❼ **Today, / we live in a very different**
공격을 받거나 죽임당하는 것을 피하기 위해   오늘날   우리는 매우 다른 환경에 살고 있다
environment. ❽ **We rely on society / to handle many of the tasks / related**
              우리는 사회에 의존한다   많은 일들을 처리하기 위해
to survival. ❾ **The police protect us, / construction companies build our**
생존과 관련된   경찰은 우리를 보호하고   건설 회사는 우리의 집을 짓고
homes, / and farmers grow our food.
          농부들은 우리의 식량을 재배한다

❿ **Having smaller brains may not mean that we are dumber, / as brain**
더 작은 뇌를 갖고 있다는 것이 우리가 더 멍청하다는 의미는 아닐 수 있다
size is not necessarily a measure of human intelligence. ⓫ **But it could**
뇌 크기가 반드시 인간 지능의 척도는 아니기 때문에   그러나 그것은
mean / that our brains today are wired differently / and perhaps more
의미할 수 있다 오늘날 우리들의 뇌가 다르게 연결되어 있으며   아마도 우리 조상들의
efficiently than those of our ancestors. ⓬ **However, / there is a lot of**
그것들보다 더 효율적으로   그러나   아직 행해져야 할
research still to be done / on this topic.
연구가 많이 있다   이 주제에 대해

(150)

구문 해설

❶ As humans have evolved over millions of years, we have experienced many changes.
  ◆ as: ~ 함에 따라
  ◆ have evolved / have experienced: 〈계속〉을 나타내는 현재완료(have p.p.)

❸ so + V + S: 앞에 나온 긍정문에 대해 '~도 또한 그렇다'라는 의미로 쓰이며, 동사는 앞 문장의 동사에 따름

❺ Since then it has shrunk in mass by about 10 percent.
  ◆ has shrunk: 〈계속〉을 나타내는 현재완료 (have + p.p.)
  ◆ by: ~정도(까지)

❽ We rely on society to handle many of the tasks [related to survival].
  ◆ to handle 이하는 부사적 용법의 to부정사구 (목적: ~하기 위해)
  ◆ [ ]는 the tasks를 수식하는 과거분사구

■ **정답**   1 ④   2 ④   3 are smaller than those

■ **Self-Study 노트** 핵심 구문 100% 이해하기 | 직독직해 1, 8, 10, 11번 문장

                 글의 내용 100% 이해하기 | 1. 부피 2. 포식자 3. 생존 4. 사회 5. 지능

문제 해설

1 이 글의 제목으로 가장 적절한 것은?

    ① Brain Size and Intelligence   뇌의 크기와 지능

    ② What Do Human Brains Actually Do?   인간의 뇌는 실제로 무엇을 할까?

    ③ The Survival Challenges of Our Ancestors   우리 조상들의 생존 도전

✓④ Why Did Human Brains Start to Decrease in Size?

       왜 인간의 뇌 크기가 줄어들기 시작했을까?

    ⑤ Artificial Intelligence Has Replaced the Human Brain   인공지능이 인간의 뇌를 대체했다

1 이 글은 수천 년 전에 비해 줄어든 인간의 뇌의 크기와 그 원인에 대해 이야기하고 있다. 따라서, ④가 제목으로 적절하다.

2 밑줄 친 it has shrunk in mass의 이유로 이 글에서 설명하고 있는 것은?

    ① 인간의 지능이 점점 낮아져서

    ② 포식자에 대한 경계를 유지해야 해서

    ③ 한 번에 여러 가지 일을 해야 해서

✓④ 생존과 관련된 일을 덜 하게 되어서

    ⑤ 뇌의 연결 구조가 단순해져서

2 두 번째 문단에서 수천 년 전에 인간은 포식자로부터 공격을 받거나 죽임을 당하지 않도록 경계 상태를 유지해야 했지만, 오늘날에는 생존과 관련된 많은 것들을 사회에 의존하게 되면서 뇌의 크기도 줄어들었다고 설명하고 있다. 따라서, ④가 정답이다.

3 밑줄 친 우리말과 일치하도록 다음 조건에 맞게 영작하시오.

┌─ 조건 ─────────────────────────────────┐

   1. small을 이용할 것   2. 4단어로 쓸 것

└──────────────────────────────────────┘

Our bodies _____ are smaller than those _____ of our ancestors.

3 '우리의 몸'과 '조상의 몸'의 크기를 비교하는 것이므로 '비교급 +than' 구문을 써야 하고, 문장에서 반복되는 복수명사인 bodies는 대명사 those로 표현한다.

(151)

---

⑩ not necessarily: 반드시 ~이 아닌 (부분 부정)

⑪ ... our brains today are wired differently and perhaps (are wired) more efficiently than <u>those of</u> our ancestors.

   ◆ those of: '~의 그것들'이라는 뜻으로 those는 앞의 명사(brains)의 반복을 피하기 위한 대명사

⑫ However, there is <u>a lot of research</u> still [to be done] on this topic.

   ◆ [ ]는 a lot of research를 수식하는 to부정사구 (형용사적 용법: ~할)

   ◆ to be done: to부정사의 수동태(to + be + p.p.)

Memo

Memo

Memo

수능시작

READING

수능시작

동아출판 영어 교재 가이드

영역	브랜드	초1~2	초3~4	초5~6	중1	중2	중3	고1	고2	고3
문법	[초·중등] 개념서 **그래머 클리어 스타터** **중학 영문법 클리어**									
	[중등] 문법 문제서 **그래머 클라우드 3000제**									
	[중등] 실전 문제서 **빠르게 통하는 영문법** **핵심 1200제**									
	[중등] 서술형 영문법 **서술형에 더 강해지는** **중학 영문법** [고등] 시험 영문법 **시험에 더 강해지는** **고등 영문법**									
	[고등] 개념서 **Supreme 고등 영문법**									
어법	[고등] 기본서 **Supreme 수능 어법** 기본 실전									
쓰기	[중등] 영작 집중 훈련서 **중학 문법+쓰기 클리어**									
기출	[중등] 기출예상문제집 **특급기출 (중간, 기말)** **윤정미, 이병민**									